Neu in der Führungsrolle

CLAUDE HEINI | IRMTRAUD BRÄUNLICH KELLER

Neu in der Führungsrolle

Strategien, Werkzeuge, Rechtsfragen

Dank
Die Autorin und der Autor danken Rechtsanwältin Regina Jäggi für die kritische Durchsicht des rechtlichen Teils sowie der Lektorin Käthi Zeugin für die sorgfältige Betreuung.

Die Kurzinterviews mit prominenten Führungskräften führte Stefan Mair, Ressortleiter bei der «Handelszeitung», das Gespräch mit Jürg Eggenberger von Swiss Leaders führte Tina Fischer, Redaktorin bei der «Handelszeitung».

Beobachter-Edition
4., überarbeitete Auflage, 2022
© 2015 Ringier Axel Springer Schweiz AG
Alle Rechte vorbehalten
www.beobachter.ch

Herausgeber: Der Schweizerische Beobachter in Zusammenarbeit mit Swiss Leaders und der Handelszeitung
Lektorat: Käthi Zeugin, Zürich
Umschlaggestaltung: Cornelia Iten-Federer, fraufederer.ch
Umschlagfoto und Kapitelauftaktfotos: iStock
Porträtfotos auf Seite 29, 63, 115, 139, 153, 187, 217, 235, 263: zVg, 89: parlament.ch
Reihenkonzept: buchundgrafik.ch
Satz: Bruno Bolliger, Gudo
Herstellung: Bruno Bächtold
Druck: Grafisches Centrum Cuno GmbH & Co. KG, Calbe

ISBN 978-3-03875-411-4

Zufrieden mit den Beobachter-Ratgebern?
Bewerten Sie unsere Ratgeber-Bücher im Shop:
www.beobachter.ch/buchshop

Mit dem Beobachter online in Kontakt:
 www.facebook.com/beobachtermagazin
 www.twitter.com/BeobachterRat

Inhalt

Vorwort 11

Führung in Wandel 12

Teil 1: Souverän in Führung gehen 16

1 Chefin, Chef werden 19

Weshalb werden Sie Chef? 20
Motive und Wünsche: Weshalb wollen Sie führen? 20
Weshalb kommt es zum Wechsel? 23

Was für eine Chefin wollen Sie sein? 28
Die persönliche (Führungs-)Geschichte 28
Nicole Loeb, Verwaltungsratsdelegierte der Loeb-Gruppe 29
Persönliche Werte 31
Erwartungen an sich selbst 32

Was für eine Führungsperson können Sie sein? 35
Was macht Sie stark? 35
Persönliche Grenzen 38

2 Die neue Rolle 43

Was verändert sich? 44
Vom Ich zum Wir 44
Vom Auftragnehmer zum Auftraggeber 46
Spezialfall: von der Kollegin zur Chefin 49

Erwartungen in Ihrem Umfeld 51
Ein Beispiel sein für andere 52

Die Erwartungen der Mitarbeitenden	53
Die Erwartungen der Vorgesetzten	58
Die Erwartungen der Kolleginnen und Kollegen auf gleicher Stufe	61
Im Sandwich – Fluch oder Segen?	62
André Lüthi, *Verwaltungsratspräsident und CEO der Globetrotter Group*	63
Fallstricke beim Rollenwechsel	65
Phasen des Rollenwechsels	68
Nominierung	68
Der erste Kontakt	70
Der Start ins Neue	73
Die ersten 100 Tage	75

3 Gute Führung ... 79

Mythen der Führung	80
Der Chef muss es besser wissen und können	80
Die Chefin ist für alles verantwortlich	81
Vorgesetzte behandeln alle gleich	82
Grundfunktionen der Führung	84
Richtung geben: wissen, wohin es geht	84
Energie generieren: bewegen und ausrichten	85
Energie und Richtung spielen zusammen	86
Karin Keller-Sutter, *Bundesrätin*	89
Am Anfang steht die Selbstführung	90
Selbstverantwortung wahrnehmen	90
Zu sich selber Sorge tragen: vom Umgang mit Stress und Druck	91
Führung als Beziehung	100
Beziehungen aufbauen und pflegen	101
Wiederherstellen von Beziehungen	103
Situative Führung: ein vielversprechender Ansatz	104
Spannungsfelder in der Führungsrolle	105

Führen über Position oder über Persönlichkeit?	107
Einfluss dank der Position – der Teammanager	107
Einfluss über die Persönlichkeit – die Leaderin	109
Drei Kernfragen zur Leadership	111
Jerun Vils, Associate Partner von gutundgut gmbh	115
Qualitäten anerkannter Leader	117
Haltungen, die beim Führen helfen	118
Lieben Sie Ihren neuen Führungsjob?	122

4 Was muss eine gute Führungskraft können? — 125

Grundlegende Führungsfähigkeiten	126
Führungskommunikation	126
Entscheidungsfähigkeit	133
Die Teamaufgaben erfüllen	135
Ziele und Rahmenbedingungen setzen	135
Andrea Schenker-Wicki, Rektorin der Universität Basel	139
Informations- und Kommunikationsfluss sicherstellen	140
Aufgaben koordinieren, Rollen verteilen	143
Umsetzung sicherstellen	146
Für Entscheidungen sorgen	148
Das Team auch virtuell führen	149
Sergio Studer, Co-Founder Carify	153
Das Team und jeden Einzelnen stärken	154
Teamentwicklung – die Leistung fördern	154
Die Teaminteressen vertreten	158
Konflikte und schwierige Situationen meistern	159
Die Leistung der Mitarbeitenden fördern und anerkennen	162
Mitarbeitende weiterbringen	164
Sich von Mitarbeitenden trennen	167
Agiles Führen und Arbeiten	169
Agile Führung – die Grundlagen	169
Agiles Arbeiten – ein paar Techniken	172

Teil 2: Arbeitsrecht für Führungskräfte 174

5 Besonderheiten des Kaderarbeitsvertrags 177

Chefin, Chef sein – was bedeutet das rechtlich? 178
Nicht obligatorisch, aber sinnvoll: der schriftliche Kadervertrag ... 179
Sonderregeln für «ganz oben» 183

Der Lohn 184
Die Lohnhöhe ist Verhandlungssache 185
Sondervergütungen 186
Monika Rühl, Direktorin des Wirtschaftsdachverbands Economiesuisse 187
Anspruch auf einen Bonus? 188
Erfolgsbeteiligungen 192
Geschäftswagen, Handy und anderes: Fringe Benefits 193
Spesen: Auslagenersatz oder Lohnbestandteil? 195

Arbeitszeit 198
Arbeitszeiterfassung für Kaderangestellte? 198
Überstunden und Überzeit 199
Wie werden Mehrstunden entschädigt? 200
Rund um die Uhr: allzeit bereit? 204

Treuepflicht von Kaderangestellten 206
Unkorrektes Verhalten im Bewerbungsverfahren 207
Kritik an Vorgesetzten und am Unternehmen 208
Konkurrenzierung des Arbeitgebers 209
Weitergabe von betriebsinternen Unterlagen 211
Verletzung von Kontrollpflichten 213
Verschärfte Haftpflicht 214

Das nachvertragliche Konkurrenzverbot 216
Melanie Gabriel, CMO und Co-Founder Yokoy Group AG 217
Wann ist ein Konkurrenzverbot gültig? 218

Konkurrenzverbot verletzt – was gilt? 218
Wann fällt das Konkurrenzverbot weg? 220

6 Rechtlich korrekter Umgang mit Untergebenen 223

Das Weisungsrecht des Arbeitgebers 224
Grenzen des Weisungsrechts 224
Rückstufung und Zuweisung vertragsfremder Arbeit 225
Versetzung an einen anderen Arbeitsort 226
Anordnung von Überstunden, Änderung der Arbeitszeiten 227
Homeoffice anordnen oder bewilligen 229
Ferienzuteilung 231
Jemanden zum Vertrauensarzt schicken 232
Keine schikanösen Weisungen 233
Wenn Weisungen missachtet werden 234
Monika Walser, CEO von de Sede 235

Die Fürsorgepflicht des Arbeitgebers 238
Gesundheitsschutz und Unfallverhütung 238
Schutz vor übermässigem Stress 240
Eingreifen bei Mobbing und anderen Konflikten 241
Diskriminierung und sexuelle Belästigung 243
Datenschutz und Überwachung 245

7 Rund um die Kündigung 249

Rechtlich korrekt kündigen 250
Kündigungsfristen und Formvorschriften 250

Beschränkungen der Kündigungsfreiheit 252
Kündigungssperrfristen: die Regeln 252
Missbräuchliche Kündigung 255
Diskriminierende Kündigung 257

Fristlose Entlassung 260
Die wichtigen Gründe 260
Zu Unrecht fristlos entlassen: die Konsequenzen 262
Jean-Claude Biver, Präsident von Hublot,
Leiter der Uhrensparte von LMVH 263

Auflösung von Kaderverträgen 264
Was ist eine Aufhebungsvereinbarung? 264
Freistellung während der Kündigungsfrist 267

Arbeitszeugnis 269
Grundsätze der Zeugniserstellung 270
Unzufrieden mit dem Zeugnis – was tun? 272

«Kühler Kopf, warmes Herz, arbeitende Hände» –
Interview mit Jürg Eggenberger, Geschäftsführer
von Swiss Leaders 274

📎 Anhang 279

Nützliche Links und Adressen 280
Literatur 282
Stichwortverzeichnis 284

Vorwort

Dies ist Behauptung, aber sie entspricht meiner Erfahrung nach über dreissig Jahren Wirtschaftsjournalismus, in denen ich Hunderten von Führungskräften auf den Zahn fühlen durfte: Ja, Führen war noch nie so anspruchsvoll wie heute. Die Mitarbeitenden sind hoch qualifiziert und suchen nach Sinngebung; der Markt ist kompetitiv und reicht vom bündnerischen Scuol bis ins südkoreanische Seoul; das technische Instrumentarium umfasst Cybersecurity und Cloudtechnologie. Und der Alltag einer Chefin, eines Chefs wird durch Vorschriften und Best Practices aller Art, durch Corporate Governance und Diversity noch komplexer (und gelegentlich mühsam). Vom Tempo, mit dem heute weitreichende Sach- und Personalentscheide getroffen werden müssen, noch gar nicht geredet.

Umso wichtiger ist es, dass sich Führungskräfte auf ihre vielfältige Arbeit vorbereiten, wissen, wie sie ihr eigenes Tun hinterfragen, und offen bleiben für Neues. Genau deshalb ist dieser Ratgeber «Neu in der Führungsrolle» so wichtig. Er bietet einen tiefen Fundus an Erfahrungen, an Hinweisen für den Umgang mit den eigenen Ansprüchen, er warnt vor Fallstricken und Stereotypen – und er ist angereichert mit ungezählten Tipps, die sich in der Praxis eins zu eins anwenden lassen.

Ja, und was mich in jedem Gespräch immer wieder fasziniert: Führungskräfte, die ungeschminkt über ihre Fehler reden können. Zu ihnen gehört Karin Keller-Sutter, Bundesrätin und Spitzenmanagerin: «Am schlimmsten war für mich, wenn ich mich zu einem Entscheid drängen liess, der mich nicht überzeugte», sagt sie in ihrem Kurzporträt. Auch das ist wichtig in einer Führungsrolle: Selbstreflexion und Authentizität.

Stefan Barmettler
Chefredaktor der «Handelszeitung»
im April 2022

Führung im Wandel

Scrum Teams, projektbasiertes Management, agiles Arbeiten – der Trend zu flexibleren, die Autonomie der Mitarbeitenden stärkenden Strukturen der Führung ist unverkennbar. Schon heute werden flachere Hierarchien, geteilte Führungsrollen und Experimente mit Selbstführung der Mitarbeitenden in der Schweizer KMU-Welt erfolgreich umgesetzt. Die modernen Steuerungsansätze bieten neue Chancen und Herausforderungen für Führungspersonen wie für Mitarbeitende.

Die klassische Chefin, der Boss, der anderen sagt, wo es langgeht, erscheinen immer mehr als Auslaufmodell. Dass damit das Potenzial und das individuelle Profil jedes und jeder Einzelnen mehr in den Vordergrund rückt, ist erfreulich. Eine gewisse Vorsicht ist aber angebracht, wenn es um die Umsetzung neuer Führungsmodelle geht. Schnellschüsse und oberflächliches Übernehmen von Modetrends sind nicht empfehlenswert.

Zudem zeigt die heutige Realität: Die meisten Unternehmen haben nach wie vor irgendeine Art von Struktur, die zumindest teilweise Funktionen mit mehr oder weniger Verantwortung und direkte Führung von Mitarbeitenden enthält.

Chefin, Projektleiter, Coach oder einfach verantwortungsvolle Mitarbeiterin?

Es zeigt sich immer deutlicher, dass die traditionelle Führungskraft, die meist allein entscheidet, von oben informiert und sich, wie es Eltern für ihre Kinder tun, um die Mitarbeitenden «kümmert», wohl ausgedient hat. Heutige Angestellte wollen beteiligt werden, wollen mitreden, wollen selber entscheiden, wie sie zum Ziel kommen, wollen mehr Verantwortung übernehmen. Hinzu kommt, dass die Führungspersonen auch innerhalb von Hierarchien immer häufiger unterschiedliche Rollen einnehmen. Mal ist man Projektleiterin, mal Coach, mal arbeitet man einfach mit. Es braucht heute mehr Flexibilität und Anpassung an die Gegebenheiten. Als Führungsperson müssen Sie sich regelmässig vergewissern, was von Ihnen gefragt ist, damit Sie den besten Beitrag leisten. Am Ende kann Führung durchaus als Dienstleistung für das Unternehmen und die darin arbeitenden Menschen gesehen werden.

Führung ist ein Mittel zur Steuerung eines Unternehmens, einer Abteilung, eines Teams in Richtung eines Ziels. Sie soll allen Beteiligten ermöglichen, ihr Bestes zu geben, eine hohe Wirkung zu erzielen und effizient zu arbeiten. Wie diese Steuerung geschehen soll, ist damit noch nicht gesagt.

Das steht heute im Fokus – neue Führungsansätze

Wenn die Dienstleistungen gegenüber den Kundinnen und Kunden nicht mehr rasch genug erbracht werden können, wenn die Reaktionszeit nicht mehr ausreicht, um die Erwartungen der wichtigsten Stakeholder zu erfüllen, wenn Komplikationen und Ansprüche zunehmen und wenn neue Mitarbeitende wählen können, in welchem Umfeld sie arbeiten wollen – dann muss die Frage nach dem Erfolg versprechenden Führungsansatz neu gestellt werden.

Viele, wenn nicht die meisten Unternehmen und Organisationen weisen nach wie vor eine Art **hierarchische Linienorganisation** auf. Dabei ist relativ klar, wer eine Führungsrolle innehat und welche Ebenen der Führung es gibt – CEO, Bereichs-, Abteilungs-, Teamleitung, je nach Grösse der Firma.

Parallel dazu arbeiten viele Organisationen in Projekten, seien es interne oder externe. Dann bestehen **Projektstrukturen** mit jeweils für ein Projekt bestimmten Leitungspersonen. Die Projektleiterfunktion ist zeitlich beschränkt und sie kann für jedes Projekt wieder neu besetzt werden.

Auch eine Form von **Matrixorganisation** ist immer noch häufig anzutreffen. Diese verbindet die Linienführung (Personalverantwortung) mit einer zweiten Linie der Verantwortung, die ein fachliches Gebiet, einen Prozess oder ein Produkt im Fokus hat. Verantwortliche beider Linien müssen sich regelmässig absprechen. Der Erfolg steht und fällt mit der Fähigkeit zur Zusammenarbeit aller Beteiligten.

Agile Führung verteilt klassische Anteile der Führung auf mehrere Rollen und übergibt so viel Verantwortung wie möglich an die Teams und die Mitarbeitenden, die an einer Aufgabe (vor allem für Kunden) arbeiten.

Schliesslich werden bei Modellen der **Selbstführung** (ohne Chef) oder der geteilten Führung die Führungsaufgaben und -verantwortungen im ganzen Team verteilt – je nach Aufgabe, Situation und wenn möglich nach Eignung und Motivation der Beteiligten.

Gemeinsam ist all den neueren Ansätzen die erhöhte Autonomie und Verantwortung der einzelnen Mitarbeitenden sowie der jeweiligen Teams. Beide Qualitäten sind auch zentral beim Ansatz der **nachhaltigen Führung,** einem Trend, der über das reine Führungsthema hinausgeht. Dieser setzt an bei der Verantwortung eines Unternehmens für die Auswirkungen seiner Tätigkeit auf die Umwelt und das ganze umliegende Ökosystem. Nachhaltige Führung, Sustainable Leadership, bedeutet, die Initiative zu ergreifen, als Beispiel voranzugehen, hinzustehen für Werte und diese auch zu leben. Es bedeutet, den Mut zu konsequentem Handeln zu haben und die übergeordnete Verantwortung glaubwürdig wahrzunehmen – begonnen bei sich selbst. Dann entsteht ein Unternehmen, das Sinn stiftet und dadurch eine anziehende Ausstrahlung nach innen und aussen hat.

Was sich nicht ändert – Mensch bleibt Mensch

Unabhängig von allen Führungsansätzen – im unternehmerischen Kontext lässt sich nur gemeinsam etwas erreichen. Und es geht stets darum, wie die gegenseitigen Beziehungen gestaltet werden. Daran hat sich nichts geändert. Im Gegenteil, beide Aspekte, das «Wir» wie auch die Qualität der Beziehungen bei der Arbeit, haben eine grössere Bedeutung denn je.

Wir Menschen haben – das zeigen gerade die letzten Jahre – grundlegende, allen gemeinsame Bedürfnisse, ganz zentral dabei der Wunsch nach Sicherheit und Orientierung, nach Wertschätzung und Anerkennung sowie nach Entwicklung und Entfaltung. Das wird sich nicht so rasch ändern, weil diese Bedürfnisse im menschlichen Gehirn verankert sind. Wir sind soziale Wesen und können ohne andere Menschen nicht überleben. Das bestätigt heute auch die Hirnforschung.

Was sich hingegen über die Zeit ändert, ist die Vorstellung davon, was es braucht, um die zentralen menschlichen Bedürfnisse zu befriedigen. Zudem können neue Wertvorstellungen auch dazu führen, dass gewisse Bedürfnisse in der Intensität zunehmen und andere in den Hintergrund treten.

All diese Gegebenheiten des menschlichen Lebens müssen Führungspersonen berücksichtigen. Und das bedeutet: Der Mensch muss im Zentrum stehen. Menschenzentrierte Führung, die die wichtigsten grundlegenden Bedürfnisse berücksichtigt und diese in Einklang mit den unternehmerischen Interessen bringt, schafft sich grosse Vorteile. Dazu gehören die Bereitschaft aller Mitarbeitenden zu überdurchschnittlichen Leistungen, die Nutzung ihrer Potenziale für die Unternehmensziele sowie Resilienz im Umgang mit Veränderungen.

Und vergessen Sie nicht: Alles beginnt bei Ihnen selbst. Die Bereitschaft und die Fähigkeit zur regelmässigen Selbstreflexion, zum kontinuierlichen Lernen sowie Entwickeln der eigenen Persönlichkeit gehören schon heute zu den wichtigsten Kompetenzen erfolgreichen Führens und Agierens. Das gilt noch mehr für die Zukunft.

Teil 1

Souverän in Führung gehen

Mit der Nominierung zum Chef, zur Vorgesetzten oder zum Teamleader geht oft ein Traum in Erfüllung. Das wollte ich schon lange einmal, denken viele. Die heutige Realität zeigt jedoch: Viele Mitarbeitende kommen mit ihrem Chef nicht klar, stellen sich gegen ihn. Dann kann der Traum rasch zum Albtraum werden.

In verschiedenen Umfragen wurden Frischbeförderte nach ihren grössten Sorgen vor dem Rollenwechsel gefragt. Am häufigsten genannt wurde die Angst, zu versagen, an zweiter und dritter Stelle standen die Befürchtungen, nicht anerkannt zu werden respektive nicht genügend Autorität zu haben.

Fragt man gestandene Führungskräfte, weshalb zu Beginn ihrer Karriere einiges schiefgelaufen ist, sagen viele: «Richtig gelernt habe ich das ja nie.» Das können Sie besser handhaben: Dieses Buch hilft Ihnen, das Führen anderer Menschen bewusst anzugehen und den Rollenwechsel zu meistern. Sie lernen, über Ihre Wirkung nachzudenken und auf andere positiv Einfluss zu nehmen. So machen Sie Ihren neuen Job von Anfang an gut.

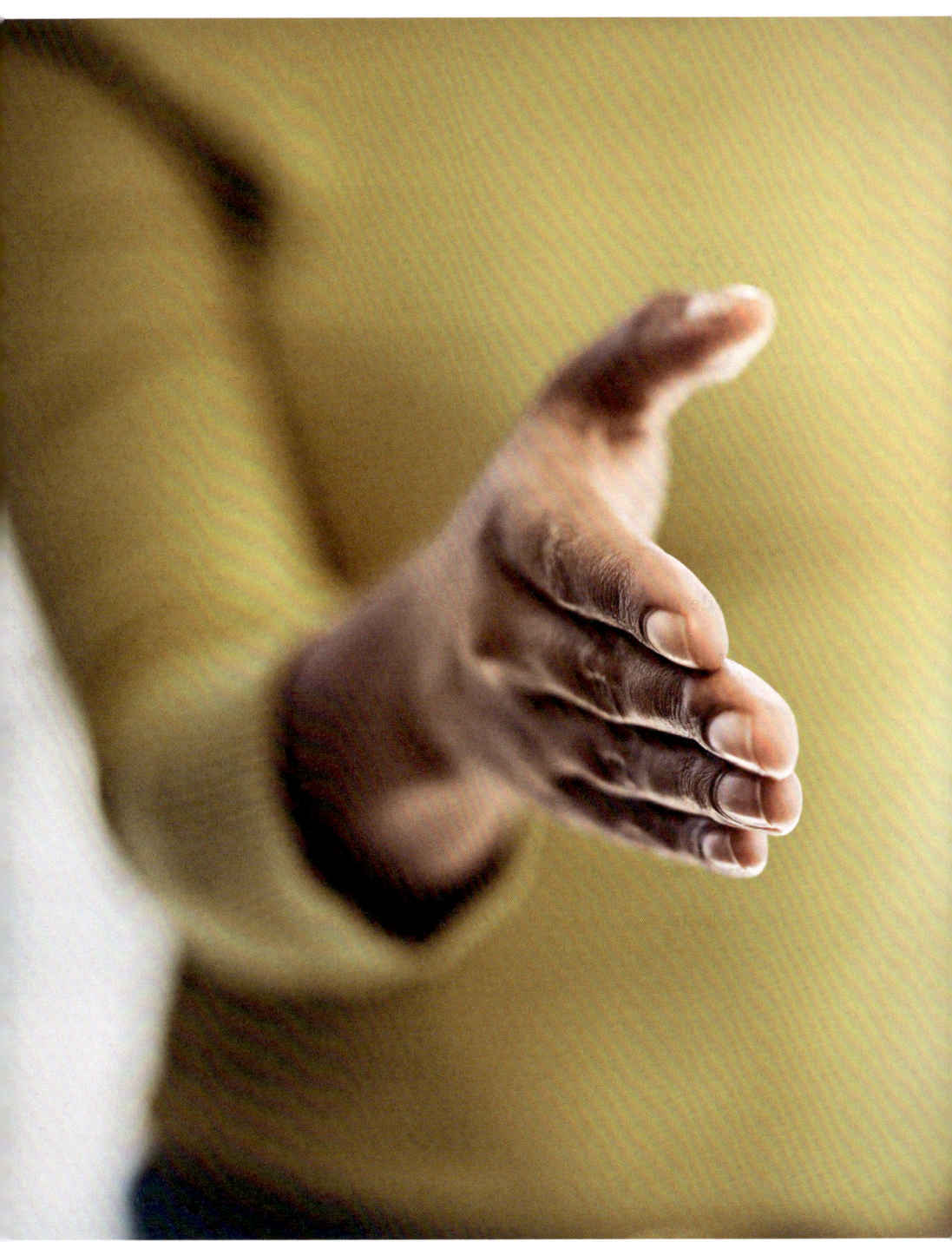

Chefin, Chef werden

1

Ein erstes Mal Führungsverantwortung zu übernehmen, hat besondere Bedeutung. Sie haben vielleicht Respekt oder gar etwas Angst vor der neuen Situation. Anderseits sind Sie voller Tatendrang, wollen sich beweisen, die neue Aufgabe gut erfüllen. Erfahren Sie in diesem Kapitel, wie Motive, die eigene Geschichte und persönliche Voraussetzungen einen beim Rollenwechsel beeinflussen. Darüber nachzudenken, bevor Sie in der neuen Rolle beginnen, kann sehr hilfreich sein.

Weshalb werden Sie Chef?

Mehr Einfluss, mehr Geld, höheres Ansehen oder Spass am Führen anderer Menschen? Was motiviert Sie, Chef oder Chefin zu sein? Diese Frage ist zentral, Ihre Antwort auch.

Es ist wichtig, dass Sie sich im Klaren darüber sind, was Sie motiviert, eine Führungsrolle zu übernehmen. Berücksichtigen müssen Sie aber auch, unter welchen Umständen und aus welchen Gründen Sie zum Chef, zur Vorgesetzten gemacht werden. Werden Sie mit offenen Armen empfangen und unterstützt oder in eiskaltes Wasser geworfen? Die Ausgangssituation zu verstehen, ist entscheidend.

Motive und Wünsche: Weshalb wollen Sie führen?

Es ist sinnvoll, für Ihre erstmalige Rolle als Führungsperson Wünsche und Motive zu haben. Daraus entstehen Erwartungen, an denen Sie Ihre Aufmerksamkeit orientieren.

Was motiviert Sie, eine Führungsposition zu übernehmen? Ist es der Karriereschritt, die Beförderung mit angenehmen Folgen? Ist es die Möglichkeit, die eigenen Stärken noch besser einbringen, etwas bewegen zu können? Wollen Sie sich selber etwas beweisen?

Die Gründe und Motivationen für die Übernahme der Vorgesetztenrolle können ganz unterschiedlich sein, und es gibt dabei auch kein Richtig oder Falsch. Es kommt sogar vor, dass jemand gar nicht den Wunsch hat, eine Führungsposition zu übernehmen, und doch in diese Situation gerät.

In einer Umfrage bei Erstführenden wurden folgende Gründe oder Motivationen genannt (Reihenfolge nach Häufigkeit):
- Anerkennung
- Karriere, Erfolg
- Einfluss, Macht
- Selbstverwirklichung
- Finanzielle Unabhängigkeit

Diese Aspekte sind alle auf die eigene Person bezogen. Wenn man jung ist – und das sind viele, wenn sie ein erstes Mal «in Führung gehen» –, stehen solche Motivationen vielleicht im Vordergrund. Das ist legitim. Die Erfahrung zeigt jedoch: Wer ausschliesslich von selbstbezogenen Kriterien getrieben ist, kann nur beschränkt über längere Zeit erfolgreich führen.

Ihre Motivation hat Einfluss auf Ihr Führungsverhalten, auf Ihre Art, Prioritäten zu setzen, und damit auf Ihre Wirkung auf andere. Wer zum Beispiel auf Anerkennung aus ist, wird alle zur Verfügung stehenden Mittel und sogar die Mitarbeitenden so einsetzen, dass er oder sie diese Anerkennung erhält.

> **TIPP** *Die höchste Chance, in der Führungsrolle erfolgreich zu sein, haben Sie dann, wenn Sie gern führen, wenn Sie gern mit anderen Menschen zusammen auf ein Ziel hin arbeiten.*

MMMM – man muss Menschen mögen

Dieser alte Spruch hat es in sich. Wenn Sie mit dieser Aussage ganz ehrlich nichts anfangen können, sollten Sie sich nochmals gut überlegen, ob Sie für eine Führungsrolle wirklich geeignet und bereit sind. Wie wichtig diese Grundhaltung zu Menschen ist, zeigt folgendes reale Beispiel.

> **ALS CAROLA H.** ihre erste Führungsrolle antritt, ist im Team neben zwei fast gleichaltrigen und einem jüngeren auch ein deutlich älterer Mitarbeiter. Dieser verfügt über viel mehr Berufserfahrung als seine neue Chefin, hat einen ganz anderen Arbeitsstil und ist auch etwas kompliziert. Frau H. lässt sich von diesem Mitarbeiter früh seine Geschichte samt all seinen Erfahrungen erzählen und hört interessiert zu. So kann sie vieles, was ihr etwas fremd vorkommt, immerhin nachvollziehen. Sie sucht nach Dingen, die sie an der besonderen Art dieses Mitarbeiters sogar mögen kann. Diese wertschätzende Haltung führt dazu, dass der Mitarbeiter seine Aufgaben pflichtbewusst erfüllt, dass es kaum je ein Problem mit ihm gibt, obschon er deutlich mehr Führungserfahrung hat als die neue, jüngere Chefin.

Etwas bewegen wollen

Viele Menschen, die eine Führungsposition anstreben, wollen etwas bewegen, positiven Einfluss nehmen. Auch das ist eine berechtigte Motivation. Mehr Verantwortung übernehmen zu wollen, ist ein guter Treiber. Solche Mitarbeitende wünscht sich jeder Betrieb.

Etwas bewegen zu wollen, sollte aber nicht bedeuten, Macht über andere auszuüben. Vielmehr geht es darum, selber voranzugehen, um mit anderen zusammen herausragende Ergebnisse zu erzielen.

Führen heisst dienen

Wollen Sie beruflichen Erfolg mit Zufriedenheit und Erfüllung verbinden? Diese Frage stellt sich allen, die erstmals in die Chefrolle schlüpfen. Lautet Ihre Antwort Ja, empfiehlt es sich, die Führungsaufgabe als Dienst an den Mitarbeitenden, am Unternehmen zu betrachten.

Empfinden Sie das als paradox? Es gibt dazu eine von Robert Greenleaf begründete Philosophie der Führung, einen heute etablierten Ansatz der Führungsforschung: Servant Leadership, die dienende Führung. Diese Philosophie beschreibt das Wirken von Führenden als Dienst am Geführten – im Gegensatz zum beherrschenden Führen. Und sie zeigt deutlich: Wer so führt, führt mit Freude sowie mit Klarheit zum Wozu und Wofür. Positive Kraft für die Erfüllung der Aufgaben ist die Folge. Die oben genannten äusseren Aspekte wie Karriere und Anerkennung werden sich ohne grosse Anstrengung auch einstellen.

REFLEXION
Folgende Fragen können Ihnen helfen, Klarheit über Ihre Motive zu gewinnen:
- Was interessiert mich besonders, was reizt mich an der Führungsaufgabe?
- Welche Erwartungen habe ich an die positiven Folgen der Führungsposition? Suche ich höheres Ansehen, Status, mehr Lohn, die Möglichkeit, etwas zu bewegen, etwas Neues zu lernen …?
- Wie gern arbeite ich mit Menschen und helfe ihnen, erfolgreich zu sein?
- Wie wichtig sind für mich Einfluss, Macht(mittel), Verantwortung?
- Was möchte ich bewegen?
- Wie zufrieden möchte ich in der Führungsarbeit sein?

Weshalb kommt es zum Wechsel?

Wissen und verstehen Sie, weshalb Ihr bisheriger oder ein neuer Betrieb Sie zur Führungsperson macht? Je nachdem sind die Herausforderungen, die Sie in Ihrer neuen Rolle zu meistern haben, unterschiedlicher Natur. In der Folge finden Sie die häufigsten Szenarien samt einigen Verhaltenstipps.

Natürliche Ablösung
Das ist der häufigste Fall: Die Vorgängerin übernimmt entweder selber eine neue Rolle oder scheidet altershalber aus dem Arbeitsprozess aus. Solche Wechsel sind meist vorhersehbar. Das Unternehmen hat eine gewisse Zeit, eine gute Nachfolgeregelung einzuleiten. Im besten Fall sind Sie bei Ihrer bisherigen Arbeit im Unternehmen durch Leistung und persönliche Qualitäten wiederholt positiv aufgefallen und geniessen den Respekt Ihrer Kollegen und Kolleginnen. Man setzt auf Sie, traut Ihnen die Führungsrolle zu und wählt Sie im Rahmen eines Auswahlverfahrens ganz gezielt aus. Trifft dies zu, starten Sie mit guten Voraussetzungen.

> **TIPPS** *Unterschätzen Sie die neue Situation nicht, trotz aller Vorschusslorbeeren. Klären Sie die Erwartungen an Sie mit den Vorgesetzten. Denn so positiv alles aussehen mag, diese Erwartungen könnten auch zu hoch sein.*

Bringen Sie in Erfahrung, welche Spuren Ihr Vorgänger hinterlassen hat. Waren die Mitarbeitenden von ihm so begeistert, dass sie sich gar nichts Besseres vorstellen können? Oder haben sie unter ihm gelitten und sind deshalb sehr froh über den Wechsel?

Sprechen Sie mit Ihrem Vorgänger und lassen Sie sich auch seine Perspektive zeigen – ohne sich davon beeinflussen zu lassen.

Nehmen Sie sich Zeit und hören Sie Untergebenen wie Vorgesetzten aufmerksam zu.

Machen Sie sich ein eigenes Bild, klären Sie Ihre eigenen Vorstellungen und treffen Sie dann erste Entscheidungen.

DER ABTRETENDE TEAMLEITER pflegte einerseits einen relativ direktiven Führungsstil und berücksichtigte die Meinung anderer nur begrenzt. Anderseits war er aber wenig entscheidungsfreudig und änderte häufig seine Meinung, je nach Reaktion von oben. Die Mitarbeitenden erwarten nun von Ihnen als Nachfolger, dass Sie sie mehr miteinbeziehen. Zudem wünschen sie, dass Sie eine klare Richtung vorgeben, Entscheidungen treffen und bei diesen auch bleiben. Wie gehen Sie mit diesen anspruchsvollen Erwartungen um? Wie erreichen Sie, dass die Mitarbeitenden lernen, selber mehr Verantwortung zu übernehmen?

Der Vorgänger wurde abgesetzt
Wurde Ihr Vorgänger wegen ungenügender Leistungen oder unerfüllter Erwartungen abgesetzt, ergibt sich für Sie eine besondere Konstellation. Für die Teammitglieder, die Sie führen werden, ist eine solche Absetzung ein Schock – selbst wenn sie absehbar war. Die meisten sind emotional betroffen. Selbst Mitarbeitende, die unter der früheren Situation gelitten haben und froh sind, dass sich etwas ändert, können irritiert sein, wenn es dann so weit ist. Sie können nun nämlich nicht mehr wie vorher den Chef für alles, was nicht funktioniert, verantwortlich machen. Andere, die dem Vorgänger nahestanden, sind möglicherweise sehr verärgert und protestieren, oder sie fühlen sich verletzt und ziehen sich zurück. Vorsicht ist also angesagt.

TIPPS *Erklären Sie dem Team zusammen mit Ihren Vorgesetzten die Situation. Wichtig ist, zu akzeptieren, dass die besonderen Umstände verarbeitet werden müssen. Emotionen sollten nicht verdrängt werden, sondern ihren Platz erhalten, allerdings in kontrolliertem Rahmen.*

Verletzen Sie nie zentrale Werte wie Respekt und Fairness gegenüber der abgesetzten Person. Dies deshalb, weil alle Beteiligten genau beobachten, wie Sie als neuer Verantwortlicher mit der Situation umgehen.

Beziehen Sie das, was geschieht, gesagt oder empfunden wird, nicht auf sich selber, nehmen Sie es nicht persönlich. Vieles hängt mit der nicht von Ihnen zu verantwortenden Vergangenheit zusammen.

Waren Sie Teil dieser Vergangenheit, stehen Sie zu dem, was war. Machen Sie Ihre damaligen Überlegungen transparent. So reduzieren Sie die Gefahr, dass die Mitarbeitenden hinter Ihrem Rücken über nicht Geklärtes sprechen. Sie stärken Ihre Glaubwürdigkeit als neuer Vorgesetzter. Versuchen Sie, Dinge zu vertuschen, sind Sie von Anfang an angreifbar und können nur verlieren.

Kündigung der Vorgängerin

Hat Ihre Vorgängerin selber gekündigt, sollten Sie alles daransetzen, die Hintergründe in Erfahrung zu bringen. Wenn sie anderswo einen guten Karriereschritt machen konnte, schafft das kaum Probleme für Sie. Hat sie die Kündigung hingegen aus Unzufriedenheit, Ärger oder anderen negativen Empfindungen eingereicht, dann ist genaueres Hinsehen sinnvoll.

MIRKO M., DER CHEF DES TEAMS, das Sie übernehmen sollen, hat gekündigt. Sie erfahren, dass er sich in seiner Führungsaufgabe stark eingeschränkt fühlte. Er hatte Probleme mit dem Vorgesetzten, fühlte sich zu oft kontrolliert. Die Mitarbeitenden bekamen die Differenzen mit; auch ihre Motivation litt unter der Situation. Sie sprechen mit Herrn M. vor seinem Abgang und versuchen, seine Sicht zu verstehen, ohne sofort Schlüsse zu ziehen. Dann überlegen Sie, welchen Anteil er selber an der Situation hatte und welchen möglicherweise der Vorgesetzte, Ihr neuer Chef. Gut vorbereitet gehen Sie in das wichtige Gespräch mit diesem. Zuerst lassen Sie ihn seine Sicht darlegen. Auch da versuchen Sie zu verstehen. Beim gemeinsamen Blick in die Zukunft kommunizieren Sie höflich, aber bestimmt, was Ihnen wichtig ist und wie Sie denken, gut zusammenarbeiten zu können.

TIPPS *Klären Sie folgende Fragen: Was hat die Unzufriedenheit und die negativen Wahrnehmungen Ihrer Vorgängerin am stärksten beeinflusst? Welche Erwartungen wurden aus ihrer Sicht nicht erfüllt? Welchen Anteil an der Situation sehen Sie aufseiten des Betriebs, welchen aufseiten Ihrer Vorgängerin? Wie denken die Mitarbeitenden über die Vergangenheit?*

Versuchen Sie, die Situation gut zu verstehen, und grenzen Sie sich dort ab, wo die Themen nichts mit Ihnen zu tun haben.

> **TIPP** *Machen Sie Ihre Mitarbeiterinnen und Mitarbeiter darauf aufmerksam, dass Vergleiche sich immer auf die Vergangenheit beziehen und deshalb die Offenheit für eine gemeinsame positive Zukunft beeinträchtigen.*

Der Vorgänger fällt überraschend aus
Ihr Vorgänger fällt unerwartet aus, krankheitshalber oder weil er dringend für ein wichtiges Projekt abgezogen wird. Dann werden Sie in einer Notsituation ins kalte Wasser geworfen. Sie wissen nicht genau, ob dies nur vorübergehend oder definitiv ist. Sie haben jedenfalls weniger Anlaufzeit und müssen sofort in der neuen Rolle agieren. Was als Nachteil erscheint, kann für die Beziehung zu den Mitarbeitenden zum Vorteil werden. Diese wissen, dass es schwierig ist, so unvorbereitet einzuspringen; die Erwartungen bleiben oft realistischer.

> **TIPPS** *Lamentieren Sie nicht. Packen Sie die Aufgabe sofort an und geben Sie Ihr Bestes. Nutzen Sie die besondere Situation und besprechen Sie Schwierigkeiten offen mit den Mitarbeiterinnen und Mitarbeitern.*

Holen Sie wenn nötig Hilfe, das ist ein Zeichen der Stärke. Diese Unterstützung erhalten Sie bei erfahrenen Führungskräften und auch aus Ihrem Familienkreis. Oder bei einem Führungscoach.

Reorganisation
Ihr Betrieb organisiert sich neu, es gibt eine angepasste oder stark veränderte Struktur und damit auch andere Führungspositionen. Das ist grundsätzlich eine positive Ausgangslage: Sie können im besten Fall Ihre neue Rolle, die Teamaufgabe mitgestalten und die Zusammenstellung Ihres Teams mit beeinflussen.

Oft wird diese Chance nicht genutzt, weil viele Fragen offen sind, weil Unsicherheiten über die Reorganisation bestehen. Man traut sich zu wenig, proaktiv Entscheidungen zu treffen oder Vorschläge zu machen. Das muss nicht sein. In der Regel haben die Verantwortlichen der Reorganisation selber noch keine allzu konkrete Vorstellung von den Details. Da sind Sie also gefragt und können gleich zeigen, dass Sie bereit sind, Verantwortung zu übernehmen.

TIPPS *Seien Sie proaktiv und klären Sie so früh wie möglich, welchen Spielraum für eigene Ideen, Vorschläge und vor allem für Entscheidungen Sie haben.*

Suchen Sie nach Unterstützern auf allen Ebenen des Unternehmens, bilden Sie ein Netz von Gleichgesinnten.

Von aussen kommen

Bisher war implizit die Rede davon, dass Sie innerhalb Ihres Betriebs zur Chefin, zum Vorgesetzten befördert werden. Alle beschriebenen Situationen treffen Sie natürlich auch an, wenn Sie von ausserhalb rekrutiert werden. Der wichtigste Unterschied: Sie haben keine gemeinsame Geschichte mit Ihrem Team, alles ist neu für Sie.

TIPPS *Investieren Sie genug Zeit und Aufmerksamkeit, um die Geschichte Ihres neuen Umfelds gut zu verstehen. Neu und unbelastet zu sein, ist oft ein Vorteil.*

Lassen Sie sich nicht zu stark von den Meinungen Einzelner beeinflussen. Respektieren Sie die Ihnen beschriebene Vergangenheit und die unterschiedlichen Sichtweisen dazu.

REFLEXION
Folgende Fragen helfen Ihnen, Klarheit zu gewinnen über die Ausgangslage und daraus Ihre Schlussfolgerungen abzuleiten:
– Weshalb werde ich als Chef, als Chefin eingesetzt, welche Ausgangssituation hat zum Rollenwechsel geführt?
– Welche Rolle habe ich in der Vergangenheit des Teams gespielt, das ich jetzt übernehme?
– Welche Voraussetzungen finde ich beim Antritt vor? Wo sehe ich besondere Chancen, wo Gefahren?
– Welche Einstellung zum Wechsel und zu mir, welche Empfindungen und Wahrnehmungen haben meine neuen Mitarbeitenden?
– Wo ist Klärung angesagt, wo muss Unausgesprochenes auf den Tisch gebracht werden?

Was für eine Chefin wollen Sie sein?

Allen klar machen, wer das Sagen hat, befehlen und sich dann zurücklehnen. Oder alle motivieren, ihr Bestes zu geben, gemeinsam hohe Ziele erreichen und darauf stolz sein. Welches ist Ihr Chefkonzept?

Wenn Sie ein erstes Mal die Chefrolle übernehmen, ist es nützlich, sich zu überlegen, wie Sie führen wollen. Sie entscheiden, welchen Führungsstil, welche Art der Führung Sie anwenden. Die Frage ist, wie bewusst Sie das tun. Welche Vorstellungen prägen Ihre Art der Führung? Ihre bisherigen Erfahrungen mit Führung, vor allem auch als Geführter oder Geführte, spielen eine Rolle. Ihre eigene Geschichte, prägende Momente und Ereignisse haben fest verankerte Werte geschaffen und die Erwartungen geprägt, die Sie selber an sich haben.

Die persönliche (Führungs-)Geschichte

Sie denken vielleicht, dass Sie gar keine Führungsgeschichte haben, weil Sie ja zum ersten Mal selber führen werden. Denken Sie nach.

Gut möglich, dass Sie ausserhalb des Berufs schon formell oder informell geführt haben – zum Beispiel als Pfadiführer oder in einer ähnlichen Funktion. Vielleicht waren Sie in der Schule informell die Anführerin einer Gruppe. Welche Erfahrungen haben Sie da mit dem Beeinflussen anderer gemacht? Etwa dass das eigene Wort und Verhalten plötzlich als Beispiel genommen wird?

Zu Ihrer Geschichte gehören aber auch alle Ihre Erfahrungen als Geführter oder Geführte. Diese beginnen viel früher, als wir das manchmal wahrhaben wollen, nämlich mit den eigenen Eltern. Sie waren die ersten Autoritätspersonen. Als kleines Kind haben Sie die elterliche Autorität ohne Einschränkung akzeptiert, Sie waren in einem Abhängigkeitsverhältnis. Sie haben, ohne nachzudenken, «gelernt», dass das Verhalten von

NICOLE LOEB
Verwaltungsratsdelegierte der Loeb-Gruppe

Welches war Ihre erste Führungsrolle?
Das war bereits in meiner Jugend. Ich war aktives Mitglied der Pfadfinderbewegung. Mit 15 Jahren durfte ich zum ersten Mal eine Gruppe «Wölflis» führen, alles Jungs im Alter von 7 bis 10 Jahren. Für mich war dies eine besondere Erfahrung, da ich zum ersten Mal allein Verantwortung für andere trug.

Welches war Ihr grösster Fehler als Führungsperson?
Es gab sicher einige Fehler, die mir im Lauf meiner Karriere unterliefen. An einen erinnere ich mich besonders gut – das war ganz zu Beginn meiner Laufbahn im eigenen Unternehmen. Als ich 1999 als Bereichsleiterin Fashion anfing, war ich voller Enthusiasmus und Tatendrang. Bei meinen Rundgängen durchs Haus sah ich denn auch tausend Dinge, die ich verändern wollte, und legte in der Damenmode gleich selbst Hand an. Kurz darauf stand eine wutentbrannte Abteilungsleiterin in meinem Büro. Sie legte mir eindringlich nahe, solche Aktionen zuerst mit ihr zu besprechen, da sie sonst das Gesicht vor ihrer Mannschaft verlieren würde.

Was haben Sie daraus gelernt?
Dass ich mein Team nicht einfach so mit Ideen und Entscheidungen überfahren kann. Ich handle heute viel überlegter als damals. Ich diskutiere meine Ideen und Visionen im Team. Auch wenn ich unliebsame Entscheidungen treffen muss, ist es wichtig, dass meine Mitarbeiterinnen und Mitarbeiter die Gründe kennen. Nur so gewinnt man die Unterstützung des Teams und hat den gewünschten Rückhalt.

Mutter und Vater die einzige Wahrheit darstellt. Diese Wahrheit prägt unbemerkt bis weit ins Erwachsenenalter. Haben Sie da zum Beispiel gelernt, dass man Sie um Ihre Meinung fragt, oder waren die Ansichten des Vaters ohne Widerspruch zu übernehmen?

Als Jugendliche beginnen wir, die Welt objektiver zu sehen, die bisher einzige Realität mit anderem zu vergleichen und etwas Distanz dazu herzustellen. Doch die frühen Prägungen wirken unbemerkt weiter. Der Einfluss eines sehr autoritären Elternteils etwa kann sich so bemerkbar machen, dass direktives Verhalten später wegen der negativen Erlebnisse abgelehnt wird. Was hat das mit Ihrer aktuellen Führungsrolle zu tun?

VIKTOR B. WIRD TEAMLEITER in einem grösseren Betrieb. Er geht diese erste Führungsfunktion seriös an und bereitet sich gut auf die erste Zeit vor. Nach ein paar Monaten erhält er von seiner Chefin das Feedback, dass er seine Sache gut mache. Allerdings solle er etwas klarer führen und sich bei wichtigen Anliegen gegenüber den Mitarbeitenden durchsetzen. Herr B. denkt nach, und entdeckt mit der Hilfe eines Coaches, dass er unbemerkt den «Führungsstil» seiner Mutter übernommen hat. Diese hätte gegenüber den Kindern nie ein böses Wort gesagt, obschon auch sie klare Werte hatte. Sie versuchte stets, die Kinder im Gespräch, über Vernunft zu beeinflussen, nie über die Ausübung von Macht. Dies ganz im Gegensatz zum autoritären Vater.

REFLEXION
Folgende Fragen ermöglichen Ihnen, unbewusste Prägungen zu entdecken, die Ihr Verhalten als Chef, als Chefin mitbestimmen:
- Welche Autoritätspersonen in meinem Leben hatten besondere Bedeutung für mich? Welchen Einfluss haben diese bis heute auf mein Denken, meine Werte, mein Verhalten?
- Welches Verhalten möchte ich als Chef oder Chefin unbedingt zeigen (können)? Weshalb finde ich das wichtig?
- Welche Verhaltensweisen will ich um jeden Preis vermeiden? Was steckt dahinter, weshalb ist das so?
- Was habe ich bisher von Führungs- und Autoritätspersonen im beruflichen und privaten Leben gelernt?

Herr B. hat die Art der Einflussnahme seiner Mutter übernommen. In vielen Situationen ist diese Art sinnvoll und ermöglicht ihm gute Beziehungen zu seinem Team. Wenn er allerdings eine Vorgabe machen oder eine wichtige Angelegenheit durchbringen muss, hat er Mühe. Erst als Viktor B. seine Prägung bewusst wird, kann er daran etwas ändern. Er muss Schritt für Schritt lernen, klar Position zu beziehen und anderen auch Grenzen zu setzen.

Auch spätere Prägungen können die eigenen Vorlieben in der Führung beeinflussen – zum Beispiel durch Lehrer, die für die Entwicklung sehr wichtig waren, oder durch Autoritätspersonen in Vereinen, etwa die Trainerin einer Sportmannschaft.

Persönliche Werte

Werte sind internalisierte Handlungsanleitungen, die Ihnen ermöglichen, Entscheidungen zu treffen in Situationen, in denen nicht unmittelbar klar ist, was getan werden sollte. Ein Beispiel:

Sie sitzen im Zug zusammen mit einer Gruppe von Menschen aus einer anderen Kultur, die sich merkwürdig benehmen. Alle reden laut und gestikulieren mit den Händen, als wäre irgendetwas passiert. Aber offenbar ist das normal für diese Menschen. Wenn Toleranz als Wert bei Ihnen fest verankert ist, werden Sie dieses Verhalten akzeptieren, auch wenn es Ihnen fremd erscheint. Wenn nicht, regen Sie sich möglicherweise mächtig auf und beschweren sich sogar. Sie brauchen dabei nicht alle Details der Situation zu kennen. Ihr innerer Wert gibt Ihnen Anleitung für Ihre Entscheidung.

Auch Herr B. im nebenstehenden Beispiel hat Werte gelernt; ein wichtiger für ihn ist Respekt. Das führt dazu, dass er sich stets zurückhält und nicht autoritär auftreten will. Weshalb? Weil er mit dem autoritären Vater erfahren hat, wie es ist, wenn man sich nicht respektiert fühlt. Auch bei Werten wirkt die persönliche Geschichte prägend.

Werte sind in der Führung ein ganz wichtiges Instrument, darauf wird im Kapitel «Gute Führung» noch eingegangen (siehe Seite 116). Hier geht es vor allem darum, dass Sie erkennen, wie Ihre gelernten Werte die Art, wie Sie führen, beeinflussen.

REFLEXION

Mithilfe der folgenden Fragen entdecken Sie, welche Werte Ihr Handeln leiten:
- Was ist mir besonders wichtig, wenn ich andere führe, mit anderen zusammenarbeite, wenn ich bei der Arbeit bin?
- Woher kommt das? Wer und welche Ereignisse haben meine Werthaltungen am stärksten geprägt? Welche Werte will ich weiter hochhalten, welche überdenken und eventuell loslassen?

Erwartungen an sich selbst

Ihre persönliche Geschichte und die Werte, die Sie hochhalten, beeinflussen die Erwartungen, die Sie an sich selber als Chef oder Chefin haben. Diese Selbsterwartungen sind nicht zu unterschätzen, sie haben eine positive, aber auch eine belastende Kraft. Oft denken Führungskräfte – wie auch Menschen generell –, dass Schwierigkeiten im (Berufs-)Alltag von den Erwartungen anderer herrühren. Tatsächlich sind es aber oft die nicht bewussten Erwartungen an einen selber, die sich belastend auswirken.

Positive Auswirkungen der Selbsterwartung
Wenn Sie ein möglichst guter Vorgesetzter, eine möglichst gute Chefin sein möchten, dann ist das grundsätzlich positiv. Sie wollen Ihr Bestes geben, Erfolg haben und zeigen, was Sie können. Eine gute Voraussetzung – Sie werden nicht so rasch mit sich selber zufrieden sein, werden stets darüber nachdenken, ob es noch eine bessere Art gibt, in Ihrer Führung den eigenen Erwartungen zu entsprechen. Sie sind bereit, zu lernen und an der Führungsaufgabe zu wachsen.

LINDA J. TRITT IHRE ERSTE FÜHRUNGSAUFGABE an. Sie hat sich aufgrund eigener Erfahrungen fest vorgenommen, die Mitarbeitenden wertschätzend zu behandeln und sie wo immer möglich in die Entscheidungsprozesse einzubeziehen. Deshalb achtet sie bei jedem Meeting darauf, wie sie kommuniziert. Sie wählt ihre Worte bewusst und fragt stets nach, wie die Mitarbeitenden mit den Aufgaben klarkommen. Ihr Team reagiert positiv auf diese Art der Führung und unterstützt sie. Sobald Frau J. aber das Gefühl hat, jemand fühle sich nicht mehr ganz wohl, beschäftigt sie das sehr. Sie zerbricht sich den Kopf, wie sie diesem Teammitglied helfen könnte – getrieben von ihrer Selbsterwartung, stets zu unterstützen.

DAMIAN W., AUCH SOEBEN TEAMLEITER GEWORDEN, hat sich fest vorgenommen, klar zu zeigen, dass er der Chef ist. Er befürchtet, dass sonst die Ex-Kollegen ihn als Vorgesetzten nicht respektieren. Diese Erwartung führt dazu, dass er etwas auf Distanz zum Team geht. Er kommuniziert klar und vermittelt den Mitarbeitenden seine Vorstellung von der nächsten Zukunft mit allen Verbesserungsmöglichkeiten. Die Massnahme verfehlt ihre Wirkung nicht. Die Mitarbeitenden verstehen relativ schnell, dass er jetzt eine andere Rolle hat. Allerdings führt seine Entscheidung, in der Pause nicht mehr gemeinsam Kaffee zu trinken, auch zu Unstimmigkeiten. Einzelne glauben, dass er sich zu stark als Chef darstellen wolle, weil sie seine gute Absicht nicht verstehen.

In beiden Beispielen haben die Selbsterwartungen der neu Führenden tatsächlich positive Wirkungen.

Belastende Auswirkungen der Selbsterwartung
Die Beispiele zeigen aber auch, dass feste Selbsterwartungen Gefahren mit sich bringen. Die positiven Erwartungen – im ersten Beispiel Wertschätzung, im zweiten Abgrenzung – werden zur fixen Vorstellung, mögliche negative Auswirkungen werden ausgeblendet.

Frau J. im ersten Beispiel hat aufgrund ihrer Führungsgeschichte die Befürchtung, sie könnte jemandem auf die Füsse treten, sie könnte zu wenig wertschätzend sein. Ihre Erwartung wertschätzender Führung – grundsätzlich sehr positiv und unterstützungswürdig – wird zum festen Antreiber ihres Verhaltens. Jede Abweichung nimmt Frau J. als Irritation und als Gefühl des Versagens wahr, weil sie die eigene Erwartung nicht erfüllt. Das löst unnötige Zweifel aus und schwächt letztlich ihre Führungswirkung.

Die Erwartung von Herrn W., sich jederzeit Respekt zu verschaffen, führt dazu, dass er alles tut, um jede Erfahrung des fehlenden Respekts zu vermeiden. Er grenzt sich so übertrieben von seinen Ex-Kollegen ab, dass diese sein Verhalten nicht nachvollziehen können. Reagieren dann Einzelne mit Unverständnis, nimmt Herr W. dies als mangenden Respekt wahr – und grenzt sich noch stärker ab. Ein Teufelskreis bahnt sich an.

TYPISCHE SELBSTERWARTUNGEN
- Ich muss perfekt sein.
- Ich darf keine Fehler machen.
- Ich muss beliebt sein.
- Ich muss mich immer anstrengen und mich beweisen.

INFO *Die meisten Probleme in der Arbeitswelt entstehen aus festen Erwartungen, wie etwas sein sollte. Werden diese nicht erfüllt, stellt sich ein unangenehmes Gefühl ein. Man empfindet etwa Schuld, Scham, Ärger oder Ähnliches – alles weitverbreitete Emotionen. Die Folge ist oft ein reduziertes Selbstwertgefühl.*

Seien Sie nicht zu streng mit sich selbst
Oft hört man von Führungskräften folgenden Satz: «Ich erwarte von mir, stets ein Vorbild für meine Mitarbeitenden zu sein, und erwarte von ihnen nur, was ich auch von mir erwarte.» Diese Absicht ist erstrebenswert, hat aber bei Übertreibung einen Haken. Das Denkmuster dahinter könnte sein: «Ich muss es allen recht machen.» Das Risiko dabei ist, dass man dann beim kleinsten Fehler bereits die eigene Qualität als Führungskraft hinterfragt. Die Lösung: Behalten Sie diesen Satz als Prinzip und ergänzen

REFLEXION
- Welche positiven Erwartungen habe ich an mich als Chef oder Chefin?
- Welche Absichten verfolge ich, die auf andere positive Wirkung haben können?
- Woher kommen diese Absichten?
- Wie sehr bin ich auf meine Erwartungen fixiert? Was ist, wenn ich sie nicht erfülle?
- Welches sind meine drei grössten Vorbilder als Führungskräfte (in meinem Umfeld, aus Geschichten, die ich gehört habe, aus den Medien)? Welche Qualitäten dieser Persönlichkeiten faszinieren mich?

Sie ihn: «...und wenn es mir einmal nicht gelingt, dann stehe ich dazu, spreche darüber und bekräftige meine Absicht.»

TIPP *Machen Sie sich Ihre Erwartungen an sich selbst bewusst und streben Sie ihnen nach, ohne sich darauf zu versteifen, ohne sie zur fixen Idee werden zu lassen.*

Was für eine Führungsperson können Sie sein?

Die Heldin sein, die immer richtig handelt und alles schafft, oder das Opfer der eigenen Schwächen sein, für die man eh nichts kann? Beides sind Trugbilder. Was können Sie wirklich?

Jeder und jede von uns hat einzigartige Talente und Stärken ebenso wie Begrenzungen. Wie können Sie in der Führung Ihre besonderen Stärken einbringen und anderseits Ihre Grenzen akzeptieren, Ihre Schwächen kompensieren? Das Wichtigste: Sie müssen sich selber gut kennen.

Was macht Sie stark?

Wie gut kennen Sie sich selber wirklich? Diese Frage können nur Sie für sich beantworten. Die Antwort hängt davon ab, wie oft Sie darüber schon nachgedacht haben. Neben den eigenen Gedanken sind aber immer auch Rückmeldungen – Feedback – von anderen wichtig. Alle Menschen haben ihre blinden Flecken, Aspekte, die sie gar nicht sehen. Dies gilt auch für Stärken, Qualitäten etwa, die Sie ganz natürlich einbringen und deshalb gar nicht mehr als etwas Besonderes betrachten. Andere Menschen aus Ihrem Umfeld können Ihnen solche Eigenschaften als Stärken bestätigen.

Klarheit über die eigenen Stärken ist wichtig, wenn Sie eine erste Führungsrolle übernehmen. Denn auf diese Stärken sollten Sie setzen. Ebenso wichtig ist es, dass Sie wissen, wie Sie mit Ihren Begrenzungen umgehen wollen. Sie müssen ja nicht alles selber können.

Können und Wollen

Eine Tätigkeit, die Sie sehr gut können, für die Sie aber keine besondere Leidenschaft empfinden, ist noch nicht eine wirkliche Stärke. Beispiel: Sie können sehr gut planen, haben aber selten wirklich Lust dazu.

Ebenso wenig ist es eine Stärke, wenn Sie etwas besonders gern tun. Dann handelt es sich vielmehr um eine Leidenschaft, die Sie mit mehr oder weniger Talent dazu ausüben. Beispiel: Sie zeichnen gern Folien, sind gern kreativ – wissen aber, dass andere dies deutlich besser und auch schneller können als Sie. Für eine echte Stärke braucht es beide Dimensionen, Können und Wollen (siehe Grafik).

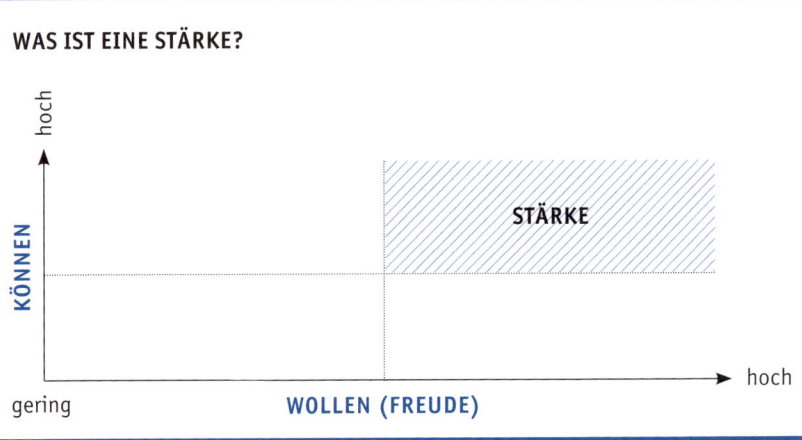

WAS IST EINE STÄRKE?

Identifizieren Sie Ihre Stärken

Stärken können sowohl angeborene Fähigkeiten, sogenannte Talente, beinhalten wie auch gelernte Fertigkeiten, die darauf aufbauen. Hier eine Aufzählung möglicher Stärken, die sich in der Führung gewinnbringend einsetzen lassen:

- Aktiv und dynamisch: bringt sich und andere rasch vom Denken zum Tun.
- Inspirierend: kann andere motivieren und dazu bewegen, mitzumachen.

- Gut in der Planung: kann gut arrangieren und organisieren.
- Natürlich kommunikativ: kann gut sprechen und mit einfachen, verständlichen Botschaften andere erreichen.
- Besonnen in den Entscheidungen: kann auch mit heiklen Themen gut umgehen und dazu für alle tragbare Entscheidungen treffen.
- Selbstdiszipliniert: liebt Struktur und eine gewisse Routine (auch Regeln) sowie Verantwortungsbewusstsein.
- Gut im Setzen von Prioritäten: schafft einen klaren Fokus und bringt Aufgaben termingerecht zur Erfüllung.
- Begabt in der Entwicklung anderer: sieht das Potenzial in anderen und bringt dieses zum Einsatz.
- Empathisch: versteht unterschiedliche Sichtweisen und Empfindungen und kann anderen in schwierigen (emotionalen) Situationen durch Einfühlung helfen.
- Ehrgeizig: strebt Bestleistungen an und treibt andere zu solchen an.
- …: Ergänzen Sie, was Sie als (Führungs-)Stärke empfinden.

Oft bestehen Stärken auch aus einer Kombination von mehreren Aspekten. Seien Sie vor allem ehrlich mit sich selber, wenn Sie in der folgenden Reflexionsübung die zwei bis drei Punkte auswählen, die Ihre Stärken darstellen. Schauen Sie in einem zweiten Schritt, welche weiteren Aspekte Ihr Potenzial für morgen repräsentieren. Dann arbeiten Sie daran.

REFLEXION
Folgende Fragen helfen Ihnen, Klarheit zu gewinnen über Ihre in der Führung relevanten Stärken:
- Welche Eigenschaften/Qualitäten aus der obigen Liste – samt meinen eigenen Ergänzungen – zähle ich zu meinen Stärken?
- Welches sind die drei Topaspekte, zu denen ich auch regelmässig positives Feedback erhalte?
- Wie zeigen sich diese Stärken im Arbeitsalltag? Welche positive Wirkung können diese Stärken erzielen?
- Wie setze ich meine Stärken in der Führungsarbeit ein und wie kann ich dies noch mehr und gezielter tun?

Persönliche Grenzen

Ebenso wie jeder Mensch seine Stärken hat, gibt es für alle Grenzen und Begrenzungen. Man kann nicht überall stark sein, das macht den Menschen ja gerade aus. Die Frage ist aber, ob Sie Ihre Grenzen kennen und wie Sie damit umgehen. Versuchen Sie nicht, die zu Ihnen gehörenden Schwächen auszuschalten. Eine Schwäche ist kein Anlass, sich zu schämen. Freuen Sie sich vielmehr, dass dadurch die Unterstützung von anderen und die Zusammenarbeit mit ihnen gefragt ist. Ihre Mitarbeitenden können Stärken dort einbringen, wo Sie Ihre Schwächen haben.

Es gibt Führungskräfte, die sehr kreativ sind, stets gute Ideen, Visionen haben und in jeder Situation Möglichkeiten sehen. Solche Chefs sind selten auch genau. Sie verpassen die kleinen Details, was manchmal zu unangenehmen Situationen führen kann. Ebenso sind sie schlecht darin, Arbeiten routinemässig auf dieselbe Art und Weise zu erledigen. Es liegt ihnen nicht und sie tun es äusserst ungern. Ist das auch Ihre Ausprägung? Dann können Sie vernünftigerweise nur zwei Dinge tun:

- Methoden und Techniken identifizieren oder bei anderen abschauen, die die negativen Konsequenzen Ihrer Schwäche minimieren. Zum Beispiel lernen, mit Checklisten die Details einer Aufgabe in den Griff zu bekommen.
- Mitarbeitende oder Kollegen finden, die ihre Stärken dort haben, wo Sie schwach sind, und diese gezielt einsetzen.

STÄRKE-SCHWÄCHE-PAARE

Die folgenden Fähigkeiten sind selten beide gleich ausgeprägt vorhanden – sie treten häufig als Stärke-Schwäche-Paar auf.

Die grossen Zusammenhänge sehen	⟷	Die Details einer Situation erkennen
Sehr gut für sich allein arbeiten können	⟷	Sich mit anderen austauschen können
Sehr flexibel sein und sich anpassen können	⟷	Strukturiert und nach Vorgabe arbeiten können
Analytisches Denken und Entscheiden	⟷	Entscheiden nach Prinzipien

Sie arbeiten nicht allein!

Lassen Sie sich nicht von Ihrem Ego bestimmen. Dieses wird Ihnen wahrscheinlich einreden, dass Sie keine Schwächen eingestehen sollten, erst recht nicht am Anfang. In der Praxis ist es gerade so, dass diejenigen Führungskräfte als souverän und stark bewertet werden, die sowohl zu ihren Stärken wie auch zu ihren Schwächen stehen.

CARLO Z., DER NEUE KÜCHENCHEF, hat es gern flexibel. Er freut sich über tägliche Veränderungen bei den Wünschen der Gäste und kann sich sehr rasch darauf einstellen. Diese Flexibilität hilft ihm auch in der Zeit, als ein grosser Küchenumbau angesagt ist. Er kann gut mit den Veränderungen umgehen und hilft seinem Team, sich rasch zu adaptieren. Aber: Wichtige Dokumente von Umbauaufträgen gehen fast verloren, die Sitzungen mit dem Küchenteam finden meist zu spät statt – weil Herr Z. sich verspätet oder sie vergisst. Es gibt keine Struktur, keine festen Abläufe mehr. Herr Z. fühlt sich dabei wohl, sein Team aber gar nicht. Es kommt zu Unstimmigkeiten, das Klima verschlechtert sich immer mehr – bis der Chef erkennt, dass er etwas unternehmen muss. Er stärkt die Rolle seiner Stellvertreterin, einer hoch strukturierten, detailorientierten Person. Einmal pro Woche sitzt er mit ihr zusammen, bespricht Anstehendes und stellt sicher, dass sie die Sitzungen plant und in die Agenda einträgt. Stabilität und Verlässlichkeit kehren zurück. Die Stimmung im Team verbessert sich schnell.

TIPPS *Lernen Sie Ihre Stärken kennen. Identifizieren Sie auch Ihre Begrenzungen, lernen Sie, damit umzugehen, und kompensieren Sie grössere Schwächen mithilfe Ihres Teams.*

Wenn Sie trotz Reflexion unsicher sind, wo Ihre Stärken und Begrenzungen liegen, nutzen Sie Rückmeldungen vertrauenswürdiger Quellen, beruflich (einer Kollegin) oder privat (des Partners).

Fragen Sie bei der Personalabteilung nach, ob in Ihrer Firma ein Feedback-Instrument mit Fragebogen eingesetzt wird. Die Mitarbeitenden können dann direkt Rückmeldung geben, wie sie Ihre Führung wahrnehmen. Dies macht allerdings frühestens nach sechs Monaten in der neuen Rolle Sinn.

DIESE HERAUSFORDERUNGEN ERWARTEN FÜHRUNGSKRÄFTE IN ZUKUNFT

Komplexität und Widersprüche

Die Einflussmöglichkeiten von Anspruchsgruppen (Kunden, Lieferanten, anderen Abteilungen) sowie der Informationsfluss werden vielschichtiger, das zunehmende Tempo sorgt für Entscheidungsdruck.

→ *Als Führungskraft müssen Sie die an Sie gestellten Erwartungen kennen, sich abgrenzen und mit Widersprüchen umgehen können. Gefragt sind Vernetzung, Transparenz und der Einbezug der Mitarbeitenden in die Entscheidungsprozesse (siehe Seite 135).*

Innovation unter Ressourcenknappheit

Innovationen müssen schneller, kundenorientierter auf den Markt gebracht werden; der Fachkräftemangel nimmt zu. Es ist zentral, die (besten) Mitarbeitenden zu halten und zu fördern.

→ *Als Vorgesetzte müssen Sie das Know-how im Team auf die gestiegenen Anforderungen ausrichten. Sie müssen Probleme rasch und effizient lösen. Dazu braucht es eine produktive Zusammenarbeit und die Rekrutierung der besten und kooperationswilligen Leute.*

Heterogenität in der Teamarbeit

Immer öfter arbeiten in Teams Menschen unterschiedlicher Generationen, kultureller Hintergründe, Lebensstile und Wertvorstellungen – das wirkt sich auf die Einstellung zur Arbeit aus.

→ *Als Chef müssen Sie Regeln der Zusammenarbeit definieren, die von allen getragen werden. Die Regeln sollten die Meinungsvielfalt zulassen oder gar fördern.*

REFLEXION

Folgende Überlegungen helfen Ihnen, gut mit Ihren Grenzen umzugehen:
- Welche Schwächen kenne ich von mir? Wie wirken sie sich in meiner Führung und Beziehung zu anderen aus?
- Was ist jeweils das Gegenteil meiner Stärken in der Führung? Trifft das auf mich zu? Wie begrenzen solche Eigenschaften mich und mein Team im Alltag?
- Wie und mit wem kann ich die Schwächen kompensieren? Was brauche ich dazu?

Neue Arbeitsformen, neue Unternehmensstrukturen
Das Bedürfnis nach Arbeiten in Netzwerken steigt. Immer mehr Vorhaben werden in interdisziplinären Projektteams umgesetzt. Die Bedeutung von Hierarchien in der Linienführung nimmt ab.
→ *Als Führungskraft müssen Sie die Teammitglieder koordinieren und sinnvoll vernetzen. Und Sie müssen die Selbstführung und -verantwortung der Mitarbeitenden sowie die Ausrichtung an den Ergebnissen fördern.*

Digitale Führung
Homeoffice, hybride Arbeitsformen, Kommunikation per Video oder Chat – die neuen Formen der Zusammenarbeit wurden durch die Coronapandemie massiv beschleunigt. Sie bringen grosse Vorteile wie Flexibilität und Unabhängigkeit.
→ *Als Chefin müssen Sie mit den Mitarbeitenden sinnvolle Spielregeln vereinbaren und die individuellen Bedürfnisse nach Arbeit aus dem Homeoffice mit den Interessen des Betriebs in Einklang bringen (siehe auch Seite 149 und 229).*

Der eigene Energiehaushalt
Die Zunahme an Komplexität, Tempo und Dynamik verlangt von Führenden das Navigieren in Spannungsfeldern und das Bewältigen von Herausforderungen, ohne auszubrennen.
→ *Als Chef müssen Sie sich regelmässige Regenerations- und Reflexionszeiten schaffen und ihre Arbeitstechnik stetig verfeinern (siehe Seite 91).*

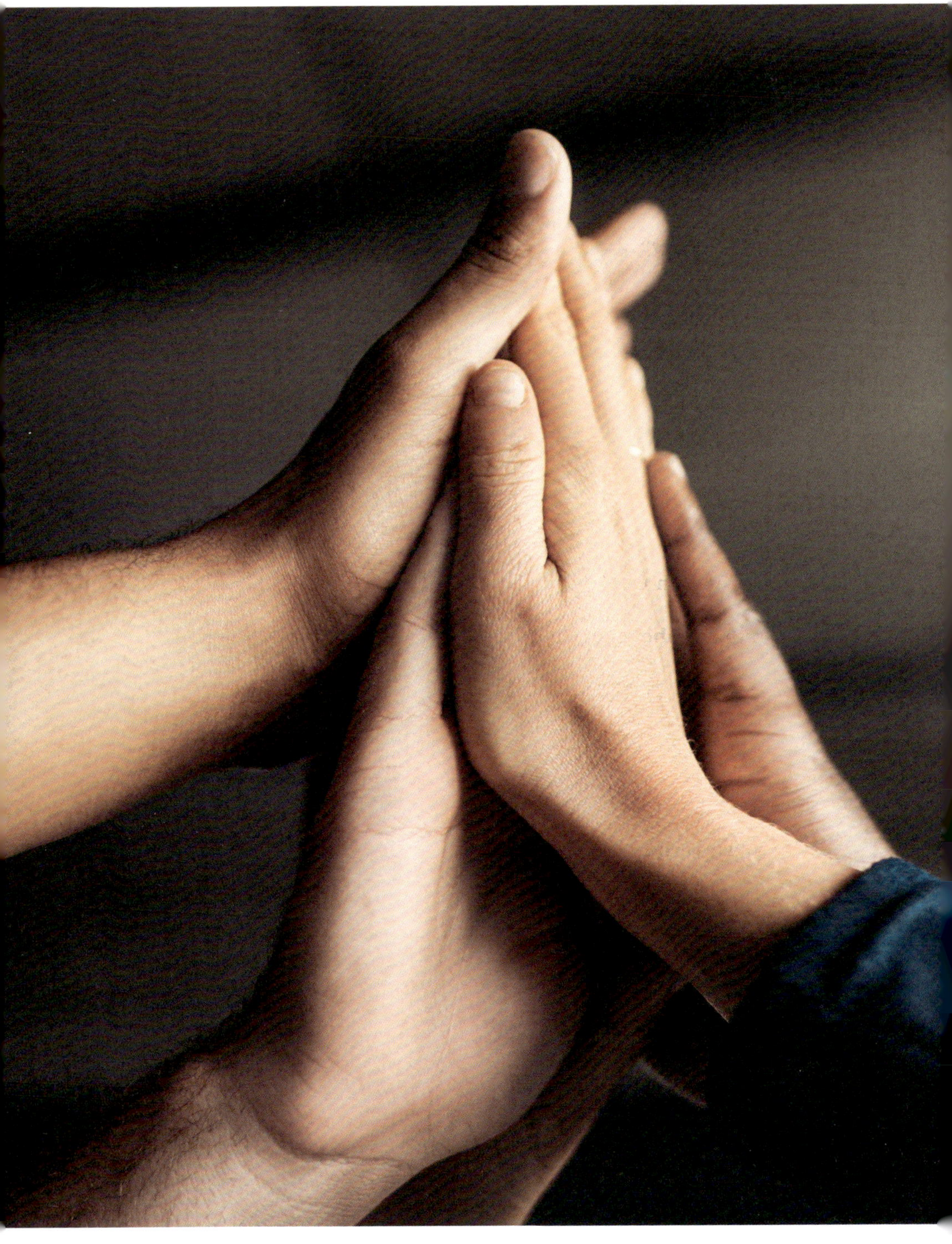

Die neue Rolle

2

Sie waren Mitarbeiter, Mitarbeiterin wie viele andere, jetzt sind Sie plötzlich Chef oder Chefin. Was bedeutet das? Ihre Hauptaufgabe ist es nun, ein Team zum Erfolg zu führen. Sie werden vor allem am Ergebnis Ihres Teams gemessen, nicht mehr nur an Ihrem individuellen Beitrag. Dieser Wechsel des Fokus vom Ich zum Wir ist entscheidend und mit Herausforderungen verbunden. Wie Sie ihn meistern, erfahren Sie in diesem Kapitel.

Was verändert sich?

Vorher gelobt für die eigene Leistung, das eigene Fachwissen, nun verantwortlich für die Leistung des ganzen Teams. Ein Schritt, der es in sich hat und den viele unterschätzen.

Einerseits verändern sich die Sichtweisen und Erwartungen anderer an Sie – sei es Ihr neuer Vorgesetzter, seien es Ihre Mitarbeitenden oder Kolleginnen und Kollegen. Auch Sie selber müssen die Perspektive wechseln und akzeptieren, dass Sie nicht auf gleiche Weise wie früher erfolgreich sein können. Die Art, wie Sie Wirkung erzielen, ändert sich und ebenso Ihre Einflussmöglichkeiten. Wenn Sie den Wechsel bewusst angehen, vermeiden Sie Fallstricke und dumme Fehler.

Vom Ich zum Wir

Dies ist der schwierigste Schritt bei der Übernahme einer Führungsrolle: Nicht mehr das Ich steht im Vordergrund, sondern das ganze Team.

Je nach Grösse und Aufgabe Ihres Teams kann Ihr persönlicher Anteil am gemeinsamen Ergebnis immer noch hoch sein. Ein Garagenchef zum Beispiel mit einem kleinen Team packt nach wie vor selber mit an. Seine Fähigkeiten als Spezialist sind weiterhin gefragt. Aber sie reichen nicht mehr.

Sobald Sie mehr als drei Mitarbeitende führen, ändern sich die Verhältnisse. Als Mitglied des Teams konnten Sie Ihre Aufgaben gut abgrenzen. Sie wussten, wie Sie die Erwartungen erfüllen konnten. Ihre Leistung steuerten Sie weitgehend selber. Nun haben Sie eine neue Aufgabe: Sie müssen dafür sorgen, dass Ihre Teammitglieder genau dies optimal tun können.

> **INFO** *Ihren grössten Beitrag als Führungsperson leisten Sie dann, wenn es Ihnen gelingt, die Beiträge der einzelnen Mitarbeiterinnen und Mitarbeiter optimal zu summieren und zusätzlich das Potenzial von Synergien spielen zu lassen. Ganz nach dem Motto: 1 + 1 = mindestens 3.*

DER WECHSEL VOM ICH ZUM WIR

Ich

WIRKUNG

Wir
Team

Ich
Teamleiter

Loslassen!
Dieser Wechsel fällt vielen schwer. Als erstmals Führende klammern sie sich in ihrer Unsicherheit an die bisherige Arbeitsweise und den eigenen Beitrag an die Teamleistung. Dadurch wird das Gesamtergebnis aber kaum besser. Als Führungskraft wird es zu Ihrer grössten Anerkennung, dass Ihr Team erfolgreich ist.

HEINER S. HAT DIE FÜHRUNG eines Kundenberaterteams in einem Mobiltelefonunternehmen übernommen. Vorher war er selber einer der besten Kundenberater und wurde verschiedentlich für seine Leistung ausgezeichnet. Er bleibt Kundenberater und versucht, das Team zu koordinieren. Er nimmt an den Abteilungssitzungen teil und gibt sich die grösste Mühe, allen Anforderungen als Teammanager zu genügen. Das alles wird bald zu viel für ihn. Er merkt, dass die anderen Berater zwar immer noch viel Respekt haben, weil er zu den besten gehört. Aber ihre Leistung nimmt erkennbar ab. Was ist los?

Herr S. spricht mit einzelnen Teammitgliedern und erfährt, dass er aus ihrer Sicht seine Rolle als Führungskraft noch gar nicht richtig eingenommen hat. Er entscheidet sich, mehrere Kunden an Mitarbeiter abzugeben und diese beim Aufbau der neuen Beziehung zu unterstützen. Zudem beschliesst er, alle zwei Wochen mit jedem Teammitglied zu sprechen und zu schauen, was er oder sie braucht, um noch erfolgreicher zu sein. Nach drei Monaten spürt Heiner S. keinen unnötigen Stress mehr, und die Teamleistung ist merklich gestiegen.

Das Beispiel zeigt, dass es beim Rollenwechsel darum geht, loszulassen. Unterschätzen Sie diese Herausforderung nicht. Später werden Sie dafür belohnt.

Vom Auftragnehmer zum Auftraggeber

Bisher haben Sie Aufträge und Aufgaben von oben erhalten. Bestimmt war Ihnen auch nicht immer klar, was man genau von Ihnen erwartete. Aber Sie mussten Ihre Aufgaben nur bedingt selber formulieren – vorausgesetzt, Sie hatten eine aktiv führende Vorgesetzte.

Nun ist es Ihre Sache, Aufträge und Aufgaben zu vergeben. Wenn Sie sich an Ihre Zeit als Mitarbeiter oder Mitarbeiterin erinnern, wissen Sie sehr wohl, worauf es für Ihre Untergebenen dabei ankommt.

Aufträge erteilen

Der Auftrag muss klar und verständlich formuliert und definiert werden. Je nach «Reifegrad» eines Mitarbeiters sind dazu mehr oder weniger Details nötig. Ein junger, unerfahrener Mitarbeiter braucht eindeutige Anweisungen mit vielen Details. Einer erfahrenen, kompetenten Fachkraft dagegen genügen die Eckpfeiler; wie sie den Auftrag ausführt, können Sie ihr weitgehend überlassen. Auch können Sie sie schon bei der Formulierung des Auftrags miteinbeziehen.

Die Erwartungen an die Mitarbeitenden müssen geklärt sein, das ist entscheidend. Dazu braucht es Vorbereitung und gute Gespräche. Wenn jemand erstmals führt, hat er möglicherweise Hemmungen, anderen, vor allem auch den Ex-Kollegen, Anweisungen zu erteilen. Man will ja nicht unnötig den Chef markieren. Doch es gibt nichts Unangenehmeres, als wenn Sie während des Bearbeitungsprozesses oder zum Schluss feststellen, dass die Erwartungen nicht klar waren oder dass unterschiedliche Vorstellungen von der Qualität des Ergebnisses vorlagen.

Kontrollieren
Früher, als Mitarbeiter oder Mitarbeiterin, haben Sie es möglicherweise nicht gemocht, wenn Ihr Vorgesetzter Ihre Arbeit kontrollierte. Wenn er ständig wissen wollte, was Sie machten und was dabei herausschaute. Gleichzeitig freuten Sie sich, wenn Sie für Ihre Arbeit Anerkennung erhielten. Nun sitzen Sie auf der anderen Seite. Sie haben das Gesamtergebnis zu verantworten. Deshalb sollten Sie bestens informiert sein, was wo und wie läuft.

Die Kunst ist es, die Qualität zu sichern, ohne dass Ihre Kontrolle von den Mitarbeitenden als unangenehm wahrgenommen wird. Das müssen Sie lernen. Der Schlüssel dazu ist die Haltung, mit der Sie die Kontrollen vornehmen. Wenn Sie aus echtem Interesse mit Mitarbeitenden sprechen und ihnen auch Anerkennung geben für Geleistetes, wird Kontrolle nicht negativ erlebt. Sie wird als Teil Ihrer Unterstützung und Wertschätzung wahrgenommen.

Andere beurteilen
Als Mitarbeiter oder Mitarbeiterin haben Sie Situationen erlebt, in denen es Ihnen wichtig war, die Fairness der Vorgesetzten zu spüren. Nun schauen Ihre Teammitglieder auf Sie, erwarten Fairness von Ihnen.

Dies gilt besonders bei Leistungsbeurteilungen. Wenn es nur um die Überprüfung von zahlenmässigen Umsatz- oder Verkaufszielen geht, ist Fairness weniger schwierig. Die Fakten bestimmen die Beurteilung. Grösser ist die Herausforderung, wenn qualitative Ziele vereinbart wurden, etwa Verbesserungen eines Arbeitsschritts wie die Kontrolle von Belegen, oder sogar Verhaltensziele, zum Beispiel «zuvorkommender kommunizieren». Viele Führungsanfänger haben zu Recht grossen Respekt vor solchen nicht objektiven Beurteilungen. Manche fürchten sich vor klaren Aussagen, um ja keinen vor den Kopf zu stossen. Sie formulieren schwammige Bewertungen, die niemandem etwas nützen. Im Zweifelsfall geben sie positive Einschätzungen ab und machen Versprechungen, die nicht erfüllt werden können. Das schwächt das gegenseitige Vertrauen und macht es für beide Seiten schwierig.

Als Vorgesetzter, als Teamleiterin kommen Sie nicht darum herum, Einschätzungen in Bezug auf Ihre Mitarbeitenden vorzunehmen. Sie stehen in der Verantwortung.

CORNELIA D. FÜHRT das Jahreszwischengespräch mit ihrem erfahrenen Mitarbeiter Markus B. Sie hat vorgängig sowohl Zahlen (Leistung) wie auch die Zielvereinbarung studiert und festgestellt, dass Herr B. bei zwei Zielen deutlich im Hintertreffen ist. Im Gespräch fokussiert sie auf die positiven Seiten und anerkennt die guten Ergebnisse sowie die grosse Erfahrung des Mitarbeiters. Sie will sich ja keine unnötigen Probleme schaffen. Am Ende erwähnt sie kurz die beiden offenen Ziele und meint, Herr B. würde ja sicher noch daran arbeiten. Dieser bestätigt, dass er sich da Mühe geben wolle.

Ende Jahr entscheidet sich Frau D., Markus B. bei der Bewertung im Vergleich zu den anderen Teammitgliedern nur ein durchschnittliches Rating zu geben. Schliesslich hat er die beiden Ziele noch immer nicht erfüllt. Herr B. ist sehr verärgert und gibt zu verstehen, dass die Chefin ihm nie klar gesagt habe, dass diese Ziele wirklich erfüllt sein müssten und wie wichtig sie seien. Es kommt zu einer Auseinandersetzung, das Vertrauensverhältnis ist getrübt.

Solche Situationen müssen nicht entstehen. Sie können sie verhindern, indem Sie klar kommunizieren und die Beurteilungsaufgabe von Anfang an ernst nehmen (mehr zum Qualifikationsgespräch auf Seite 164).

TIPPS *Treffen Sie zu Beginn des Jahres klare und von beiden Seiten bestätigte Vereinbarungen: eindeutige Ziele und Rahmenbedingungen, unmissverständliche Erwartungen.*

Zeigen Sie auf, was die Konsequenz ist, wenn eine Erwartung nicht erfüllt wird. Diese Transparenz hilft beiden Seiten.

Geben Sie rasch Rückmeldung, wenn etwas Ihrer Meinung nach nicht nach Wunsch läuft.

Unterstützen Sie Ihre Mitarbeiterinnen und Mitarbeiter aktiv, um die Differenz zu beheben respektive zu bearbeiten.

Halten Sie alle Beobachtungen und Referenzen fest, sodass Sie am Ende des Jahres genau erklären können, wie Sie zu Ihren Beurteilungen gekommen sind.

Spezialfall: von der Kollegin zur Chefin

Wer von der Kollegin zur Vorgesetzten wird, denkt oft, die Rolle zu wechseln, sei kein Problem: Die früheren Kolleginnen und Kollegen werden es doch weiterhin gut haben mit mir. Fehlanzeige!

Altlasten!
Diejenigen, die Ihnen vorher als Kollegen nahestanden, hoffen und erwarten, dass Sie sie wo möglich bevorzugen. Sie versuchen, die Nähe zu Ihnen auszunutzen, und suchen nach informellen Begegnungen, in denen man noch kurz dies und das besprechen, Ihnen ein paar Hinweise geben kann, was da bei wem läuft. Meist sind keine bösen Absichten im Spiel. Dennoch ist Vorsicht angesagt. Bemühen Sie sich, dass gerade diese Ex-Kollegen Ihre neue Rolle verstehen. Das wird eine Weile dauern. Wenn Sie ein Ungleichgewicht entstehen lassen, kann das der Teamdynamik schaden.

Einzelne Mitarbeitende, die Sie von vorher gut kennen, befürchten möglicherweise auch, dass Sie diese Kenntnisse gegen sie verwenden. Etwa ein Kollege, der in der Vergangenheit mit Ihnen über persönliche Schwächen und Herausforderungen gesprochen hat. Sie könnten dieses Wissen ja nutzen, um eine kritische Leistungsbeurteilung zu legitimieren. Oder Sie könnten sich bei wichtigen Entscheidungen, etwa zum Salär oder zu Beförderungen, davon beeinflussen lassen. Solche Befürchtungen sollten Sie ernst nehmen.

Anders ist die Situation für Mitarbeitende, die vorher nicht zu Ihren engeren Kollegen gehörten. Diese könnten befürchten, durch den Rollenwechsel benachteiligt zu sein. Sie werden Ihr Verhalten besonders genau beobachten und jede Aktion registrieren, die ihre Befürchtungen nährt. Dann wird getuschelt, kleine Gerüchte werden verbreitet und schon entsteht Unruhe, die nur schwer zu kontrollieren ist.

Ihre neue Position verändert die Beziehungen im Team – ob Sie das wollen oder nicht. Frühere Freundschaften können durchaus auf die Probe gestellt werden, bis sich das neue Verhältnis eingespielt hat.

> **TIPP** *Nehmen Sie Befürchtungen im Team ernst. Seien Sie sich immer bewusst, weshalb Sie wann und wozu mit wem sprechen, um unnötige negative Interpretationen zu vermeiden.*

Auf Distanz gehen?

Es gibt frischgebackene Chefs, die auf Distanz gehen und plötzlich tun, als wären die Ex-Kollegen ihnen fremd. Jeder direkte informelle Kontakt wird vermieden aus Angst, etwas falsch zu machen. Das ist kontraproduktiv, weil nicht ehrlich und nicht authentisch. Alle Beteiligten wissen, wie die Welt vor Ihrem Antritt als Teamleiter oder Chefin ausgesehen hat. Es ist kaum förderlich, da etwas vorzumachen. Das setzt bloss Ihre Glaubwürdigkeit aufs Spiel.

Wenn Sie ein gutes Vertrauensverhältnis zu den Mitarbeitenden haben, können Sie die veränderte Situation direkt ansprechen. Die Teammitglieder sollen Ihre positiven Absichten für das zukünftige Verhältnis kennen. Erklären Sie, was sich für Sie ändert und wie Sie damit umgehen wollen.

Achtung: Konkurrent im Team!

Was, wenn einer Ihrer früheren Kollegen den neuen Posten auch haben wollte? Dann wird er enttäuscht sein und seine Frustration auf Sie übertragen. Die Vorgesetzten wird er kaum direkt angehen wollen, stattdessen macht er Sie zum Sündenbock. Möglicherweise wird der Kollege Sie missachten oder andere Teammitglieder mit unwahren Geschichten versorgen. Er macht Stimmung gegen Sie.

Eine solch heikle Situation sollten Sie rasch klären. Am besten sprechen Sie mit dem enttäuschten Konkurrenten früh, bevor Sie offiziell die Führungsrolle antreten. Dann wissen Sie, wie gross die Herausforderung wird. Zudem machen Sie damit klar, dass Sie die Situation «richtig» einschätzen. In diesem Gespräch ist eine gute Mischung gefragt: Verständnis zeigen für die Emotionen des Gegenübers, aber auch klare Verhältnisse schaffen und die Erwartung auf konstruktive Zusammenarbeit äussern.

Sind Sie nach ein paar Wochen mit der Entwicklung nicht zufrieden, müssen Sie erneut das Gespräch suchen und mit deutlichen Worten die

Bedingungen für die weitere Zusammenarbeit setzen. Wenn nötig, holen Sie die Unterstützung Ihrer Vorgesetzten.

TIPPS *Schaffen Sie von Anfang an Klarheit bezüglich Ihrer neuen Rolle und unterstreichen Sie den Rollenwechsel mit symbolischen Handlungen:*
- *Apéro mit kurzer positiver Ansprache*
- *Erstes Teammeeting mit klaren Botschaften und Offenheit für die Sichtweisen der Teammitglieder*
- *Wenn möglich, längere Workshopsequenz zur gemeinsamen Auseinandersetzung mit der Vergangenheit, der aktuellen Situation und der Zukunft*

Sprechen Sie die neue Situation auf natürliche Weise an. Machen Sie transparent, dass sich alle – auch Sie – erst daran gewöhnen müssen.

Vereinbaren Sie klare Spielregeln, die für alle im Team gelten.

Machen Sie keine Versprechungen, die sich nicht halten lassen. Machen Sie keine Aussagen, die später zum Problem werden können – etwa: «Ich werde nichts ändern», oder: «Alles wird jetzt anders.»

Erwartungen in Ihrem Umfeld

Nicht nur Sie haben Erwartungen an sich, auch aus Ihrem Umfeld werden Erwartungen an Sie gerichtet – offen oder auch stillschweigend. Versuchen Sie, es allen recht zu machen, oder zeigen Sie sich gleichgültig? Beides ist nicht zu empfehlen.

Im Folgenden finden Sie einige Überlegungen zu allgemein bekannten Erwartungen. Letztlich aber müssen Sie die Erwartungen anderer – Vorgesetzte, Mitarbeitende, Kolleginnen gleicher Stufe – selber entdecken und identifizieren.

Ein Beispiel sein für andere

Wenn Sie die Führungsrolle übernehmen, wird Ihr Verhalten von den Mitarbeitenden genau verfolgt und beobachtet. Die Erwartung an Sie als Vor-Bild steigt. Alles, was Sie tun und sagen, erhält mehr Gewicht.

Das hat den Vorteil, dass Sie mit gutem Beispiel vorangehen und damit Wirkung erzielen können. Dies vor allem dann, wenn Sie ein bestimmtes Verhalten fördern möchten. Dann können Sie dieses Verhalten betont zeigen und so Ihre Erwartung an das Team vorleben.

FRAU L., TEAMLEITERIN IN EINEM LABOR, möchte, dass die Teammitglieder deutlich proaktiver auf externe Partner zugehen und nicht warten, bis sich diese melden. Bewusst tut sie dies nun selber verstärkt bei den Kontakten, die sie noch betreut. Dann erzählt sie im Teammeeting von ihren Erfahrungen beim direkten Ansprechen der Partner. Wenn ein Mitarbeiter sagt, dass eine Geschäftspartnerin besonders schwierig anzusprechen sei, hilft sie ihm sofort dabei oder übernimmt das Telefonat, damit der Mitarbeiter sieht, wie man vorgehen kann. Dann lässt sie ihn selber machen.

Sie stehen unter Beobachtung
Vergessen Sie nicht, dass Sie auch dann als Beispiel angeschaut werden, wenn Sie nicht bewusst daran denken. Das kann negative Folgen haben. Hier ein paar Beispiele von Vorgesetztenverhalten, das die Mitarbeitenden mit der Zeit übernehmen und kopieren oder das in die Geschichten einfliesst, die über den Chef, also Sie, im Betrieb erzählt werden.

- Sie kommen regelmässig, wenn auch nur ein wenig, zu spät zur Teamsitzung, zum Mitarbeitergespräch. Mögliche Interpretation seitens der Mitarbeitenden: Wir nehmen es mit der Zeit hier nicht so genau. Oder: Der Chef hält sich offenbar für wichtiger als andere und meint, er habe es nicht nötig, pünktlich zu sein.
- Sie unterbrechen regelmässig andere beim Sprechen und reden drein. Die Botschaft, die ankommt: Die Meinung der Chefin ist wichtiger als unsere; sie nimmt sich das Recht, überall reinzupfuschen. Noch schlimmer ist es, wenn Sie Ihrerseits verärgert reagieren, wenn mal jemand anders Sie unterbricht. Dann werden Ihre Leute vorsichtig und halten sich zurück.

- Sie gehen regelmässig früher als Ihre Mitarbeitenden nach Hause, ohne dies zu kommentieren. Die Botschaft: Als Chef wird nur noch befohlen, die Arbeit machen die anderen.
- Sie sprechen öffentlich schlecht über andere oder kritisieren Entscheidungen Ihrer Vorgesetzten. Die Botschaft: Bei uns darf man über andere herziehen, Loyalität ist nicht so wichtig.

Seien Sie also achtsam bei allem, was Sie tun und sagen. Zu empfehlen ist, dass Sie in Ihrem beruflichen Umfeld mindestens eine Vertrauensperson haben, die Sie auf unbeabsichtigte Ungeschicklichkeiten und auch auf die Reaktionen der Mitarbeitenden auf Ihre Kommunikation aufmerksam macht.

TIPP *Sprechen Sie Missgeschicke offen und ehrlich an. Sie gewinnen dadurch an Glaubwürdigkeit und zeigen, dass Sie auch ein Mensch und keineswegs perfekt sind. Entscheidend ist, dass Ihre feste Absicht erkannt wird, als positives Beispiel und Vorbild aufzutreten. Dann verzeihen Ihnen die Mitarbeiter auch Fehler.*

Die Erwartungen der Mitarbeitenden

Folgende Erwartungen sind im Fokus Ihrer Mitarbeitenden von dem Moment an, da Sie die Führungsrolle übernehmen:

- **Faire Behandlung:** Mitarbeitende wollen sich fair behandelt fühlen. Sie müssen immer wieder an geeigneter Stelle erklären und begründen, weshalb Sie eine bestimmte Entscheidung treffen – gerade, wenn es um personelle Entscheide und Ihre damit verbundenen Einschätzungen geht. Weshalb wurde zum Beispiel Mitarbeiterin A befördert und Mitarbeiter B nicht?
- **Befreien von negativen Entwicklungen:** Mitarbeitende wollen sich möglichst auf ihre Aufgaben konzentrieren können und sind wenig an übergeordneten Ereignissen oder politischen Spielen interessiert. Von Ihnen wird erwartet, dass Sie negative Aspekte des Umfelds vom Team fernhalten und allen unnötige Irritationen und Unruhe ersparen. Interessenkonflikte zwischen Abteilungen zum Beispiel sollten Sie mit den entsprechenden Führungskräften klären.

- **Hindernisse aus dem Weg räumen:** Mitarbeitende gehen davon aus, dass ihr Vorgesetzter ihnen hilft, unnötige Hindernisse beim Erledigen der Arbeit aus dem Weg zu räumen. Solche Hindernisse können unterschiedlicher Natur sein – zum Beispiel überholte Regeln, die ohne Schaden aufgelöst werden können.
- **Hinter den Mitarbeitenden stehen:** Mitarbeitende erachten es klar als Aufgabe des Chefs, der Chefin, hinter ihnen zu stehen, sich für sie und ihre Anliegen einzusetzen. Das gilt auch für den Umgang mit Fehlern, die bei der Arbeit passieren. Rückendeckung – vorausgesetzt, es handelt sich nicht um absichtliches Fehlverhalten – wird erwartet. Wenn die Mitarbeitenden dies nicht spüren, hinterfragen sie den Wert des Vorgesetzten.
- **Wertschätzen und ernst nehmen:** Das Bedürfnis, wertgeschätzt zu werden, gehört zum Menschen wie kaum ein anderes. Man will das Gefühl haben, dass man gesehen wird, dass man etwas zu sagen hat und mit der eigenen Meinung ernst genommen wird. Dies auch dann, wenn Sie in Ihren Entscheidungen schliesslich nicht alles berücksichtigen können.
- **Leistungen anerkennen:** Alle Mitarbeiter und Mitarbeiterinnen wollen, dass man sieht, was sie leisten. Sie erwarten von ihrer Chefin, dass diese weiss, was sie tun. Die logische Folge ist, dass sie von der Chefin explizite oder implizite Reaktionen wünschen: ein Dankeschön, ein konkretes Lob, einen Zuspruch.
- **Direktes kritisches Feedback:** Anderseits erwarten Mitarbeitende auch, dass sie vom Chef rasch hören, wenn etwas als nicht gut betrachtet wird. Sie wollen jederzeit wissen, wo sie stehen. Warten Sie nicht bis zum Jahresende mit kritischen Rückmeldungen, das ist zu spät.

Solche Anliegen und Erwartungen sind das, was für Ihre Mitarbeitenden zählt. Denken Sie zurück, wie es noch vor Kurzem für Sie war, als Sie auch zu den Mitarbeitenden zählten. Erwartungen und die subjektive Wahrnehmung, dass sie erfüllt oder nicht erfüllt werden, steuern die Befindlichkeit der Menschen, die Sie führen. Wenn Sie dies missachten, werden Sie früher oder später mit der Frustration und Demotivation Ihrer Leute konfrontiert, was im schlimmsten Fall bis zur inneren Kündigung führen kann. Wenn Sie anderseits die Erwartungen immer zu erfüllen versuchen, es allen recht machen wollen, laufen Sie Gefahr, Ihre Aufgabe als Chef oder

WELCHEN CHEF, WELCHE VORGESETZTE BRAUCHT DAS TEAM?

Wenn Sie in Ihrer neuen Rolle positive Wirkung erzielen wollen, sollten Sie verstehen, in welcher Phase sich Ihr Team befindet. Kennen Sie das im Team vorherrschende Bedürfnis? Folgende Situationen und unerfüllten Bedürfnisse des Teams können Sie antreffen:

Wunsch nach Sicherheit
Das Team ist verunsichert, Angst herrscht, einige fühlen sich sogar bedroht. Zum Beispiel, weil eine Mitarbeiterin entlassen oder bestraft wurde und sowohl sie wie ihre Kolleginnen sich ungerecht behandelt fühlen. Oder weil Gerüchte über eine Reorganisation mit personellen Konsequenzen herumgeboten werden.
Strategie: Legen Sie die Ängstlichkeit in der Gruppe offen. Dann können Sie Argumente einbringen, weshalb die Mitarbeitenden sich nicht zu fürchten brauchen. Sie können zeigen, wie man mit möglichen Bedrohungen umgehen kann und wie das Team wieder zur nötigen Stabilität kommt. Bieten Sie auch Ihre direkte Unterstützung an.

Wunsch nach Leistung, Erfolg
Das Team agiert relativ motivationslos. Es gibt aufgrund vergangener Geschehnisse Gefühle des Versagens und der Unzulänglichkeit.
Strategie: Bringen Sie Ihre eigene Freude und Begeisterung für die Teamaufgabe ein. Kommunizieren Sie aber sorgfältig, sonst sind die Teammitglieder überfordert oder nehmen Sie als unglaubwürdigen Illusionisten wahr. Suchen Sie kleine Fortschritte und Erfolge, die Sie bestätigen können. Sie können den Teamgeist stärken, indem Sie kleine Erfolge, auch wenn von Einzelnen erarbeitet, als Teamerfolge darstellen. Sprechen Sie mit dem Team über zukünftige Möglichkeiten. Verteilen Sie Aufgaben und Projekte so, dass die Beauftragten damit Erfolg haben und auf sich stolz sein können.

Wunsch nach Zuwendung und Zugehörigkeit
Einige im Team fühlen sich isoliert, missverstanden oder zu wenig beachtet. Ihr Vorgänger hatte einen autoritären Führungsstil, ausgerichtet an sachlichen Arbeitsaspekten. Wertschätzung und persönliche Beachtung der Mitarbeitenden kamen zu kurz.
Strategie: Zeigen Sie, dass jeder und jede in der Gruppe wichtig ist. Fühlt sich jemand ausgeschlossen, hat das Auswirkungen auf das ganze Team und die Dynamik. Eine solche Situation sollten Sie aber nicht öffentlich ansprechen, das ist heikel für die betroffene Person. Finden Sie in Zweiergesprächen heraus, was für die erneute Integration ins Team getan werden könnte. Fragen Sie einzelne Teammitglieder, wie es ihnen im Moment im Team geht.

Quelle: Deebak Chopra: «Mit dem Herzen führen»

Chefin nicht mehr bewältigen zu können. Ein Mittelweg ist wahrscheinlich am erfolgversprechendsten.

TIPP *Zu empfehlen ist eine transparente Klärung von und Auseinandersetzung mit Erwartungen. Definieren Sie, welche der Erwartungen Ihrer Mitarbeitenden Sie erfüllen wollen und wo Sie das nicht wollen oder können.*

FRANZ L. MERKT, dass die Mitarbeitenden von ihm erwarten, dass er alle Hindernisse bei der Arbeit ausräumt. Er weiss, dass er das nur bedingt kann, und ist zudem der Überzeugung, dass seine Leute selber einen Teil der Verantwortung übernehmen sollten. Also spricht er das Thema in einem längeren Teammeeting an. Er lässt die Mitarbeiterinnen und Mitarbeiter alle Anliegen dazu beschreiben und festhalten. Dann erarbeitet er zusammen mit dem Team, was jeder und jede Einzelne beitragen kann, auch er selber. Er macht klar, dass er von den Teammitgliedern mehr Selbstverantwortung erwartet. Es entsteht eine angeregte Diskussion mit Einigungen und Vereinbarungen. Ein paar Punkte bleiben offen, weil die gegenseitigen Erwartungen zu unterschiedlich sind. Diese werden für eine spätere Sitzung traktandiert. In der Folge bemühen sich alle, die Vereinbarungen einzuhalten. Und alle schätzen die offene Art, Erwartungen konkret anzusprechen.

REFLEXION
Folgende Fragen helfen Ihnen, Erwartungen mit Mitarbeitenden zu klären:
– Welche Erwartungen von meinen neuen Teammitgliedern kenne ich schon oder vermute ich?
– Welche dieser Erwartungen glaube ich erfüllen zu können oder zu wollen? Bei welchen muss ich klären und kommunizieren, was ich dazu denke?
– Wie war das seinerzeit als Mitarbeiter, als Mitarbeiterin: Welche Erwartungen hatte ich an meine Vorgesetzten? Wie sind diese damit umgegangen? Was kann ich daraus für meine Führungsrolle lernen?

GENERATION X, Y, Z ...

Neue Generationen, neue Erwartungen. Wie äussern sie sich? Einige Beispiele:
- Selbstbewusstsein und Selbstverständnis: «Ich möchte möglichst rasch in eine höhere Position befördert werden.»
- Arbeit und Freizeit: «Ich möchte jeweils um 16 Uhr Schluss machen können, da ich dann ins Fitness oder zum Yoga gehe.»
- Arbeitseinstellung: «Ich habe meine Arbeit fertig, kann ich gehen?»

Diese Beispiele sollen nicht als unbedingt repräsentativ gesehen werden. Sie illustrieren jedoch, dass zwischen Ihnen und Ihren jüngeren Mitarbeitenden unterschiedliche Vorstellungen bestehen können. Wie gehen Sie damit um? Hier einige Empfehlungen:
- (Ver)urteilen Sie nicht, versuchen Sie zu verstehen, woher die andere Vorstellung kommt – zum Beispiel aus der Erziehung Ihres Gegenübers.
- Versuchen Sie herauszufinden, was genau das wichtige Bedürfnis hinter diesen Vorstellungen ist – beispielsweise der Wunsch nach Freude im Leben oder die Absicht, den eigenen Werten treu zu bleiben (Freundschaften pflegen). Anerkennen Sie solche Bedürfnisse.
- Erklären Sie dann die Spielregeln und Anforderungen, die bei der Arbeit gelten. Zeigen Sie auf, was die Perspektive des Betriebs ist und sein muss, um erfolgreich zu sein.
- Kommunizieren Sie mit Humor und signalisieren Sie, dass Ihre (heraus)fordernde Haltung auch im Interesse und für die Zukunft der jungen Person ist.
- Versuchen Sie zu einer für beide Seiten gut annehmbaren Vereinbarung zu kommen, die auch für das Team tragbar ist.
- Bleiben Sie weiter im Gespräch und zeigen Sie Interesse am Leben der Mitarbeitenden.
- Wenn Sie zu keiner überzeugenden Vereinbarung kommen, ziehen Sie weitere Verantwortliche bei (höhere Führungspersonen oder Personalverantwortliche).

Die Erwartungen der Vorgesetzten

Viel Anstrengung und der Chef ist doch nicht zufrieden? Das passiert Ihnen dann, wenn Sie die Erwartungen nicht mit Ihrem Vorgesetzten geklärt haben. Es lohnt sich, sorgfältig zu sein.

Verantwortung übernehmen
Ihr neuer Vorgesetzter führt nicht nur ein Team, sondern mehrere. Er muss Ihnen die Verantwortung für Ihr Team überlassen können, denn er kann sich nicht überall einbringen. Er erwartet also, dass Sie die Dinge zum Laufen bringen, dass Sie das Team selbständig führen und mit ihm die gesteckten Ziele erreichen. Wenn Ihr Vorgesetzter aktiv führt, hilft er Ihnen vor allem in der Anfangsphase und steht Ihnen bei Fragen zur Verfügung. Aber irgendwann kommt der Moment, da Sie allein entscheiden müssen. Auch dann, wenn Sie nicht die Gewissheit haben, «richtig» zu entscheiden. Der Vorgesetzte erwartet, dass Sie im Interesse des Unternehmens entscheiden und wissen, was das bedeutet.

Viele Führungskräfte, die mehrere Teams oder Abteilungen führen, wünschen sich, so wenig wie möglich von diesen zu hören. Ohne spezielle Rückmeldung nehmen sie an, dass alles läuft und in Ordnung ist. Sie wollen aber sofort informiert sein, wenn es Probleme gibt. Suchen Sie die richtige Balance und sprechen Sie sich wenn möglich mit Ihrem Vorgesetzten über das gewünschte Vorgehen ab.

TIPP *Wenn Sie einen Vorgesetzten haben, der sich ständig einmischt und sogenanntes Mikromanagement betreibt, sollten Sie dieses Thema nach ein paar Wochen auf höfliche Weise ansprechen.*

Erwartungen an den Führungsstil
Oft erwarten Vorgesetzte, dass ihre Teamleiterinnen und Teamleiter auf ähnliche Art führen wie sie selbst. Das kann durchaus hilfreich sein, wenn Sie den Führungsstil des Vorgesetzten selber positiv erleben. Wenn nicht, sind Sie gefordert. Sie wollen und sollen ja Ihren eigenen Stil finden und einsetzen. Suchen Sie das Gespräch, um zu klären, welchen Spielraum Sie erhalten, um so zu führen, wie es für Sie Sinn macht. Am Ende zählen die Ergebnisse. Der Weg, den Sie einschlagen, um diese zu erreichen, sollte – abgesehen von gemeinsamen Werten – nicht vorgegeben sein.

Persönliche Interessen der Vorgesetzten

In gewissen Situation werden Sie mit der Erwartung konfrontiert, «im Interesse» der Vorgesetzten zu entscheiden. Sie will ihre eigenen Interessen wahren. Finden Sie heraus, was ihr besonders wichtig ist. Für die einen ist es die Karriere, die Möglichkeit, einen weiteren Schritt auf der Leiter zu machen; für andere zählt der Status oder die Anerkennung von oben. Wieder andere wollen eigene Projekte vorwärtsbringen und zählen auf Ihre Unterstützung.

> **ACHTUNG** *Die Idee ist nicht, dass Sie nach der Pfeife der Chefin tanzen. Sie müssen Ihren eigenen Weg gehen und dafür einstehen. Aber wenn Sie wissen, was Ihre Vorgesetzte besonders antreibt, können Sie sich mit etwas Geschick unnötige Probleme ersparen und Handlungsspielraum schaffen.*

> **KARL W. HAT EINE EHRGEIZIGE VORGESETZTE**, die vor allem an der nächsten Karrierestufe interessiert ist. Er leitet ein wichtiges Projekt zur Verbesserung der Abläufe in der Produktion. Er tut dies sehr erfolgreich und wird von einem Geschäftsleitungsmitglied für eine Präsentation der aktuellen Projektergebnisse angefragt. Er informiert seine Chefin, die sofort vorschlägt, dass sie selber die Präsentation halten werde, vorbereitet mit seiner Hilfe. Herr W. hat mit diesen Vorschlag schon gerechnet und reagiert ganz ruhig. Er erklärt der Chefin, dass er ihr gern helfen werde, dass er aber einen noch besseren Vorschlag habe: Da er ja alle Details zum Projekt kenne, sei es sinnvoll, gemeinsam zur Geschäftsleitung zu gehen. Sie als Chefin werde die Präsentation eröffnen und auch wieder schliessen, und er werde die Details erläutern. Die Chefin versteht, dass so beide gewinnen und dass ihre Chance, positiv gesehen zu werden, sogar noch höher ist. Allein könnte sie ja auch in Schwierigkeiten geraten.

Loyalität

Ihre Chefin erwartet uneingeschränkte Loyalität, und zwar nicht nur von Ihnen, sondern von Ihrem ganzen Team. Vorgesetzte hassen nichts mehr, als wenn ein unterstellter Teamleiter oder ein Teammitglied sie in irgendeiner Weise umgeht. Dazu gehört auch, dass Sie Ihre Vorgesetzte sowohl bei Erfolgen als auch bei Misserfolgen und Problemen umgehend informieren. Nichts Unangenehmeres, als wenn eine Führungskraft von Gleichgestellten erfährt, was in ihrem Bereich läuft oder eben schiefgeht. Das wird selten verziehen.

> **INFO** *Loyalität verlangt im Übrigen auch das Gesetz – unter dem Stichwort Treuepflicht. Mehr dazu lesen Sie im rechtlichen Teil auf Seite 206.*

Übergeordnete Interessen
Meist will ein Vorgesetzter, dass Sie sich für die ganze Abteilung einsetzen, über Ihr eigenes Team hinaus denken und den ganzen Bereich, die Abteilung nach aussen vertreten. Das ist zwar interessant und gibt Ihnen die Möglichkeit, auch ausserhalb des Teams Einfluss zu nehmen. Anderseits begeben Sie sich in ein Spannungsfeld unterschiedlicher Prioritäten.

Wenn Sie sich aus Zeitgründen für eine der beiden Prioritäten entscheiden müssen, setzen Sie Ihren Fokus auf Ihr Team – auch mit dem Risiko, dass Ihr Vorgesetzter Ihnen mangelnden Einsatz für das Ganze vorwirft. Stellen Sie die Priorität für das Ganze in den Vordergrund, kommt Ihr Team zu kurz. Sie müssen hier von Situation zu Situation abschätzen, wo das Risiko höher liegt, und die richtige Balance finden.

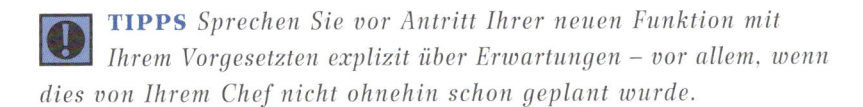

> **TIPPS** *Sprechen Sie vor Antritt Ihrer neuen Funktion mit Ihrem Vorgesetzten explizit über Erwartungen – vor allem, wenn dies von Ihrem Chef nicht ohnehin schon geplant wurde.*
>
> *Fragen Sie, was ihm besonders wichtig ist, wann Sie aus seiner Sicht Ihren Job als Teamleiter oder Teamleiterin erfolgreich gestalten.*
>
> *Überlegen Sie auch, was Ihnen wichtig ist, was Sie sich in der Zusammenarbeit wünschen.*
>
> *Treffen Sie klare Vereinbarungen. Auf diese können Sie zurückkommen, wenn etwas nicht wie gewünscht läuft. Trotz guter Absichten kann in der Anfangsphase das eine oder andere Missverständnis entstehen. Die Art, wie Sie Ihre neue Funktion wahrnehmen, und das Verhältnis zum Vorgesetzten müssen sich erst einspielen.*

REFLEXION

Diese Überlegungen helfen Ihnen, mit Ihrem Vorgesetzten gut im Gespräch zu sein:
- Was weiss ich über meinen neuen Vorgesetzten? Was erzählt man über ihn?
- Welche Annahmen habe ich über seine Erwartungen, Vorlieben, Eigenheiten?
- Was weiss ich über seinen Führungsstil, und wie nahe dabei sehe ich meinen eigenen Stil? Was gibt es da zu klären?
- Welche Erwartungen habe ich selber an meine Vorgesetzte, welche kann ich früh ansprechen?
- Was ist mir besonders wichtig in der Zusammenarbeit, was will ich klären?

Die Erwartungen der Kolleginnen und Kollegen auf gleicher Stufe

Sie haben als Teamleiter oder Abteilungsleiterin nun auch neue Kolleginnen und Kollegen auf gleicher Stufe, sogenannte Peers. Die Beziehungen zu diesen hängen von der Grösse des Betriebs und von Ihrer Geschichte darin ab. In kleinen Betrieben kennt man sich, es herrschen familiäre Verhältnisse mit allen Vor- und Nachteilen. In der Regel ist der Rollenwechsel dann wenig problematisch.

Anders sieht es in grösseren Unternehmen aus. Mit dem Rollenwechsel werden Sie zur Konkurrenz Ihrer neuen, gleichgestellten Kollegen in derselben Abteilung, demselben Bereich. Sie werden herausfinden, wer Sie aufgrund der eigenen Karriereinteressen mehr, wer weniger als Konkurrenz betrachtet.

Die Verhältnisse werden komplexer und undurchschaubarer. Vielleicht gibt es Koalitionen, kleine Gruppen oder Paare von Teamleitern, die zusammenspannen. Diese könnten ein Interesse haben, Sie für ihre Anliegen gegenüber den Vorgesetzten einzuspannen. Jeder kann über jeden mit jedem sprechen. Diese Kommunikation können Sie nur sehr bedingt direkt kontrollieren oder beeinflussen.

Es lohnt sich, in gute Beziehungen zu Gleichgestellten und in gegenseitiges Vertrauen zu investieren. Behandeln Sie alle mit Respekt und Wertschätzung. Das erhöht die Chance, dass andere mit Ihnen dasselbe tun. Am besten trennen Sie die Sache (Inhalt) so gut wie möglich von der Beziehung, die Sie mit den Kollegen und Kolleginnen pflegen.

> **TIPP** *Treten Sie in der Anfangsphase zurückhaltend auf. Beobachten Sie und finden Sie heraus, was läuft und wie die Beziehungen im Führungsteam aussehen.*

Mein Team, dein Team
Teamleiterkollegen erwarten, dass Sie mit offenen Karten spielen, transparent sind. Sie wollen wissen, mit wem sie es zu tun haben. Genau wie Sie wollen auch die Kollegen, dass niemand seine Teaminteressen auf Kosten anderer durchzusetzen versucht. Das bringt Sie in ein Dilemma. Denn Ihre eigenen Mitarbeitenden erwarten von Ihnen, dass Sie sich vorbehaltlos für die Teaminteressen einsetzen. Sie müssen also die Balance finden zwischen dem Vertreten der Interessen Ihres Teams und dem Aushandeln von Lösungen mit den Teamleiterkollegen. Dieser Herausforderung müssen Sie sich stellen. Geschickte Beeinflussungstechniken sind gefragt. Etwa aufzuzeigen, wie Ihre Lösung für alle Beteiligten von Nutzen ist und welches die Gemeinsamkeiten sind zwischen Ihrer Idee und den von anderen vorgeschlagenen Lösungen.

Im Sandwich – Fluch oder Segen?

Wer neu eine Vorgesetztenrolle übernimmt, ist in einer Sandwichposition, sitzt in der Mitte verschiedenster Erwartungen von oben (Vorgesetzte), von unten (Mitarbeitende) sowie von der Seite (Kollegen). Da können sich scheinbar unlösbare Probleme und Spannungsfelder ergeben. Hier ein paar Beispiele für solche Herausforderungen:
- Ihr Vorgesetzter setzt bei der Aufgabenerledigung auf hohes Tempo – Ihre Mitarbeitenden setzen auf saubere Arbeit und Qualität.
- Ihre Mitarbeitenden erwarten, dass Sie die Teaminteressen konsequent vertreten und wenn möglich durchsetzen – Ihre Teamleiterkolleginnen erwarten von Ihnen Zurückhaltung.
- Ihre Chefin drängt Sie zu Verbesserungen und Veränderungen – Ihre Mitarbeitenden wollen endlich eine stabile Situation und in Ruhe arbeiten können.

ANDRÉ LÜTHI
Verwaltungsratspräsident und CEO der Globetrotter Group

Welches war Ihre erste Führungsrolle?
Ich war neun Jahre alt, als ich zum ersten Mal führte. Im kleinen Weiler, in dem ich aufgewachsen bin, gab es einen einzigen Schwarzweissfernseher auf acht Haushalte. An diesem Fernseher schauten meine drei Freunde und ich wann immer möglich die Westernserie «Bonanza». Und bald spielten wir Bonanza im Wald, der unseren Weiler umgab. Aus einem unerklärlichen Grund war von Anfang an klar, dass ich «Ben» war – das Oberhaupt der Cowboyfamilie Cartwright. So führte ich meine Jungs durch die Abenteuer des Wilden Westens – mit Steckenpferden, Cowboygilets, Spielzeugrevolver und Cowboyhut.

Welches war Ihr grösster Fehler als Führungsperson?
Als ich im Zug des Erfolgs als Reiseunternehmer zur Überzeugung kam, dass wir mit einem Reisebüro auch in einem klassischen Warenhaus Erfolg haben können. Mein Kader hat mir davon abgeraten. Doch schlussendlich habe ich entschieden, dass wir den Schritt machen, und eröffnete eine Filiale in einem Warenhaus. Sehr schnell stellte sich heraus, dass dies nicht funktioniert. Die Warenhauskundschaft entsprach ganz und gar nicht unserer Positionierung – respektive, die ausführliche Reiseberatung sucht man nicht im Warenhaus. Die Filiale hatte viel zu wenig Frequenz und wir mussten sie wieder schliessen.

Was haben Sie daraus gelernt?
In vielen Fällen stimmten mein Bauchgefühl und die Meinung des Kaders, das mein volles Vertrauen geniesst, überein, dies war und ist die Grundlage unseres Erfolgs. Ich musste lernen, dass, wenn diese Übereinstimmung bei wichtigen Entscheidungen für einmal nicht da ist, die Stimme des Kaders vermutlich eine Situation besser widerspiegelt als mein Bauchgefühl.

Die Haltung, mit der Sie solche Spannungsfelder angehen, bestimmt weitgehend das Ergebnis und die Qualität der Lösung. Wenn Sie es allen jederzeit recht machen wollen, reiben Sie sich auf, setzen sich selber unter Druck und werden mit der Zeit zum Spielball aller Beteiligten. Wenn Sie einseitig agieren und zum Beispiel die Sicht des Vorgesetzten stets höher gewichten als die Ihrer Mitarbeitenden, dann werden Sie mit der Zeit von diesem abhängig. Ihre Glaubwürdigkeit im Team sinkt und Sie verlieren an Einfluss.

Die Lösung liegt im Sowohl-als-auch
In der Praxis bewährt sich eine grundsätzlich positive und optimistische Haltung. Gehen Sie davon aus, dass Sie eine Lösung finden, die auf dem Prinzip des Sowohl-als-auch basiert. Zum Beispiel in der ersten der auf Seite 62 erwähnten Situationen: Wenn Sie beim Vorgesetzten nachfragen, was «hohes Tempo» genau heisst, wissen Sie, wo der Spielraum für Kompromisse liegt, und erfahren, weshalb dieses Kriterium so entscheidend ist. Sie können sich überlegen, ob Sie seiner Erwartung voll entsprechen und dies den Mitarbeitenden überzeugend erklären können. Oder ob Sie einstehen für Ihre Anliegen und die Ihres Teams. Gegenüber dem Vorgesetzten erklären Sie, wie viel Zeit Sie brauchen, um eine ihn zufriedenstellende Lösung zu präsentieren. Mit Ihren Mitarbeitenden klären Sie, was diese benötigen, um in der vorgegebenen Zeit eine ihrem Qualitätsanspruch genügende Lösung hinzukriegen.

IHRE VORGESETZTE ERWARTET VON IHNEN und dem Team in zwei Wochen das detaillierte Konzept für einen neu definierten Kundenservice. Ihre Mitarbeitenden erachten die Zeitvorgabe als unmöglich. Sie sprechen mit der Chefin und erfahren, dass diese den Vorschlag in drei Wochen im Managementgremium präsentieren muss. Nun verhandeln Sie um zwei Tage mehr Zeit. Sie vereinbaren, dass Sie dann den Vorschlag mit ihr im Detail durchgehen, sodass sie sich bei ihrer Präsentation wohlfühlt. Ihren Mitarbeitenden erklären Sie, wie wichtig die Präsentation der Chefin für das ganze Team und die Zukunft ist. So verstehen diese, dass die Zeit wirklich drängt, und anerkennen, dass Sie etwas herausholen konnten. Dann fragen Sie das Team, welche Arbeiten in den zwei Wochen zurückgestellt werden können, um der Präsentation erste Priorität einzuräumen. Gemeinsam finden Sie ein paar Aufgaben, die Sie zu verschieben bereit sind. Wo nötig, packen Sie selber mit an.

Diese Vorgehensweise ist nur möglich, wenn Sie aktiv führen und die Sandwichrolle als Chance sehen, einen für alle gangbaren Weg zu finden. Das ist anspruchsvoll, aber auch sehr wertvoll. In diesen Situationen entscheidet sich, ob die Umsetzung Ihrer Aufgaben gelingt.

Die Rolle als Vermittlerin
Als Führungsperson haben Sie die essenzielle Aufgabe, zwischen «unten» und «oben» zu vermitteln. Das ist anspruchsvoll, jedoch einer der wichtigsten Beiträge in der Führung. Sie sorgen dafür, dass Entscheidungen und Handlungen auf der Ebene des ganzen Unternehmens oder Ihres Bereichs von Ihren Mitarbeitenden nicht nur verstanden, sondern auch umgesetzt werden. Dazu müssen Sie diese Entscheide überzeugend vermitteln, sodass jeder und jede sie nachvollziehen und verstehen kann.

Feedback und Reklamationen aus Ihrem Team können Sie nicht einfach ungefiltert nach oben geben, das kommt nicht gut an. Sie müssen die Anliegen Ihrer Leute konkret aufzeigen, den Zusammenhang und die Auswirkungen erklären und so die Chance erhöhen, dass die Anliegen von den Verantwortlichen akzeptiert werden.

Fallstricke beim Rollenwechsel

Unachtsamkeit beim Rollenwechsel kann zu unnötigen Problemen führen. Wir Menschen haben alle unseren blinden Fleck, oft funkt unser Ego dazwischen. Folgende Punkte illustrieren das.

- **Sofort alles verändern wollen:** Mit dem Rollenwechsel erhalten Sie die Gelegenheit, Dinge anzupacken, zu verändern. Aber verändern Sie nicht zu schnell zu viel. Sonst ist Ihr Team überfordert mit den neuen Ideen und versteht Ihren Enthusiasmus als mangelnden Respekt vor den Leistungen in der Vergangenheit. Das kommt schlecht an. Nehmen Sie sich Zeit zu verstehen, wo Veränderungen sinnvoll sind.
- **Den Chef spielen:** Markieren Sie nicht den Chef. Das kommt selten gut an. Wenn Sie Sätze äussern wie: «So ist es jetzt einfach», oder: «Ich bin jetzt der Chef und bestimme», können Sie mit Widerstand rechnen.

- **Sofort akzeptiert sein wollen:** Die Akzeptanz und der Respekt Ihrer Mitarbeitenden sind wichtig. Das können Sie aber nicht «verordnen», Sie müssen sich den Respekt verdienen. Ihr Betrieb hat Sie auf die Führungsposition gesetzt. Das heisst noch lange nicht, dass das Team Sie als Führungsperson akzeptiert. Ihre Mitarbeiterinnen und Mitarbeiter brauchen Zeit, um sich an Sie zu gewöhnen. Treten Sie von Anfang an möglichst echt auf. Finden Sie heraus, was es braucht, um die Akzeptanz zu steigern. Zum Beispiel Ehrlichkeit und Verlässlichkeit.

Was, wenn Sie nicht akzeptiert werden? Dann müssen Sie die Situation so rasch wie möglich ansprechen. Am besten sprechen Sie zuerst mit Ihrem Vorgesetzten und holen zum Beispiel bei der Personalabteilung Hilfe für die Vorbereitung der Gespräche mit den Mitarbeitenden. Eine rasche Klärung ist entscheidend. Dann findet sich entweder ein Weg, oder Sie

GRÜNDE, WESHALB NEUE VORGESETZTE SCHEITERN

In Studien und Befragungen von Betroffenen erweisen sich vor allem folgende Punkte als Stolpersteine:

- **Mangelnde Unterstützung**
  Es ist wichtig, ein Gespür dafür zu entwickeln, mit welcher Unterstützung – des Vorgesetzten und des Umfelds – Sie rechnen können. Haben Sie das Gefühl, dass Sie in Ihrer neuen Rolle behindert werden, müssen Sie rasch das Gespräch suchen. Denken Sie daran, dass Sie aktiv um Unterstützung nachfragen können. Dies ist kein Zeichen von Unfähigkeit, im Gegenteil: In einer neuen Situation Unterstützung zu holen, ist professionell.

- **Selbstüberschätzung**
  Zu grosses Selbstvertrauen oder gar Überheblichkeit führt zu Konflikten und beeinträchtigt die Führungsbeziehung zu den Mitarbeitenden. Einmal angerichteter Schaden lässt sich nur mit grossem Aufwand wieder reparieren. Bleiben Sie also realistisch, was Ihre Stärken und Schwächen angeht. Und zeigen Sie, dass Sie alle im Team brauchen.

- **Fehlendes Selbstvertrauen**
  Es gibt immer wieder jüngere Führungspersonen, die – gerade wenn sie ältere Mitarbeitende führen – fast zu grossen Respekt vor der Aufgabe haben. Sie machen sich zu viele Sorgen, anstatt einfach ihrer inneren Überzeugung zu folgen. Vieles ginge einfacher, wenn sie auf ihre Fähigkeit, rasch zu lernen, vertrauen würden.

müssen personelle Konsequenzen ziehen und zum Beispiel einzelne ablehnende Personen mahnen oder austauschen.

Keine Angst vor Fehlern
Versuchen Sie beim Antritt nicht, um jeden Preis Fehler zu vermeiden. Vorsichtig zu sein, ist durchaus empfehlenswert, Angst allerdings ist ein schlechter Ratgeber. Es gibt niemanden, der keine Fehler macht. Eine Unterscheidung sollten Sie sich bewusst machen: Fehler in der Sache haben meist weniger schädliche Auswirkungen als Fehler im Umgang mit Mitarbeitenden.

Jünger als die Mitarbeitenden
Sie sind jünger als mehrere Teammitglieder, vielleicht sogar die Jüngste im Team. Die Mitarbeitenden fragen sich, ob und wie Sie in der Führungs-

---

- **Mangelnde Sozialkompetenz**
  Fachliche Kompetenz ist wichtig. Junge Vorgesetzte scheitern aber an den «weichen» Faktoren. Sozialkompetenz ist gefragt, die Fähigkeit, Beziehungen zu anderen so zu gestalten, dass man gemeinsame Ziele erreichen kann und will. Wer diese Kompetenz nicht hat, verliert als Führungskraft rasch an Wirkung oder wirkt sogar kontraproduktiv.
- **Keine Rollenklarheit**
  Viele neu Führende klären für sich nicht, was alles dazu gehört, um ihre Führungsrolle effektiv zu gestalten – zum Beispiel Erwartungen klären, Ziele vereinbaren und zusammen mit den Mitarbeitenden überprüfen. Und am allerwichtigsten: die Mitarbeitenden erfolgreich machen.
- **Führung nicht gelernt**
  Weitaus am häufigsten geben die Befragten an, dass sie das Führungshandwerk nie richtig gelernt hätten und deshalb einfach überfordert gewesen seien. In diesem Ratgeber finden Sie eine erste Orientierung und lernen einige wichtige Grundhaltungen. Es lohnt sich, dieses Lernen in einem Führungsseminar oder einem Coaching zu ergänzen. Das gibt Ihnen die Möglichkeit, Ihre Erfahrungen aus dem Unternehmensalltag zu reflektieren und dann bewusster zu agieren. Diese Kombination von Theorie mit direkter Erfahrung im beruflichen Umfeld ist wertvoll. Die besten Führungskräfte sind die besten Lernenden!

rolle den gewünschten Beitrag leisten können, wenn Sie weniger Erfahrung haben als andere. Verunsicherung ist die Folge.

Signalisieren Sie, wie wichtig die Erfahrung und die Kompetenz der älteren Mitarbeitenden für Sie sind. Dann konzentrieren Sie sich auf die Steuerung des Teamprozesses. Sie haben als Vorgesetzte die Aufgabe, das Potenzial und die Erfahrung aller im Team für die gemeinsamen Ziele zu nutzen. Wenn Sie sich darauf konzentrieren, wird das Alter unwichtig.

Phasen des Rollenwechsels

Heute ernannt, morgen erfolgreich als Kapitän des Teamschiffs unterwegs. So rasch geht es nicht. Die Übernahme einer Führungsaufgabe erfordert etwas Zeit, Geduld und ein achtsames, bewusstes Vorgehen.

Wenn Sie in Ihrer Position als Führungskraft beginnen, halten Sie sich am besten an folgende Phasen:
- Nominierung
- Erster Kontakt
- Start ins Neue
- Die ersten 100 Tage

Nominierung

Ihre Vorgesetzten haben Ihnen mitgeteilt, dass Sie den Teamleitungsposten erhalten. Ihr Betrieb spricht mit diesem Entscheid Anerkennung aus und schenkt Ihnen sein Vertrauen. Man traut Ihnen diese Aufgabe zu. Es gibt keinen Grund, eine solche Nominierung abzulehnen – es sei denn, Sie fühlen sich nicht bereit dazu.

In aller Regel wird der Betrieb Ihre Nominierung offiziell und formell kommunizieren. Es empfiehlt sich, diese Ankündigung abzuwarten, bevor

FRAGEN ZUR NEUEN SITUATION

- Welches ist der Grundauftrag, der Zweck des Teams? Welches sind die Kernaufgaben?
- Welche Ziele hat das Team? Wo steht es bezüglich Zielerreichung?
- Wie gut kennen Sie die einzelnen Teammitglieder? Was wissen Sie über sie?
- Welches sind die Stärken im Team, welches die Schwachstellen?
- Was wissen Sie über die Teamdynamik und die Art, wie das Team funktioniert? Wie haben die Teammitglieder bisher zusammengearbeitet?
- Wie funktionierte das Team mit Ihrer Vorgängerin?
- Welchen Führungsstil, welche Führungsphilosophie pflegte der Vorgänger? Wie ist das beim Team angekommen?
- Welche Bedürfnisse gibt es im Team und wie gut sind diese heute abgedeckt?
- Welche Erwartungen haben die Teammitglieder an die Teamleitung, an Sie?
- Was wissen Sie über Ihren neuen Vorgesetzten? Welche Erwartungen hat er an Sie und Ihre neue Rolle?
- Welchen Ruf hat das Team im Betrieb? Positive Aspekte, negative Aspekte?
- …

Sie mit anderen über Ihre Beförderung sprechen. Das ist meist auch die Erwartung der Vorgesetzten.

Vor dem Anfang das Ende
Bevor man etwas Neues anfängt, ist es gut, das Alte bewusst und explizit abzuschliessen. Das ist für Sie ebenso wichtig wie für die anderen Betroffenen. Sobald Sie den Zeitpunkt der Rollenübernahme kennen, können Sie planen, sich zum Beispiel bei Kaffee und Gipfeli von Ihrem aktuellen Team zu verabschieden. Setzen Sie auch einen Punkt, wenn Sie Chefin desselben Teams werden. Sie bestätigen damit auf symbolische Weise, dass Sie die Vergangenheit hinter sich lassen, und geben ein Signal an die Mitarbeitenden, dass sich etwas Wichtiges verändert.

Vorbereitung aufs Neue
Parallel zur Organisation des Abschlusses beginnt die Vorbereitung auf die neue Rolle. Nehmen Sie sich – sofern möglich – die Zeit, genau zu überlegen, wie Sie vorgehen. Je nachdem, wie gut Sie schon über die Ausgangssituation und das Team informiert sind, brauchen Sie mehr oder weniger ergänzende Informationen dazu.

Eine Reihe von Fragen, mit denen Sie sich ein Bild von der Situation machen können, finden Sie im Kasten auf Seite 69. Machen Sie sich Gedanken dazu und ergänzen Sie mit eigenen Fragen. Überlegen Sie, mit wem Sie wann sprechen wollen, um Klarheit zu gewinnen.

Überlegen Sie auch, was Ihre eigenen Vorstellungen für die Zukunft sind. Stellen Sie einen Plan auf für alle Phasen des Rollenwechsels.

> **TIPP** *Es ist nützlich zu unterscheiden, was Sie wissen, was nicht und wo Sie Annahmen zur Situation und zu einzelnen Mitarbeitenden treffen. Diese können Sie in der nächsten Phase überprüfen.*

Der erste Kontakt

Sie kennen bestimmt den Spruch: «Es gibt nur einen ersten Eindruck.» Auch wenn Sie die neue Aufgabe in vertrautem Umfeld übernehmen, gilt diese Aussage beim Rollenwechsel. In der neuen Rolle werden Sie neu wahrgenommen. Sie hinterlassen als Chef oder Chefin bei Mitarbeitenden, Kollegen und Vorgesetzten den ersten Eindruck. Das tun Sie tatsächlich nur einmal. Also lohnt es sich, bewusst vorzugehen. Überlegen Sie, was Ihre Absichten sind und wie Sie diese umsetzen können.

Mit den Mitarbeitenden
Sobald die Nominierung bekannt ist, werden Sie von Ihrem neuen Team als zukünftiger Chef, als neue Vorgesetzte angesehen und deshalb genau beobachtet. Je nachdem, wie lange die Zeitspanne zwischen der Nominierung und dem offiziellen Start dauert, haben Sie mehr oder weniger Zeit. Es ist zu empfehlen, vor Rollenantritt NICHT mit einzelnen Mitarbeitern zu sprechen – es sei denn, es gibt einen speziellen Grund dafür. Jeder Kontakt könnte Ihnen als Bevorzugung ausgelegt werden. Wenn Sie von

einem Mitarbeiter zum Beispiel zum Kaffee eingeladen werden, bedanken Sie sich und erklären Sie, weshalb Sie damit zuwarten.

Dafür können Sie sich schon vor Amtsantritt beim Team als Ganzes vorstellen. Wenn Sie ein Team übernehmen, in dem Sie vorher selber Mitglied waren, können Sie zum Ausdruck bringen, weshalb Sie sich auf die neue Rolle freuen. Sie sollten allerdings eher nicht schon konkret über die Zukunft sprechen und vor allem keine Versprechungen machen.

Mit den Kollegen und Kolleginnen

Anders als bei den Mitarbeitenden sind Gespräche mit den gleichgestellten Kolleginnen und Kollegen vor Rollenantritt zu empfehlen. Diese können Ihnen interessante Informationen zur «Führungswelt», zu den Vorgesetzten und zu verschiedenen anderen Aspekten liefern.

> **TIPP** *Seien Sie nicht zu gutgläubig. Hinterfragen Sie kritisch, was Sie von den neuen Kolleginnen hören, und überlegen Sie sich, welche Motive und Interessen deren Aussagen beeinflussen.*

Mit dem oder der Vorgesetzten

Am wichtigsten ist der Kontakt zum neuen Vorgesetzten. Es ist für Sie zentral, seine Erwartungen an Sie und das Team zu kennen, bevor Sie loslegen. Mehrere Gespräche können angebracht sein, bis Sie Klarheit haben, wo er die Schwerpunkte für Sie und Ihr Team sieht, wie er die unmittelbare Vergangenheit interpretiert und wo er sich Veränderungen oder Verbesserungen verspricht. Erwartet Ihr Vorgesetzter zum Beispiel, dass Sie das Team stärker fordern als die Vorgängerin? Eine Reihe von Fragen für diese Gespräche finden Sie im Kasten auf der nächsten Seite.

Manchmal hat ein Vorgesetzter auch konkrete Erwartungen, was Entscheide oder Reaktionen gegenüber einzelnen Mitarbeitenden angeht. Da ist es ratsam, seine Sichtweise dankend zur Kenntnis zu nehmen, ohne Versprechungen zu machen. Äussern Sie sich vorsichtig und sagen Sie, dass Sie sich zuerst selber ein genaues Bild von der Situation machen möchten. Sprechen Sie dann zu einem späteren Zeitpunkt mit dem Vorgesetzten über Ihre Erkenntnisse und bringen Sie Ihre Meinung ein. So geben Sie dem Vorgesetzten das Signal, dass Sie jetzt in der Verantwortung stehen und diese gern übernehmen.

DAS ERSTE GESPRÄCH MIT DEM ODER DER VORGESETZTEN

Ziel
- Klärung der Erwartungen und Einholen von wichtigen Einschätzungen und Rahmenbedingungen
- Signale der aktiven Führungsübernahme geben, zum Beispiel Ihr Vorgehen erläutern

Mögliche Fragen an Ihren Chef, Ihre Chefin
- Wie lautet der Grundauftrag an mich und mein Team? Wann gilt er als erfüllt? Wann haben wir die Ziele erreicht, wann übertroffen?
- Wie schätzen Sie die aktuelle Situation des Teams ein? Was waren Ihre konkreten Beobachtungen in den letzten Wochen und Monaten? Welche Beurteilung ergibt sich für Sie daraus?
- Was sollten wir aus Ihrer Sicht unbedingt beibehalten, was hat gut funktioniert?
- Was sollten wir ändern, wo können wir uns verbessern?
- Welche Erwartungen haben Sie an mich als Führungskraft und Teamleiterin? Worauf sollte ich besonders achten?
- Welchen Ratschlag haben Sie an mich zur Führung dieses Teams?
- Was ist Ihnen bei unserer Zusammenarbeit besonders wichtig? Was sollte ich unbedingt vermeiden?
- Wie halten Sie es mit (gegenseitigem) Feedback? Wie wollen Sie von mir informiert werden?
- Wie soll ich vorgehen, wenn ich mit etwas nicht einverstanden bin? Wenn ich ein wichtiges Anliegen habe? Welche Art von Absprache treffen wir regelmässig bilateral?
- ...

Wenn Sie von aussen kommen

Wenn Sie von ausserhalb der Firma für den Chefposten rekrutiert wurden, gelten die meisten hier genannten Punkte ebenso. Der grosse Unterschied ist, dass Sie keine gemeinsame Geschichte mit den Mitarbeitenden haben und dass alles auch für Sie vollständig neu ist. Das hat den Vorteil, dass Sie alles mit frischen Augen sehen. Die Gefahr dabei ist, dass Ihre Unkenntnis und auch Ihre Kulturfremdheit von einzelnen Menschen ausgenutzt werden könnten. Suchen Sie so rasch wie möglich eine Vertrauensperson im Betrieb und machen Sie sich ein unabhängiges, objektives Bild.

Der Start ins Neue

Den ersten Arbeitstag als Vorgesetzte, als Teamleiter kann man mit bewussten besonderen Aktivitäten angehen. Sie können am Start nochmals verschiedene Botschaften senden, nicht nur verbal, sondern auch nonverbal. Viele neue Teamleiter wählen einen feierlichen Beginn, zum Beispiel mit einem gemeinsamen Frühstück. Mit einem solchen Anlass zeigen Sie nochmals, dass Sie das Team von Anfang an wertschätzen und dass Sie – es empfiehlt sich, selber für die Kosten aufzukommen – bereit sind, etwas zu «geben». Solche Botschaften sind in ihrer Wirkung nicht zu unterschätzen.

Wenn Sie eine kurze Ansprache halten, denken Sie daran, was die Mitarbeitenden in einem solchen Moment gern hören. Zum Beispiel, dass Sie die in der Vergangenheit geleistete Arbeit schätzen, dass Sie die Stärken des Teams und jedes Teammitglieds rasch kennenlernen und in Zukunft weiter pflegen möchten.

Ihre eigenen Wertvorstellungen können Sie durchaus ganz zu Beginn kommunizieren. Dann wissen die Mitarbeitenden, mit wem sie es zu tun haben. Sie können die Mitarbeitenden auch fragen, wie sie sich bei diesem Wechsel fühlen, worauf sie sich freuen, welche Fragen sie an Sie haben. Dann beantworten Sie die Fragen, wo sinnvoll, und nehmen die anderen mit, um später darauf einzugehen.

Die erste Teamsitzung
Bei der ersten offiziellen Teamsitzung sollten Sie über den Prozess Ihrer Einarbeitung sprechen. Sie können erste Schritte nennen – Einzelgespräche, den Austausch über Ihre Erfahrungen daraus sowie das Einholen der Vorgesetztensicht. Wie eine solche Sitzung ablaufen kann, sehen Sie im Kasten auf der nächsten Seite.

Nutzen Sie die erste Sitzung auch, um den Sitzungsrhythmus festzulegen, am besten mit Input von den Mitarbeiterinnen und Mitarbeitern. Wie oft wollen Sie mit dem ganzen Team im Gespräch sein? Zu welchen Themen? Es ist gut, die Erfahrungen und Bedürfnisse der Teammitglieder zu kennen. Bringen Sie in Erfahrung, wie die früheren Sitzungen beurteilt werden. Sind Unzufriedenheiten vorhanden, können Sie mit raschen Änderungen beim Team punkten – etwa wenn die Länge der Sitzung angepasst werden soll.

MEINE ERSTE TEAMSITZUNG (60 BIS 90 MINUTEN)

Ziele
- In guten Kontakt mit der ganzen Gruppe treten
- Signal der formellen Übernahme der Führungsrolle senden (Sie führen und moderieren)
- Erste Vereinbarungen treffen

Vorgehen, Ablauf

1. **Herzliche und persönliche Begrüssung**
   Muss echt und ehrlich sein; machen Sie allenfalls ein Check-in: Jede und jeder beantwortet die Frage: Wie bin ich jetzt unterwegs?
   → *Sie zeigen sich als Mensch in der neuen Rolle.*

2. **Ziele und Agenda der Sitzung**
   Mit Kopie für alle oder am Flipchart respektive bei virtuellen Treffen auf einem digitalen Board. Fragen Sie nach, ob alle verstanden haben und ob es zusätzliche Themen oder Anliegen gibt. Wenn ja, nehmen Sie diese an geeigneter Stelle in der Agenda auf.
   → *Sie zeigen, dass Sie vorbereitet sind und dass Klarheit und Effektivität für Sie wichtig sind (Sie übernehmen die Führung).*

3. **Besprechen der vorgeschlagenen Themen**
   Aktuelle Aufgaben oder Aufträge von Ihnen, der Prozess der Einführung und des gegenseitigen Kennenlernens. Lassen Sie die Mitarbeitenden sich an der Diskussion und der Lösungsfindung beteiligen. Zeigen Sie aber auch, dass Sie die Verantwortung haben und dass der Entscheid bei Ihnen liegt.
   → *Sie zeigen, dass Sie bereits weitergedacht haben und den Prozess führen.*

4. **Besprechen der Anliegen der Mitarbeitenden**
   Hören Sie gut zu und versuchen Sie vorerst, einfach mal zu verstehen. Sie müssen nicht alles sofort entscheiden und lösen.
   → *Sie zeigen, dass Sie sich für die Ihnen unterstellten Menschen interessieren.*

5. **Vereinbarungen**
   Treffen Sie mit dem Team erste Vereinbarungen zum Sitzungsrhythmus, zu den bilateralen Absprachen, zu Spielregeln, die Ihnen wichtig sind. Fragen Sie dann nochmals nach Anliegen der Mitarbeitenden.
   → *Sie zeigen, dass Ihnen gemeinsame Absprachen für die Zusammenarbeit wichtig sind.*

6. **Bedanken und Abschluss**
   Beim Abschliessen prüfen Sie nochmals alle Punkte der Agenda und fragen nach, ob irgendein wichtiger Punkt offen geblieben ist.
   → *Sie zeigen, dass Sie einhalten, was Sie ankündigen (Glaubwürdigkeit).*

Die ersten 100 Tage

Nach den ersten 100 Tagen wird Bilanz gezogen – als neuer Bundesrat genauso wie als neue Abteilungsleiterin. Deklarieren Sie diesen Zeitraum für sich als Einarbeitungszeit, in der Sie sich vorerst in der neuen Rolle etablieren wollen.

Persönliche Einarbeitung
Dazu gehören Instruktionen zum Führungsprozess, zu den Führungsinstrumenten. Sie müssen in Erfahrung bringen, wie die Personalprozesse ablaufen, etwa bei der Rekrutierung neuer Mitarbeiter, welche Zielführungsprozesse Ihr Team und jedes Mitglied kennt und erwartet. Lassen Sie sich von Ihrem Vorgesetzten und/oder der Personalabteilung erklären, was die üblichen Vorgehensweisen sind und welche Entscheidungskompetenzen Sie haben.

Analyse der Ausgangssituation
Erarbeiten Sie sich ein Verständnis der übergeordneten Strategie, der Ihnen und Ihrem Team gesetzten Ziele, der Erwartungen der Vorgesetzten, der dringlichen Aufgaben und wichtigen Projekte. Verschaffen Sie sich Klarheit darüber, wer im Team was macht und wofür zuständig ist. Bringen Sie die Befindlichkeiten und Erwartungen der einzelnen Teammitglieder in Erfahrung, ebenso die Teamdynamik und informelle Hierarchien. Welche Ressourcen stehen zur Verfügung? Gibt es personelle Probleme, die zu lösen sind?

> **TIPP** *Um diese Analyse gut machen zu können, sollten Sie möglichst früh mit allen Teammitgliedern einzeln sprechen (siehe Kasten auf der nächsten Seite). Auch die Aussenperspektive von jemandem aus der Personalabteilung kann Ihnen helfen, die Situation objektiv zu beurteilen.*

Halten Sie die Erkenntnisse aus Ihrer Analyse mindestens in Stichworten schriftlich fest. Das ist Ihre Bestandsaufnahme, darauf können Sie immer wieder Bezug nehmen. Es ist eine Chance, die Dinge objektiv zu betrachten und eine «Aussensicht» einzunehmen. Dies auch, wenn Sie schon vorher Teil des Teams waren.

Kommunikation der Erkenntnisse im Team

Nehmen Sie ein Teammeeting zum Anlass, um über Ihre Beobachtungen und Erkenntnisse zu sprechen. Sie können Vorschläge zur Verbesserung und zur Lösung von Problemen einbringen. Es ist sehr zu empfehlen, das Team bei der Lösungsfindung einzubeziehen. Sonst laufen Sie Gefahr, dass Einzelne sich Ihren Ideen widersetzen und die Umsetzung behindern. Am besten ist es, wenn die Teammitglieder Ihre Ideen als die eigenen betrachten.

Eine gute Planung der künftigen Aktivitäten und eine Übersicht über beabsichtigte Veränderungen schaffen Transparenz und Klarheit.

ANFANGSGESPRÄCH MIT MITARBEITERN UND MITARBEITERINNEN

Ziele
- Überblick über die aktuelle Situation und die verschiedenen Perspektiven im Team gewinnen
- Signal der Wertschätzung der einzelnen Teammitglieder

Fragen
- Wie geht es Ihnen zurzeit? Wie erleben Sie den Führungswechsel?
- Was hat Ihnen bisher gut gefallen hier, was weniger? Weshalb?
- Was läuft aus Ihrer Sicht gut, was sollten wir beibehalten?
- Was könnte aus Ihrer Sicht verbessert werden, was sollte unbedingt verändert werden? Weshalb?
- Welche Chance sollten wir nutzen mit diesem Wechsel? Was sind Ihre Hoffnungen für die Zukunft?
- Welche Themen sollten im Team sobald wie möglich besprochen werden? Was versprechen Sie sich davon?
- Wie klar sind Ihnen Ihre Aufgabe, Ihre Ziele, die Ziele des Teams?
- Wie zufrieden sind Sie mit Ihrer aktuellen Rolle, Ihren Aufgaben? Welche Vorstellungen für die Zukunft haben Sie dazu?
- Wie funktioniert das Teamgefüge (Dynamik)? Was beobachten Sie?
- Wie hat der Vorgänger geführt? Wie ist das angekommen?
- Welche Erwartungen haben Sie an mich als Chefin, als Vorgesetzten? Worauf sollte ich achten?
- Welche Bereitschaft haben Sie, aktiv mitzugestalten, sich einzubringen?
- Was ist Ihnen in unserer Zusammenarbeit besonders wichtig?

Personalprozesse bestätigen

In vielen Betrieben gibt es vorgegebene Prozesse zur Zielsetzung für die Mitarbeitenden, zur Beurteilung der Zielerreichung sowie zur Entwicklung und Förderung einzelner Mitarbeiter. Umfragen zeigen immer wieder, dass die persönliche Entwicklung wie auch das konkrete Feedback – Rückmeldungen dazu, wo man als Mitarbeiter oder Mitarbeiterin steht – zu den wichtigsten Bedürfnissen von Angestellten zählen (siehe auch Seite 164). Zeigen Sie Ihren Leuten, wie Sie diese Prozesse und die damit verbundenen Gespräche handhaben wollen.

TIPP *Sind die 100 Tage um, können Sie – zusammen mit den Mitarbeitenden – beurteilen, wo es beabsichtigte Fortschritte gegeben hat und wo die grössten Herausforderungen liegen. Sprechen Sie explizit das gemeinsame Lernen für eine erfolgreiche Zukunft an.*

Sie sind auf dem Prüfstand

In den ersten 100 Tagen werden Sie vor allem von Ihrem Team besonders genau beobachtet. Jede Handlung erhält symbolischen Charakter und eine Bedeutung, die Sie unter Umständen gar nicht so wollen. Sie setzen sich im Firmenbistro an einen Tisch, an dem eine Ihrer Mitarbeiterinnen sitzt, und geraten in eine angeregte Diskussion mit ihr. Klarer Fall für die anderen Teammitglieder: Die hat Sie bereits um den Finger gewickelt. Oder: Sie haben im Team einen früheren Kollegen, dem Sie schon länger nahestehen. Da Sie ihm vertrauen, machen Sie ihn zum Stellvertreter. Was kommt an? Die anderen befürchten, dass Sie den Kollegen bevorteilen werden. Wenn dieser dann in den Sitzungen auch noch neben Ihnen sitzt, interpretieren Ihre Mitarbeitenden: Der neue Chef ist unsicher und braucht seinen Kollegen, um sich in Szene zu setzen. Achten Sie also darauf, keine unnötigen Fehlinterpretationen zu nähren.

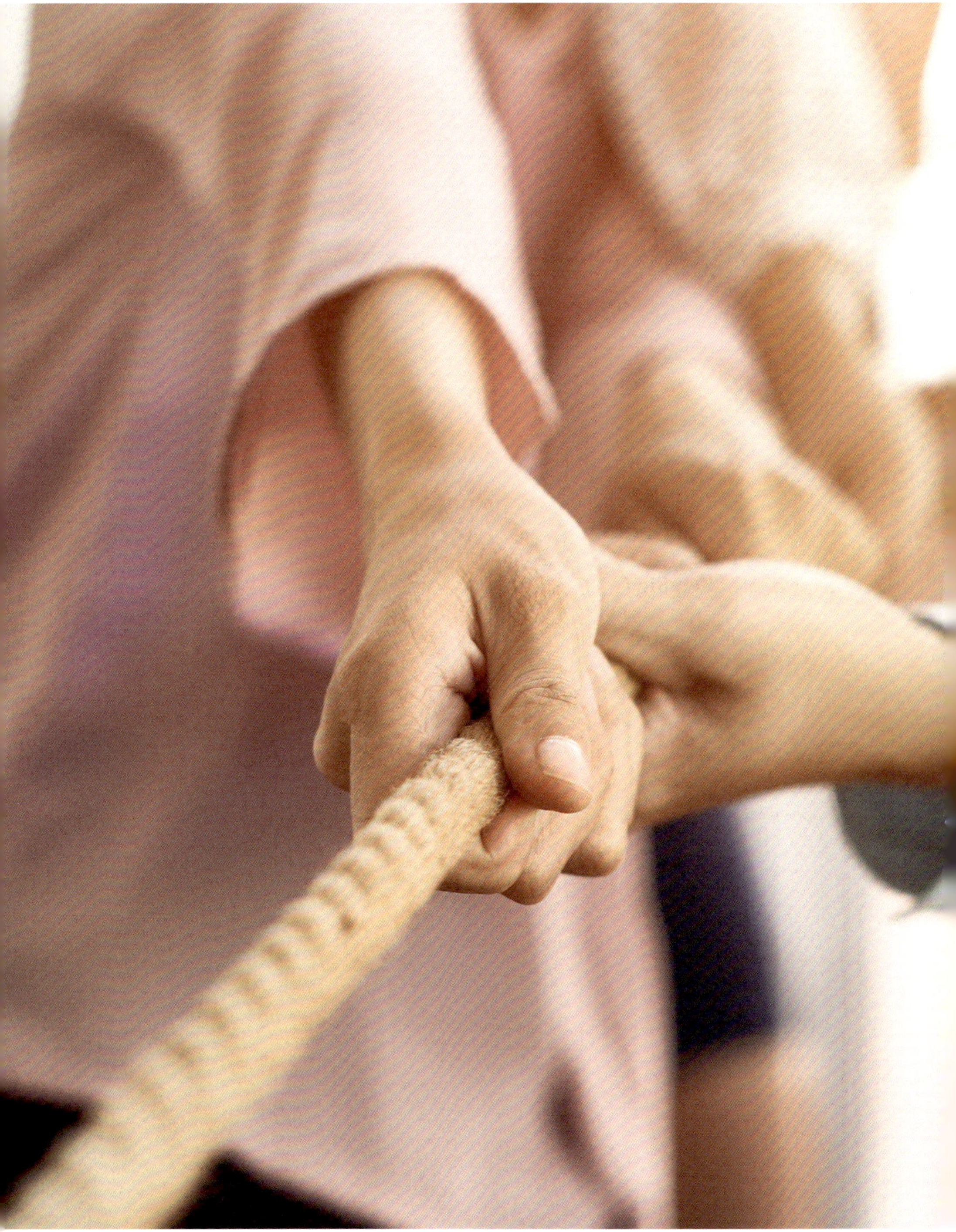

Gute Führung

3

Sie möchten ein guter Chef, eine gute Chefin sein. In diesem Kapitel erhalten Sie Gelegenheit, die Frage, was denn gute Führung sei, für sich selbst zu beantworten. Sie erfahren, was aus Expertensicht ein guter Vorgesetzter ist und worauf es ankommt, damit Sie als Chef, als Chefin überzeugen.

Mythen der Führung

Nicht alles, was Sie zum Thema Führung gehört haben oder glauben, ist wahr. Auch weitverbreitete Überzeugungen dürfen hinterfragt werden.

Mythen sind überlieferte Behauptungen und Annahmen mit Wahrheitsanspruch. Sie entsprechen oft nicht (mehr) der objektiven Realität. Folgende Mythen zum Thema Führung sind immer wieder anzutreffen.

Der Chef muss es besser wissen und können

Früher hatten Vorgesetzte in hierarchischen Organisationen einen grossen Wissensvorsprung. Je höher jemand positioniert war, desto grösser konnte dieser Vorsprung sein. Die wichtigsten Informationen liefen oben zusammen und wurden selektiv nach unten weitervermittelt.

Heute ist die Komplexität bei der Arbeit deutlich höher, und die Mitarbeitenden haben praktisch den gleichen Zugang zu Informationen wie ihre Vorgesetzten. Ein Chef hat bestimmt nicht mehr denselben Wissensvorsprung wie früher. Deutlich wird das vor allem da, wo direkt mit den Kunden gearbeitet wird. Die Kundenberaterin hat dank ihren täglichen Kontakten das Wissen über die Bedürfnisse und Befindlichkeiten der Kunden. Der Chef muss darauf vertrauen, dass dieses Wissen mit ihm geteilt wird. Er kann es nicht besser wissen, selbst wenn er eigene Kunden betreut. Das hat Konsequenzen für die Führung: Gute Führungskräfte hören ihren Leuten aufmerksam zu. Das Wissen und die Sichtweise der Mitarbeitenden dienen als Grundlage für sinnvolle Entscheidungen.

Früher war man Chef oder Chefin vor allem aufgrund der fachlichen und inhaltlichen Kompetenz. Je höher, desto fachkundiger. Kompetenz ist auch heute wichtig; sie verschafft Respekt und macht glaubwürdig. Fachkompetenz wird allerdings vor allem verstanden als Wissen und Verstehen des eigenen Geschäfts, der für das Team definierten Kernaufgabe. Eine Chefin muss nur so viel von der zu verantwortenden Aufgabe verstehen, dass sie ihr Team gezielt führen, begleiten und befähigen kann. Es ist wahrscheinlich, dass einzelne Mitarbeitende bestimmte Dinge besser können und verstehen als sie selber. Die Kompetenz der Chefin liegt vor allem darin, dass sie die Aufgabe des Teams sowie die einzelnen Teilaufgaben gut kennt und versteht.

INFO *Nein, als Chef oder Chefin müssen Sie nicht alles (besser) wissen und können. Sie müssen das vorhandene Wissen und Können Ihres Teams für die zu erreichenden Ziele nutzbar machen. Dann sind Sie in Ihrer Führungsrolle wertvoll.*

REFLEXION
Folgende Fragen helfen Ihnen, Ihre Rolle wirkungsvoll zu gestalten:
- Welches Wissen muss zwingend allein bei mir sein und kann nicht mit dem Team geteilt werden? Zu welchen Aspekten muss ich einen Wissensvorsprung haben?
- Welches Wissen haben meine Mitarbeitenden, das ich nicht habe, und wie wichtig ist es für mich, dieses in Erfahrung zu bringen?
- In welchen Aspekten erwarten meine Vorgesetzten, dass ich besser bin als meine Mitarbeitenden? Wo erwarte ich das von mir? Weshalb?
- Wie fühle ich mich, wenn Einzelne aus meinem Team etwas besser können als ich? Wie gehe ich damit um?

Die Chefin ist für alles verantwortlich

Wenn es gut läuft, kriegt die Chefin die Lorbeeren, wenn es schiefgeht, hat sie versagt. Denken nicht viele so? Weshalb sollte sonst überhaupt jemand zur Chefin gemacht werden? Wenn die Dinge sich für Mitarbeitende nicht wie gewünscht entwickeln, dann muss die Chefin dafür verantwortlich sein.

Als Führungsperson sind Sie verantwortlich für das Ergebnis Ihres Bereichs und müssen dafür geradestehen. Auch sind Sie im Arbeitsprozess jederzeit für Ihre eigenen Handlungen, Entscheidungen sowie für Ihr Verhalten verantwortlich. Allerdings gilt das auch für alle anderen. Das heisst:

Wenn ein Mitarbeiter sich zum Beispiel entscheidet, vor allem für sich selber zu arbeiten und weniger für das Team, hat er die Verantwortung für dieses Verhalten selber zu übernehmen. Wie Sie als Vorgesetzte dann darauf reagieren, liegt wieder in Ihrer Führungsverantwortung.

Sie sind zudem weder für die Emotionen noch für die konkreten Handlungen noch für die Probleme anderer verantwortlich, es sei denn, Sie sind selber Teil des Problems. Ihre Verantwortung ist es, stets zu entscheiden, wie Sie mit einer bestimmten Situation, mit dem Verhalten oder den Reaktionen anderer im Team umgehen. Das ist Ihre Wahl.

EINER IHRER MITARBEITER äussert sich regelmässig negativ über Kollegen und verbreitet so schlechte Stimmung. Da Sie nicht für sein Verhalten verantwortlich sind, können Sie ihn im Gespräch ruhig darauf aufmerksam machen und herausfinden, was ihn dazu bewegt. Weil sich das Verhalten des Mitarbeiters auch auf andere negativ auswirkt, beschliessen Sie, ihn im selben Gespräch auf diese Wirkung aufmerksam zu machen. Sie erklären ihm, dass Sie eine rasche Änderung wünschen, da Sie eine gute Stimmung im Team als wichtig erachten. Nun liegt die Entscheidung wieder beim Mitarbeiter. Er kann Ihren Erwartungen entsprechen oder nicht. Sie Ihrerseits müssen überlegen, wie Sie damit umgehen, wenn er sich nicht verbessert. Dann sind wieder Sie dran.

INFO *Nein, als Chefin oder Chef sind Sie nicht für alles verantwortlich. Sie haben für die Ergebnisse, die Geschehnisse im Team und vor allem für Ihre eigenen Entscheidungen, Handlungen und Verhaltensweisen geradezustehen. Dasselbe gilt aber auch für die Mitarbeitenden.*

Vorgesetzte behandeln alle gleich

Die meisten Mitarbeitenden haben ein hohes Bedürfnis nach Fairness und Gleichbehandlung. Das zeigen Studien immer wieder. Ist diese Erwartung gerechtfertigt?

Zentral ist Ihre feste Absicht, fair zu sein. Das heisst zum Beispiel, dass Sie in wichtigen Angelegenheiten gleiche Standards für alle anwenden –

vor allem auch, wenn Sie die Leistung Ihrer Mitarbeitenden bewerten. Dann sollten die Kriterien für alle transparent und klar sein.

Wertschätzende Führung bedeutet, dass Sie allen Mitarbeitenden als Menschen den gleichen Wert zuordnen und alle so akzeptieren, wie sie sind. Doch kein Mensch reagiert auf andere jederzeit gleich. Es gibt Sympathien und Antipathien. Wir fühlen uns durch Gemeinsamkeiten und Unterschiede mehr oder weniger zu anderen hingezogen und von ihnen verstanden. Wer etwas anderes behauptet, verkennt die Wirklichkeit oder ist nicht ehrlich.

Die Erwartung der Gleichbehandlung ist deshalb zu hinterfragen. Vollständige Gleichbehandlung ist wenig realistisch, weil wir Menschen sind. Das Bemühen um Fairness allerdings ist zentral.

TIPP *Machen Sie sich Ihre Präferenzen und Abneigungen bewusst und lassen Sie sich davon nicht unreflektiert leiten. Überlegen Sie sich für wichtige Angelegenheiten Standards, die Sie für alle Teammitglieder gleich anwenden wollen.*

REFLEXION
Hinterfragen Sie Ihre eigenen Mythen zur guten Führung:
- Welche Überzeugungen zum Thema gute Führung trage ich in mir?
- Welche Erwartungen hatte ich als Mitarbeiter, als Mitarbeiterin an meine Vorgesetzten? Erscheinen mir diese Erwartungen und Überzeugungen nach reiflicher Überlegung immer noch realitätsgerecht?

Grundfunktionen der Führung

Worum geht es wirklich beim Führen? Was sind meine wichtigsten Aufgaben? Und wo habe ich den grössten Wirkungshebel? Antworten auf diese Fragen helfen Ihnen, Ihre Aufgabe zu erfüllen.

Vor der Frage, was ein guter Chef, eine gute Chefin sei, kommt noch eine andere: Wozu ist Führung überhaupt gut, welchen Zweck soll sie erfüllen?

Führung ist – unabhängig von der einzelnen Führungsperson – anzusehen als eine Steuerungsfunktion eines «sozialen Systems». Ein soziales System ist jede Gruppe, Abteilung oder Organisation von Menschen. Selbst wenn es in einem sozialen System keine explizit eingesetzte Führungsperson gibt, findet Steuerung statt. Das haben Sie sicher schon erlebt, wenn sich eine Gruppe von Menschen mit ähnlichen Interessen getroffen hat: Nach einiger Zeit übernimmt jemand das Ruder, beginnt den Kurs zu bestimmen oder die Diskussion zu führen, auch wenn es keinen formellen Chef gibt.

Es gibt zwei Grundfunktionen von wirkungsvoller Führung: Richtung geben und für Energie zu dieser Richtung sorgen.

Richtung geben: wissen, wohin es geht

Ein Team, eine Abteilung und auch ein ganzes Unternehmen brauchen eine gemeinsame Richtung. Ohne diese fehlt die Orientierung. Dann werden sowohl die Handlungen wie auch das Verhalten der einzelnen Mitarbeitenden beliebig, ohne dass man beurteilen kann, ob sie zielgerichtet sind. Der Sinn ergibt sich durch die definierte Richtung.

Die wichtigsten Richtungselemente, die Sie als Führungsperson beeinflussen können, sind: Kernaufgabe, Vision, Strategie, Ziele, Werte und Prinzipien. Alle diese Elemente schaffen Richtung und damit auch Orientierung. Oft denken gerade Führungspersonen unterer Hierarchieebenen, Vision und Strategie seien dem Topmanagement und der Geschäftsleitung vorbehalten. Das stimmt, wenn es um das ganze Unternehmen und die damit verbundenen Rahmenbedingungen geht.

Unterschätzt wird aber, dass dieselben Aspekte auf allen Stufen der Organisation wiederholt gezielt eingesetzt und genutzt werden können. Was von oben vorgegeben wird, muss in seiner Bedeutung stufengerecht nach unten übersetzt werden. Bei dieser Übersetzung gibt es mehr Gestaltungsspielraum, als die meisten denken.

Auch Sie können für Ihr Team eine auf das Ganze abgestimmte Vorstellung der Zukunft – eine Vision – entwickeln und definieren. Und auch auf Teamebene können und müssen strategische Überlegungen angestellt und aktuelle wie mittelfristige Prioritäten gesetzt werden.

DIE GESCHÄFTSLEITUNG HAT BESCHLOSSEN, die Zielgruppe der Jugendlichen systematisch mit Produkten zu bedienen und zu begleiten. Die Abteilung, in der Sie arbeiten, ist für das Marketing zuständig und setzt die Rahmenbedingungen für alle Marketingaktivitäten. Ihr Team hat die Verantwortung für das Sponsoring. Sie müssen nun entscheiden und vorschlagen, in welchen Kategorien – Sport, Musik, Freizeit – die Jugendlichen angesprochen werden sollen, damit ihre Aufmerksamkeit gewonnen und eine Verbindung zum Unternehmen aufgebaut werden kann. Zudem können Sie mit Ihrem Team eine Vision entwickeln, wie die Zukunft in zwei, drei Jahren aussehen soll, wenn Sie mit Ihrer Strategie und den damit verbundenen Aktivitäten erfolgreich waren und unzählige Jugendliche zu Fans Ihres Unternehmens geworden sind.

Energie generieren: bewegen und ausrichten

Richtung ohne Energie heisst in einem Zug von Zürich nach Genf (Ziel) sitzen, der sich nicht vorwärtsbewegt. Im Arbeitskontext ist die Energie das, was Menschen in eine Richtung bewegt. Die hier relevanten Formen von Energie und Bewegung sind Engagement, Fähigkeiten, Entscheidungen und Handlungen:
- **Engagement** bedeutet, dass Menschen Zeit und Aufmerksamkeit für etwas einsetzten, das sie als wichtig und erstrebenswert ansehen. Positive Emotionen, zum Beispiel Freude, treiben uns an. Mitarbeitende

können ihr Engagement für die unterschiedlichsten Angelegenheiten einsetzen, ob beruflich oder privat. Für Sie als Führungsperson geht es darum, die Mitarbeitenden für die Ziele, die Strategie des Unternehmens und der Abteilung zu gewinnen.
- **Fähigkeiten:** Es reicht nicht, eine Strategie und Ziele zu haben. Es reicht auch nicht, Mitarbeitende zu haben, die sich gern dafür einsetzen. Sie brauchen die richtigen Fähigkeiten im Team oder in der Abteilung. Die Kompetenzen müssen zur Strategie passen. Wenn Sie diese im Team nicht zur Verfügung haben, müssen Sie sie mit Ihren Mitarbeitenden entwickeln oder durch Neuanstellungen dazugewinnen.
- **Entscheiden und handeln:** Schliesslich geht nichts ohne konkrete Entscheide und Handlungen, die die Umsetzung von Visionen, Strategien und Zielen ermöglichen. Entscheiden heisst: aus verschiedenen Möglichkeiten ein(ig)e wählen und damit andere nicht wählen. Dies gilt für kleine und grössere Entscheide. Handlungen sind die Massnahmen und Verhaltensweisen, mit denen ein Entscheid umgesetzt wird.

SIE MÖCHTEN, DASS IHR TEAM – mehr als in der Vergangenheit – proaktiv auf die Kunden zugeht. Zuerst braucht es den Dialog mit den Mitarbeitenden und Überzeugungsarbeit, damit diese von sich aus motiviert sind, Kunden direkter und offener anzugehen. Mitarbeitende, die bestehende Kunden bloss «verwalten», reichen für Ihre Zielsetzung nicht aus. Sie brauchen Leute, die die Fähigkeit haben, neue Kunden direkt auf verschiedene Weise anzusprechen. Haben Sie solche Mitarbeitende im Team, können einzelne dazulernen oder müssen Sie neue Kräfte suchen? Dann müssen Sie Entscheide fällen.
Sie müssen zum Beispiel Zeiträume schaffen, in denen Ihre Leute die Kunden so, wie Sie es wünschen, ansprechen können. Und Sie brauchen konkrete Anruflisten, die einzelnen Mitarbeitenden zugeordnet werden, damit diese die Telefonate auch tatsächlich machen.

Energie und Richtung spielen zusammen

Mit den beiden Kernfunktionen von Richtung und Energie haben Sie Ihre wichtigste Führungsaufgabe im Auge. Das hilft Ihnen bei der Priorisierung Ihres Alltags. Wenn in Ihrem Team, bei Ihren Mitarbeitenden Vision,

Strategie, Ziele und Kernaufgabe klar und verstanden sind, wenn alle sich dafür einsetzen und wenn Sie dazu die richtigen Leute gefunden oder entwickelt haben und im Alltag die auf die Vision ausgerichteten Entscheide treffen, die Handlungen vornehmen – dann machen Sie schon sehr vieles gut und richtig.

Die unten stehende Grafik zeigt nochmals auf, wie Energie und Richtung zusammenspielen:
- Keine Richtung, keine Energie: Nichts bewegt sich, Stillstand.
- Viel Energie, aber schwache Richtung: Es herrscht Chaos, viel Aktivität, aber alles ist unkoordiniert.
- Klare, starke Richtung, aber wenig Energie: Trägheit ist die Folge, alles dauert lange.
- Starke Richtung, gepaart mit viel Energie: Das Team erzielt eine grosse Wirkung, ist produktiv.

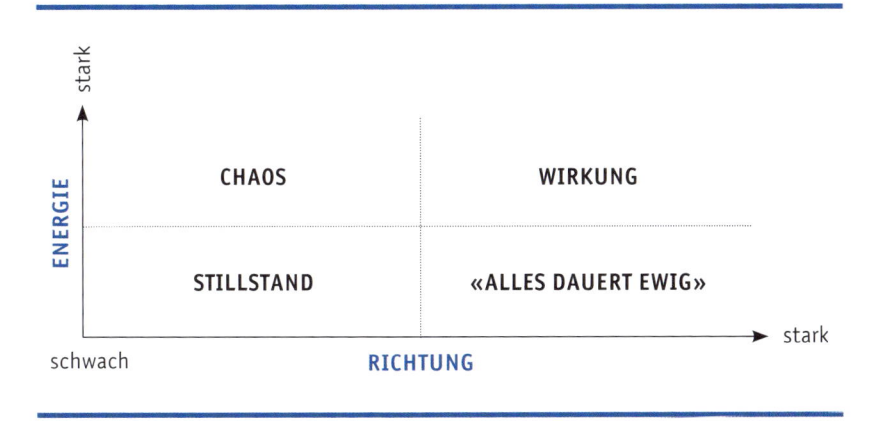

	schwache Richtung	starke Richtung
starke Energie	CHAOS	WIRKUNG
schwache Energie	STILLSTAND	«ALLES DAUERT EWIG»

Wie steht es in Ihrem Team?

Wenn Sie neu eine Führungsposition übernehmen, ist es nützlich, eine sorgfältige Einschätzung der Ausgangslage vorzunehmen. Stossen Sie bei Ihrem Antritt zum Beispiel auf Stillstand, wissen Sie, dass Bewegung gefragt ist. Sie müssen Richtung geben und erarbeiten (Orientierung) und dann die positive Überzeugung dafür entwickeln. Treffen Sie Chaos an, ist es Ihre Priorität, die vorhandene Energie für eine gemeinsame Strategie zu bündeln und ein strukturiertes Vorgehen zu installieren.

GERDA S. HAT DIE FÜHRUNG EINER DROGERIE übernommen. Sie kommt aus der Nachbargemeinde und kennt einzelne Mitarbeitende schon. Sie stellt fest, dass sich die Begeisterung der Verkäuferinnen in Grenzen hält. Deshalb setzt sie sich früh mit allen zusammen und diskutiert, was es denn heisst, den Menschen zu dienen, die mit ihren Anliegen und Problemen in die Drogerie kommen. Sie lässt sich die besten Geschichten erzählen, von Kunden, die offensichtlich verzweifelt waren und denen die Verkäuferinnen helfen konnten. So wird allen klar, wie wichtig ihre Arbeit ist, und sie merken, dass sie jeder Person, die den Laden betritt, unbedingt auf die bestmögliche Weise helfen wollen. Das Motto ist: Jeder hat unsere beste Hilfe verdient, und die geben wir von Herzen. Dank dieser bewusst gemachten Überzeugung sind die Mitarbeiterinnen wieder stolz auf ihre Arbeit und motiviert. Das einfache Motto hilft allen, sich jeden Tag auf das Wesentliche zu besinnen.

Führen heisst also für Richtung, für ein Ziel sorgen und für Energie, die sich in diese Richtung bewegt. Das bedeutet, das Sie das Engagement, die Fähigkeiten, Entscheidungen und Aktivitäten Ihres Teams auf das Ziel ausrichten. Orientieren Sie sich daran bei Ihren täglichen Prioritäten.

TIPPS *Klären Sie für sich selber bei Amtsantritt, inwieweit Kernaufgaben, Strategie, Ziele und Werte bereits gegeben und allen klar sind. Was fehlt?*

Entwerfen Sie Ihre eigene Interpretation dieser Orientierungselemente (Vision, Strategie, Ziele), auch wenn sie schon vorhanden sind. Oder planen Sie die gemeinsame Erarbeitung im Team, wenn diese Elemente fehlen.

Denken Sie daran, dass Richtungselemente besser verstanden und verarbeitet werden, wenn sie nicht in langen Texten versteckt, sondern einfach und auch visuell dargestellt sind (siehe auch Visionsübung, Seite 112).

KARIN KELLER-SUTTER
Bundesrätin

Welches war Ihre erste Führungsrolle?
Ich war bereits als Kind und Jugendliche Klassenchefin und musste die Anliegen der Klasse gegenüber der Lehrperson vertreten und auch durchsetzen. Als Studentin war ich Präsidentin meiner Fachschaft und musste dem Rektorat die Anliegen der Studierenden unterbreiten und je nach Ausgangslage auch verhandeln.

Welches war Ihr grösster Fehler als Führungsperson?
Das Schlimmste für mich war jeweils, wenn ich mich von meinem Umfeld bzw. den Mitarbeitenden zu einem Entscheid habe überreden oder drängen lassen, der mich inhaltlich nicht überzeugte. Natürlich gibt es manchmal Sachzwänge, die einem wenig Spielraum lassen. Oder man trifft dem Frieden zuliebe eine Entscheidung, von der man selbst nicht zu 100 Prozent überzeugt ist. Manchmal ging es trotzdem gut, manchmal waren die negativen Konsequenzen spürbar, und ich habe mich geärgert, dass ich nicht meiner Überzeugung gefolgt bin.

Was haben Sie daraus gelernt?
Trotz Sachzwängen soll man das machen, was einen selbst überzeugt. Wenn man innerlich zögert und der Bauch einem sagt, dass der Entscheid eigentlich falsch ist, darf man ihn nicht fällen, auch wenn dies unangenehm ist. Führen und Entscheiden erfordert Kopf, Herz und Verstand. Ich habe auch gelernt, dass man nur das wirkungsvoll kommunizieren kann, was man auch erklären kann.

Am Anfang steht die Selbstführung

Wen führen Sie zuerst? Sich selber! Sie mit Ihrer Persönlichkeit sind das wichtigste Führungsinstrument. Wie bewusst setzen Sie es ein? Wer sich selbst nicht führt, kann anderen nicht helfen.

Gute Führung beginnt immer wieder bei Ihnen. Wie bewusst «führen» Sie sich selber? Sie müssen Sorge zu sich tragen in allen Dimensionen: physisch, mental, emotional und auch spirituell. Ihre Haltungen zu sich selber, zur Arbeit, zu anderen Menschen wie auch zum Leben spielen dabei eine zentrale Rolle.

Selbstverantwortung wahrnehmen

Vieles können Sie als Führungskraft nicht beeinflussen – das ist die Realität. Oft entsteht sogar ein Gefühl der Ohnmacht. Was, wenn sich die obersten Entscheidungsträger zum Beispiel zu einer radikalen Veränderung entschliessen, zu einer Reorganisation, einem Firmenkauf oder einer massiven Reduktion des Personals? An solchen Situationen können Sie oft kaum etwas ändern. Das führt, selbst wenn Sie die Entscheide verstehen oder nachvollziehen können, zu unangenehmen Empfindungen, zum Gefühl, nichts tun zu können. Alles erscheint fremdgesteuert.

In solchen Momenten ist es gut, sich bewusst zu machen, dass es immer mehrere Möglichkeiten gibt, auf eine Situation zu reagieren. Ja, Sie können immer selber wählen, wie Sie mit den Bedingungen und Vorgaben von ausserhalb Ihres Einflussbereichs umgehen wollen. Das ist Ihr Spielraum.

IHR VORGESETZTER INFORMIERT SIE, dass die Geschäftsleitung beschlossen hat, die Geschäftsfelder des Unternehmens zu reduzieren und sich auf das Kerngeschäft zu beschränken. Betroffen sind auch alle Unterstützungsfunktionen wie das Marketing, in dem Sie ein Team führen. Nach dem ersten Schock könnten Sie rasch zum

Schluss kommen, dass Sie nichts tun können, ausser zu warten, bis Sie mehr erfahren. Tatsächlich aber gibt es einige weitere Möglichkeiten, mit dem Entscheid umzugehen.

Sie können sofort nach einem anderen Job Ausschau halten in der Annahme, dass auch Ihr Team reduziert oder gar aufgelöst wird (Egotrip). Oder Sie können Ihrem Ärger freien Lauf lassen, überall über die Entscheidung klagen und die Geschäftsleitung kritisieren.

Sie können sich aber auch bemühen, alle vorhandenen Informationen zum Entscheid zu erhalten, und sich überlegen, was er wirklich für Sie und Ihr Team bedeutet. Dann können Sie – vielleicht sogar zusammen mit dem Team – eine Strategie für das weitere Vorgehen wählen. Zum Beispiel Vorschläge sammeln, wie sich das Problem der überzähligen Einheiten oder Mitarbeitenden anders lösen lässt als mit Entlassungen.

Erscheinen Ihnen einzelne dieser Möglichkeiten als unrealistisch? Fakt ist, dass alle zumindest theoretisch bestehen. Sie sollten auch in scheinbar fremdgesteuerten Momenten den Fokus stets auf den vorhandenen Spielraum richten. Sie können – vorausgesetzt, Sie sind sich dessen bewusst –, entscheiden, wie Sie über eine gegebene Situation denken, wie Sie mit aufkommenden Emotionen umgehen und vor allem was Sie tun wollen.

TIPP *Übernehmen Sie die volle Verantwortung für Ihr Denken, Fühlen und Handeln! Im Wort «Verantwortung» steckt nicht zufällig der Begriff «Antwort». Es geht darum, dass Sie für das, was Ihnen geschieht, eine eigene Antwort finden.*

Zu sich selber Sorge tragen: vom Umgang mit Stress und Druck

Stress ist die Folge subjektiver Einschätzungen und Bewertungen. Das heisst, dass Sie grösstenteils selber bestimmen, was Sie wie stark stresst.

Wenn Sie neu die Chefrolle übernehmen, können Sie viele Dinge stressen. Zum Beispiel die neue Mischung aus Erwartungen von Vorgesetzten, gleichgestellten Kollegen und vor allem Mitarbeitenden. Sie sehen Widersprüche, Interessenkonflikte, die Sie nicht lösen können. Auf wessen Seite sollen Sie sich stellen? Oder eine andere stressträchtige Situation: Sie

GUTER ODER SCHLECHTER STRESS

Es gibt bekanntlich auch den positiven Stress. **Eustress** entsteht, wenn jemand mit hoher Motivation sehr aktiv unterwegs ist. Man will das Projekt, die Idee vorantreiben, das Momentum nutzen, ist voller Energie. Man ist bereit, viele zusätzliche Stunden zu investieren, weil es um eine attraktive Angelegenheit geht, bei der man sich auch beweisen kann. Das ist grundsätzlich erfreulich und im Führungsalltag ebenso gefragt wie im Spitzensport. Wenn aber die Achtsamkeit dafür schwindet, wann es genug ist und wann der Körper Erholung braucht, kann auch Eustress zu Reaktionen des Körpers führen, die eine Pause erfordern. Man wird krank oder erhält andere Signale, dass zwischendurch Erholung angesagt ist.

Anders der **Distress,** der offensichtlich negativ empfunden wird. Die damit verbundenen Gefühle wie Ärger, Frustration, Ablehnung fressen die Energie auf und erhöhen mit der Zeit die Wahrscheinlichkeit, in irgendeiner Weise krank zu werden.

---

wollen möglichst rasch allen beweisen, dass Sie die richtige Wahl sind, und setzen sich selber unter Druck, alles richtig zu machen.

Sie selber bestimmen mehr, als Ihnen vielleicht lieb ist, welche Bedeutung Sie dem beimessen, was um Sie herum geschieht. Wenn Sie Ihre persönlichen Einschätzungen nicht bewusst steuern, wird es möglicherweise unangenehm. Sie reagieren unreflektiert auf eine bestimmte Art und Weise. Hinterfragen Sie das alte Programm und lernen Sie ein neues.

Die wichtigste Ressource, die Menschen haben, um Höchstleistungen zu erbringen, ist nicht – wie oft gesagt – die Zeit, sondern die Energie, die sie zur Verfügung haben. Es geht also um den optimalen Energiehaushalt und die damit verbundenen Bedürfnisse. Wenn Sie Sorge zu sich tragen wollen, um die beste Führungsleistung zu bringen, müssen Sie sich um Ihre physische, mentale, emotionale und spirituelle Seite kümmern.

Zum Körper Sorge tragen

Natürlich wissen die meisten, dass regelmässige Erholung und körperliche Betätigung für das Wohlbefinden und auch für die Leistungsfähigkeit zentral sind. Aber gerade bei neuen Herausforderungen geraten wichtige Aspekte zur Erhaltung der Leistungsfähigkeit in den Hintergrund. Man

---

BUCHTIPP
Mehr über Stress und die Bewältigung von Stress lesen Sie in diesem Beobachter-Ratgeber: **Stark gegen Stress. Mehr Lebensqualität im Alltag.**
www.beobachter.ch/buchshop

hört dann Erklärungen wie: «Jetzt gerade habe ich einfach zu viel tun», oder: «Darum kümmere ich mich dann später wieder.» Im Kopf kann man ja bekanntlich alles haben und lenken, wie man will. Die Realität ist, dass dies dem Körper nicht viel hilft. Alle Menschen brauchen Schlaf, Pausen, ausgewogene Nahrung, viel Flüssigkeit und genügend Bewegung, um leistungsfähig zu sein und zu bleiben.

WAS TUN IM PHYSISCHEN BEREICH?

Abschalten
- Machen Sie regelmässig und vor allem am Mittag eine richtige Pause. Richtig heisst: sich ganz herausnehmen, ohne per E-Mail oder Telefon geschäftlich erreichbar zu sein.
- Auch am Abend gilt: Schalten Sie ab! Unternehmen Sie etwas, was wirkliche Erholung erlaubt: Freunde treffen, sich hinlegen und Musik hören, im Garten arbeiten...
- Schlafen Sie genug! Der Schlaf ist ein natürliches Erholungsinstrument. Es über längere Zeit zu missachten, kann fatale Folgen haben. Wenn Sie plötzlich nicht mehr gut einschlafen können oder ständig wieder aufwachen, ist das ein Alarmzeichen. Dann sollten Sie die Lage genau beobachten und analysieren.

Sich bewegen
- Sie brauchen regelmässige Bewegung, um Blutkreislauf und Zirkulation anzuregen. Wenn Sie mit öffentlichen Verkehrsmitteln unterwegs sind, haben Sie viele kleine Möglichkeiten, einzelne Strecken zu Fuss zurückzulegen. Nutzen Sie dies.
- Machen Sie einen kurzen Verdauungsspaziergang nach dem Mittagessen oder gehen Sie ein Stück unmittelbar nach der Arbeit.
- Hören Sie auf Ihren Körper. Wenn sich Müdigkeit einschleicht, sollten Sie entweder einen Ort suchen, um ein paar Minuten bewusst einzunicken (Powernap). Oder Sie machen auch dann ein paar Schritte – im Treppenhaus oder sonst irgendwo. Danach sind Sie wieder konzentriert.

Sich gesund ernähren
- Ernähren Sie sich ausgewogen und mit Mass.
- Vermeiden Sie den übermässigen Konsum von belastenden Substanzen wie Alkohol, Kaffee oder Zucker.
- Trinken Sie viel, etwa zwei bis drei Liter pro Tag, wenn möglich Wasser. Der Körper braucht Flüssigkeit.

Wer Chef wird, hat höheren Ansprüchen des Arbeitgebers zu genügen. Das ist legitim (mehr zu den rechtlichen Aspekten ab Seite 198). Wenn Sie sich aber nicht mehr um sich selber kümmern können, dann läuft etwas falsch. Ebenso, wenn Sie selber sich und anderen beweisen wollen, was Sie alles aushalten können. Sie allein tragen die Verantwortung, wie Sie mit der neuen Situation umgehen.

REFLEXION
- Wie gut achte ich auf körperliche Signale wie Müdigkeit, Bedürfnis nach Bewegung, Hunger?
- Wie oft und bewusst schalte ich von der Arbeit richtig ab und wie oft mache ich (auch kurze) Pausen?
- Wie viel Bewegung habe ich während der Woche? Wie oft unterbreche ich die Arbeit, um mich kurz zu bewegen?
- Wie bewusst achte ich auf ausgewogene Ernährung, auf Zeit, richtig zu essen und zu verdauen? Wie viel Flüssigkeit nehme ich täglich zu mir?

Sich mental stärken
Führen ist eine Leistung, vergleichbar mit derjenigen von Spitzensportlern. Die meisten Sportler arbeiten an ihrer mentalen Fitness; Führungskräfte sollten dies noch viel mehr tun. Bezogen auf die Führungsrolle ist vor allem Folgendes zu bedenken: Gemäss Wissenschaftlern haben wir jeden Tag rund 65 000 Gedanken. Lange nicht alle davon sind nützlich und bringen uns weiter. Wer sich aber seiner Gedanken bewusst ist, kann negative Denkspiralen stoppen, sich auf positive, hilfreiche Gedanken konzentrieren und seine mentale Kraft auf Chancen statt Probleme lenken. Sie können, öfter als Sie glauben, neu entscheiden, was Sie denken wollen.

Das regelmässige Fokussieren auf positive – reale – Aspekte des Alltags führt zum sogenannten realistischen Optimismus. Das heisst: Sie nehmen und akzeptieren die Realität so, wie sie sich präsentiert, und richten dann die Aufmerksamkeit auf die positiven Aspekte, zum Beispiel auf die Chancen eines Problems. Die Folge positiver Gedanken sind positive Emotionen – und diese haben nachweislich eine Wirkung auf die Gesundheit.

WAS TUN IM MENTALEN BEREICH?

Selbstgespräche

- Führen Sie ein Selbstgespräch. Dieses kann durchaus einen kritischen Anfang haben, wenn sich etwas Negatives ereignet hat. Sie können sich im Selbstdialog Fragen stellen, die Ihre Aufmerksamkeit langsam, aber sicher auf positive Aspekte oder auf neue Möglichkeiten lenken. Eine dieser Fragen könnte sein: Was kann ich, was können wir aus dieser Situation lernen?
- Schreiben Sie Ihre Gedanken auf. Notieren Sie verschiedene mögliche Sichtweisen zur Situation in Stichworten: die emotionale Seite, die kritische Seite, die Seite der Chancen, die Seite der positiven Aspekte ...

Mentale Vorbereitung

- Bringen Sie sich, wenn eine schwirige Situation bevorsteht – zum Beispiel vor einem heiklen Mitarbeitergespräch –, wie vor einer Prüfung oder einem Wettkampf in einen entspannten Zustand. Spielen Sie die Situation mental mit verschiedenen Szenarien durch. Das nimmt Ihnen die Angst vor dem Gespräch, gibt Ihnen Zuversicht.
- Stellen Sie sich den bestmöglichen Ausgang des Gesprächs vor, stellen Sie sich mit positiven Gefühlen darauf ein. Damit erhöhen Sie die Chance, dass dieses Ergebnis eintrifft.
- Visualisieren Sie regelmässig Ihre Wünsche und Visionen bei der Arbeit, im beruflichen Umfeld. Die alltäglichen Schwierigkeiten und Unannehmlichkeiten erscheinen in diesem grösseren Zusammenhang als eher unbedeutend oder banal. Wenn Sie zum Beispiel die Zusammenarbeit in Ihrem Team auf ein nächsthöheres Niveau heben möchten, dann können Sie einen Konflikt, eine Auseinandersetzung als Chance ansehen, genau dieses Ziel zu erreichen.

REFLEXION

- Wie gut habe ich meine Gedanken in der Regel unter Kontrolle?
- Wie oft bin ich mir meiner Gedanken bewusst und verändere meinen Fokus, wenn ich Negativität entdecke?
- Wie bereite ich mich auf schwierige Gespräche oder Situationen vor? Wie oft wende ich dafür Visualisierungen (bildliche Vorstellungen) an?
- Wie regelmässig stelle ich mir das bestmögliche Ergebnis eines Tages, eines Projekts, meines Teams und meiner Zukunft vor?

Emotional Sorge zu sich tragen

Emotionen und Gedanken gehören eng zuammen, eine Trennung ist nur theoretisch möglich. In der Regel werden Emotionen durch nicht bewusste Gedanken (Bewertungen aus Erfahrungen) so rasch ausgelöst, dass man sie weder vermeiden noch stoppen kann. Emotionen sind gemäss Definition immer mit körperlichen Reaktionen gekoppelt, mit Pulsanstieg, Herzklopfen, Muskelkontraktionen, Erröten. Diesen Reaktionen ordnen wir Menschen eine bestimmte Qualität zu und bezeichnen sie als Ärger, Wut, Eifersucht, Angst oder Freude. Die Benennung entsteht aus unserer Interpretation der Situation, die als Auslöser dient.

Wenn Emotionen auftreten, lassen sie sich nicht vermeiden. Es gibt nur eins: sie akzeptieren, zulassen. Viel wichtiger ist es, zu verstehen, dass die körperliche Reaktion noch nichts darüber aussagt, wie wir mit einer Emotion und der Situation, die sie ausgelöst hat, umgehen.

Und da gibt es viele Möglichkeiten. Wenn ein Mitarbeiter – oder eine Vorgesetzte – Sie mit seinem Verhalten verärgert, können Sie wählen: Sie lassen Ihrem Ärger freien Lauf. Sie reissen sich zusammen und warten eine Gelegenheit ab, um in Ruhe darüber zu sprechen. Sie schlafen darüber und lassen es dann bleiben. Sie sprechen mit anderen über die Situation oder Sie beklagen sich darüber.

Interessant zu wissen: Es gibt neuere Hirnforschungen, die zeigen, dass der Mensch fünf grundlegende emotionale Bedürfnisse hat, die er erfüllen möchte. Die Intensität jedes Bedürfnisses kann individuell variieren. Diese allen Menschen gemeinsamen Bedürfnisse sind:

- **Selbstachtung:** Selbstachtung bezeichnet das individuell empfundene Selbstwertgefühl. Die Frage ist, was jemand braucht und tut, um dieses Bedürfnis zu erfüllen.
- **Kontrolle:** Das Gefühl von Kontrolle besagt, dass jemand sich nicht als hilflos und der Situation ausgeliefert betrachtet, sondern als in der Lage, darauf Einfluss zu nehmen.
- **Orientierung:** Orientierung bezeichnet das Bedürfnis, aktuelles Geschehen sinnvoll einzuordnen, ihm eine sinnvolle Bedeutung zu geben. Was tut jemand, um dieses Bedürfnis zu befriedigen?
- **Anschluss (Zugehörigkeit):** Menschen möchten das Gefühl haben, dass sie dazugehören, mit anderen in positiven Beziehungen stehen.
- **Freude, Spass:** Schliesslich hat der Mensch ein mehr oder weniger grosses Bedürfnis, bei dem, was er tut, Freude und Spass zu empfinden.

WAS TUN IM EMOTIONALEN BEREICH?

Emotionen ausdrücken
- Wenn Sie Ärger, Angst, Unsicherheit oder ähnliche negative Emotionen spüren, unterdrücken Sie sie nicht. Das heisst nicht, dass Sie Ihre Emotionen anderen zeigen sollen. Suchen Sie einen Ort, wo Sie ihnen einen Moment lang ungestört Auslauf und Raum geben können.
- Halten Sie mit Ihrem Atem ein paarmal inne und registrieren Sie, wie die Emotion jetzt in Ihrem Körper spürbar ist.

Automatismus unterbrechen
- Fokussieren Sie auf Ihre Atmung, um impulsive Reaktionen und Handlungen zu vermeiden. Handlungen aus Emotionen heraus sind selten nützlich. Sie können die Aufmerksamkeit eine Minute lang einfach nur auf Ihre Atmung lenken.
- Gehen Sie an die frische Luft, bewegen Sie sich, um die emotionale Situation zu entspannen.

Positive Erlebnisse suchen
- Überlegen Sie, welche kleinen Dinge Ihnen Freude bereiten. Dann bauen Sie die planbaren davon in Ihren Tag ein: den Spaziergang in der Natur, das gemeinsame Essen mit jemandem, der Ihnen etwas bedeutet.
- Seien Sie offen für alle anderen positiven Überraschungen.

Wenn ein Mensch eines oder mehrere dieser Bedürfnisse als nicht erfüllt empfindet, wird er seine ganze Aufmerksamkeit darauf richten. Solange die Bedürfnisse nicht erfüllt werden, werden immer wieder negative Emotionen auftauchen.

Stellen Sie sich zum Beispiel eine grössere organisatorische Veränderung vor. Wenn es den Führungskräften nicht gelingt, den betroffenen Mitarbeitenden rasch Orientierung zu geben – was bedeutet die Entscheidung, was läuft genau ab, wie ist alles einzuordnen? –, werden diese alles unternehmen, um sich selber zu orientieren. Sie sind empfänglich für Gerüchte, suchen nach vertrauensvollen Informationsquellen und verbringen ihre ganze Zeit damit, etwas in Erfahrung zu bringen. Die Leistung bleibt auf der Strecke. Gefragt sind also zeitnahe Informationen und geführte Diskussionen, damit alle die Veränderung interpretieren und ihre Bedeutung sinnvoll einordnen können.

REFLEXION

- Wie rasch nehme ich meine eigenen Emotionen wahr?
- Wie gehe ich damit um, vor allem, wenn sie negativer Natur sind?
- Welche Strategien wende ich an, um Emotionen kanalisiert zum Ausdruck zu bringen, und wie gut hat das bisher funktioniert?
- Wie bewusst schaffe ich mir täglich positive Momente und Erlebnisse (mindestens im Verhältnis 3:1 zu den negativen)?

Die spirituelle Ebene

Spirituell – der Begriff löst bei Menschen von heute Unterschiedliches aus. Für die einen stellt sich Befremden ein, sie wissen nicht recht, was sie damit anfangen sollen. Für die anderen (eher die Minderheit) gehört dieser Aspekt ganz einfach zum menschlichen Leben wie alle anderen auch.

Es gibt eine praktische Art, den Begriff zu verstehen, die hier im Fokus stehen soll: Spirituell meint das Streben des Menschen nach persönlichem Wachsen, nach dem Nutzen seines ganzen Potenzials, sein Bedürfnis nach Sinn im Leben und bei der Arbeit sowie seinen Wunsch, einen bedeutungsvollen Beitrag in der Welt zu leisten. Es geht um grundlegende Fragen wie: Wozu bin ich hier? Welchen Sinn macht meine aktuelle Tätigkeit für das Leben, mein Leben? Welche «Mission» habe ich hier möglicherweise zu erfüllen, welchen tieferen Zweck? Wo steckt mein wirkliches, vielleicht noch nicht ausgeschöpftes Potenzial als Mensch, und wie kann ich es entdecken?

Weshalb aber ist die Auseinandersetzung mit solchen Fragen im Rahmen der Selbstführung wichtig und relevant? Zum Beispiel, weil Ihnen Ihre Antworten darauf im Arbeits- und Führungsalltag viel Orientierung geben. Vor allem dann, wenn es schwierig, komplex oder stressig wird. Dann wird aus dem Druck von aussen tatsächlich Kraft von innen. Und Probleme erscheinen viel eher als willkommene Herausforderungen auf dem Weg zur Aufgabenerfüllung, als Möglichkeit, zusammen mit anderen an der Herausforderung zu wachsen und so vielleicht für höhere Aufgaben vorbereitet zu werden. Die spirituelle Orientierung hilft, die Hektik des Alltags einzuordnen und in einem grösseren Zusammenhang zu sehen.

HANNA M. SOLL DAS GESCHÄFT mit ihrem Team voranbringen. Aber sie ist frustriert, weil sie sich in verschiedener Hinsicht an dieser Hauptaufgabe gehindert fühlt. Die Rahmenbedingungen und die Machtkämpfe im Umfeld machen ihr zu schaffen. Sie versucht, sich zu wehren und einzelne der «Spieler» zu beeinflussen. Mit wenig Erfolg.

Über regelmässige Reflexion und mit der Unterstützung eines vertrauten Gesprächspartners kommt Frau M. schliesslich zur Erkenntnis, dass sie ihre Energie am falschen Ort einsetzt. Sie besinnt sich auf ihr Ziel, das Geschäft auf ein neues Niveau zu heben. Sie stellt sich darauf ein, dass die aktuellen Hindernisse auch Chancen sind, das eigene Commitment zu klären und zu stärken.

In der Folge fokussiert Hanna M. darauf, ihr Team noch mehr zu motivieren und das gemeinsame Ziel zu bekräftigen. So gelingt es ihr, den Zusammenhalt zu stärken und Wege aufzuzeigen, wie das Team mit der Situation umgehen kann: akzeptieren, was sich nicht ändern lässt, und im eigenen Einflussbereich handeln. Sie gibt sich zudem selbst den Auftrag, ihre Mitarbeitenden zu befähigen, mit Hindernissen umzugehen. Und es wird ihr klar, dass sie und ihr Team dadurch in der schwierigen Situation Fähigkeiten entwickeln können, die für zukünftige Aufgaben äusserst nützlich sind.

WAS TUN IM SPIRITUELLEN BEREICH?

- **Achtsamkeitstraining:** Es gibt heute viele Techniken zur Schulung von Achtsamkeit und Gelassenheit. Bekannt ist die MBSR (mindfulness based stress reduction), eine Methode, mit der Sie gezielt die Aufmerksamkeit auf Atmung, Körperempfindungen, äussere Wahrnehmungen und Gedanken lenken und so Ihre Präsenz erhöhen.
- **Meditation:** Immer mehr Menschen praktizieren Meditation. Formen gibt es viele; die wirkungsvollsten beinhalten eine Art anstrengungsloser Selbstbeobachtung oder Lenkung der Aufmerksamkeit frei von jeder Wertung, um den umtriebigen Geist zu beruhigen. Dazu gehört auch die Kontemplation (etwa bewusstes Wahrnehmen der Natur).
- **Kombinierte, ganzheitliche Praktiken:** Dazu gehören etwa Yoga oder Qigong. Sie kombinieren Atmung, Bewegung und Vorstellung auf wirkungsvolle Weise.

Überlegen Sie, was Ihnen zusagen könnte, und wählen Sie eine Form, die Sie mit Freude und Disziplin beibehalten können. Angebote finden Sie im Internet zuhauf. Oft sind Schnupperstunden möglich, in denen Sie herausfinden, ob ein bestimmter Kurs zu Ihnen passt.

REFLEXION
- Welche Fragen aus dem spirituellen Bereich habe ich im Zusammenhang mit dem Rollenwechsel für mich gestellt? Auf welche habe ich eine klare Antwort?
- Wie gedenke ich, regelmässig – allein oder mit einem vertrauten Gesprächspartner – über meine Erfahrungen in der neuen Rolle zu reflektieren?
- Was unternehme ich, um im Führungs- und Arbeitsalltag meine Ruhe und eine gewisse Gelassenheit bewahren zu können?
- Welche anderen Führungskräfte kenne ich, von denen ich diesbezüglich etwas lernen könnte?

Führung als Beziehung

Keine Mitarbeitenden ohne Führungskraft, aber auch keine Führungskraft ohne Mitarbeitende. Ihre Führungsrolle besteht nur durch die Anwesenheit der von Ihnen Geführten.

Führung ist eine Beziehung, das klingt banal. Doch die positive Gestaltung von Beziehungen ist zentral, wenn Sie als Führungskraft Wirkung erzielen wollen. Folgende Punkte werden immer wieder unterschätzt:
- **Allein geht nichts:** Die Ergebnisse Ihres Teams können nie Ihnen (allein) zugeschrieben werden. Selbst dann nicht, wenn Sie selber immer noch einen grösseren Beitrag dazu leisten. Deshalb ist seitens eines Chefs jederzeit eine gewisse Bescheidenheit und Demut angebracht, gerade dann, wenn sich grosse Erfolge einstellen.
- **Führungsbeziehung:** Sie stehen – ob Sie wollen oder nicht – stets in Beziehung zu den von Ihnen geführten Mitarbeitenden. Die sich entwickelnde Führungskultur und die Art Ihrer Führung ist ein Ergebnis der Wechselwirkung zwischen Ihnen und den Geführten. Jede Ihrer

Handlungen ruft eine Reaktion hervor, auch wenn diese nicht immer sogleich sichtbar ist. Das werden Sie spätestens dann erkennen, wenn Ihr Führungsstil vom Team abgelehnt wird.
- **Beziehungsqualität:** Die Beziehungen, die Sie zu den einzelnen Mitarbeitenden haben und pflegen, sind so etwas wie der Sauerstoff in der Führungslandschaft. Die Qualität der Summe dieser Beziehungen bestimmt mehr, als Sie denken, welche Wirkung Sie in Ihrem direkten Umfeld erzielen können.

WAS TUN SIE, wenn Sie nach einiger Zeit merken, dass Ihnen nicht offen die Wahrheit gesagt wird? Dann ist zu vermuten, dass in Ihrer Beziehung zum Team nicht alles rundläuft. Eine solche Situation müssen Sie rasch und vorsichtig, aber möglichst direkt ansprechen. Geben Sie nicht einfach den Mitarbeitenden die Schuld, sondern gehen Sie davon aus, dass Sie selber Signale geben oder gegeben haben, die zu dieser Kommunikationsbarriere geführt haben. Vielleicht haben Sie einmal offensichtlich verärgert auf die Aussage einer Mitarbeiterin reagiert, die der Wahrheit entsprach. Das ganze Team hat das als Botschaft verstanden, dass man sich besser nicht kritisch äussern sollte. Sprechen Sie das Thema an und geben Sie Zeichen und Beispiele, die die Annahme der Mitarbeitenden korrigieren können.

Beziehungen aufbauen und pflegen

Wenn Sie Ihre Führungsfunktion antreten, können Sie innerhalb von kurzer Zeit den Grundstein für konstruktive, von Vertrauen geprägte Beziehungen legen – oder Sie können genau das für die Zukunft verhindern. Überlegen Sie, wie sich die Beziehungen zu Ihren Mitarbeitenden positiv beeinflussen lassen.

Es ist durchaus möglich, die wichtigsten Qualitäten, die in Beziehungen unter Kollegen gelten, in der Führungsbeziehung zu erhalten – zum Beispiel offener Austausch, gegenseitiges Interesse füreinander, Wertschätzung, Vertrauen und Respekt, Spass und Freude, Aufmerksamkeit.

Auf welche Punkte ist besonders zu achten in der Anfangszeit, wenn Sie eine Führungsposition übernehmen?

- Geben Sie allen einen Vertrauensvorschuss und gehen Sie davon aus, dass man Ihnen dieses Vertrauen zurückzahlen wird. Sollte Ihr Vertrauen enttäuscht werden, müssen Sie dies rasch ansprechen und klären. Ihrerseits sollten Sie Signale geben, dass man Ihnen trauen kann. Das Wichtigste dabei: Sie halten, was Sie versprechen.
- Lernen Sie möglichst rasch Ihre Mitarbeitenden samt ihren Eigenheiten, Stärken, Schwächen, Bedürfnissen und Motiven kennen und verstehen. Wo immer Sie die Möglichkeit haben, auf individuelle Eigenheiten einzugehen, ohne unnötig viel Zeit zu investieren, tun Sie es. Das unterstützt Ihre Beziehung.
- Nehmen Sie die Meinungen anderer grundsätzlich ernst, auch wenn Sie nicht derselben Ansicht sind. Und auch, wenn Sie wissen, dass am Ende Sie entscheiden wollen und können. Dieses Ernstnehmen wird von den Mitarbeitenden als Wertschätzung wahrgenommen.

Ein ständiger Prozess

Beziehungen sind dynamisch. Sie verändern sich und sind ständig in Bewegung. Wenn Sie also heute ein gutes Gefühl haben und dies Ihnen von Ihrem Team bestätigt wird, bedeutet das nicht, dass nun einfach alles so positiv bleibt. Sie müssen sich regelmässig überlegen, wie Sie mit Ihren Mitarbeiterinnen und Mitarbeitern in Kontakt sind, ob die eine oder andere Beziehung besondere Aufmerksamkeit erfordert. Oft geschehen kleine Dinge, Irritationen, über die aus Zeitgründen oder aus fehlendem Mut nicht gesprochen wird. Dann bleibt Ungeklärtes liegen, verzerrte Wahrnehmungen und Interpretationen bleiben zurück. Achten Sie deshalb nicht nur auf das, was gesagt wird, sondern immer auch auf nonverbale Zeichen, auf das, was nicht gesagt wird.

Gute Beziehungen lassen Konfrontation und Auseinandersetzung genauso zu wie Meinungsverschiedenheiten. Machen Sie nicht den Fehler, gute Beziehungen mit ständiger Harmonie und Nettigkeit zu verwechseln. Gute Beziehungen wachsen und entwickeln sich vor allem an schwierigen Situationen. Lassen Sie deshalb unterschiedliche Meinungen, Kritik – wenn konstruktiv – und auch schwierige Gespräche zu. Diese sind ein guter Prüfstein für die zukünftige Zusammenarbeit. Voraussetzung dazu ist Ihre innere Gelassenheit und Klarheit.

Wiederherstellen von Beziehungen

Es gibt niemanden, der in Führungsbeziehungen alles richtig macht, dem nie ein Fehler unterläuft. Stress und hohe Anforderungen, eigene Unsicherheiten oder unerwartete Ereignisse können jederzeit auch auf grundsätzlich gute Beziehungen negativ einwirken. Es sind Emotionen im Spiel.

SIE KOMMEN AUFGEBRACHT aus einem Abteilungsleitermeeting und haben nun wirklich keine Zeit für Frau A. und ihre Empfindlichkeit. Sie reagieren kurz, verwenden aber durchaus akzeptable Worte – wie Sie selber finden. Bloss merken Sie, dass irgendetwas die Mitarbeiterin irritiert oder verletzt hat. Wenn Ihnen das passiert, haben Sie wie meist eine Wahl: Sie können das Ganze herunterspielen oder negieren, was viele tun. Der Preis dafür ist, dass sich die Beziehung zu dieser Mitarbeiterin verschlechtert und Sie an Wirkung verlieren. Oder Sie können Ihr Ego zur Seite schieben und sich für Ihren Teil, für die als verletzend empfundene Äusserung, entschuldigen.

Sich zu entschuldigen, fällt vielen Vorgesetzten schwer. Weshalb? Weil sie denken, dabei etwas von ihrer Autorität einzubüssen und sich zu schwächen. Das Gegenteil ist der Fall. Ein Chef, der keine Fehler oder Schwächen bei sich zulässt, wird mit der Zeit als schwach oder unnahbar empfunden. Und eine ehrlich gemeinte Entschuldigung ist in der beschriebenen Situation die einzige Möglichkeit, die geschädigte Beziehung wiederherzustellen. Wichtig ist, dass Sie sich nur für Ihre Äusserung, für die Formulierung, entschuldigen, für den Teil, den Sie zu verantworten haben. Die Reaktion der Mitarbeiterin bleibt in deren eigener Verantwortung.

TIPPS *Beziehungen sind in der Führung der Schlüssel zu positiver Einflussnahme. Sie sorgfältig aufzubauen, zu pflegen und wenn nötig wiederherzustellen, muss deshalb höchste Priorität erhalten. Da Beziehungen dynamisch verlaufen, müssen Sie regelmässig mit Ihren Mitarbeitenden «in Kontakt» sein.*

Überlegen Sie sich immer wieder, wie Sie zu den einzelnen Mitarbeitenden (und auch zu Kollegen gleicher Stufe) stehen und welche Begegnungen Sie mit ihnen in letzter Zeit hatten.

Fragen Sie bei guten Gelegenheiten oder auch bei formellen Mitarbeitergesprächen nach, wie die Zusammenarbeit mit Ihnen erlebt und eingeschätzt wird.

Achten Sie auf nonverbale Anzeichen von möglichen Störungen, zum Beispiel auf die Art, wie Sie gegrüsst werden.

Situative Führung: ein vielversprechender Ansatz

Dieser Führungsansatz (in Anlehnung an Hersey und Blanchard, siehe Literaturverzeichnis) geht davon aus, dass es nicht EINE bestimmte Art der Führung gibt, die Erfolg verspricht, sondern dass es darum geht, je nach Situation diejenige Art der Führung anzuwenden, die die beste Wirkung verspricht. Zu überlegen sind dabei zwei Punkte:
- Führungsstile
- Reifegrad der Mitarbeiter

Es gibt unterschiedliche Führungsstile: den autoritären (befehlend), den kooperativen (partnerschaftlich), den partizipativen (beteiligend) sowie den delegativen (nicht eingreifend, manchmal auch Laissez-faire genannt). Diese Stile bewegen sich auf der Dimension von direktiv zu nicht direktiv: Sie als Führungskraft greifen mehr oder weniger stark ein – sowohl bei der Aufgabenerfüllung wie auch bei der Unterstützung und Motivation Ihrer Mitarbeitenden.

Welchen Führungsstil Sie wählen, hängt unter anderem ab vom Reifegrad jedes einzelnen Mitarbeiters. Ein Beispiel:
- **Autoritär:** Ein neuer, junger Mitarbeiter ist begeistert und mit viel Motivation unterwegs. Er braucht viele genaue Instruktionen, klare Aufträge und Begleitung. Sie müssen im positiven Sinn direktiv sein.
- **Kooperativ:** Wenn der Neue eigearbeitet ist, realisiert er, wie komplex seine Aufgaben sind. Er hat schon vieles gelernt, ist nun aber frustriert, weil er sich teilweise überfordert fühlt. Er braucht Ihre Unterstützung, Sie müssen ihm gut zureden, zeigen, dass Sie an ihn glauben, und ihn weiter ziemlich eng begleiten.
- **Partizipativ:** Nach einiger Zeit hat der Mitarbeiter seine Aufgaben im Griff, hat Erfolge vorzuweisen, gilt als erfahren. Sie wollen ihm die

Leitung eines neuen Projekts übertragen. Er freut sich, ist aber gleichzeitig verunsichert. Er befürchtet, dass es viel Zusatzarbeit geben, dass die Belastung zu gross werden könnte. Sie führen mehrere Gespräche und helfen ihm, zuversichtlich zu sein.
- **Delegativ:** Nach ein paar Jahren hat sich der Mitarbeiter vollends etabliert, hat oft bewiesen, dass er Verantwortung übernehmen, gute Arbeit und qualitativ hochstehende Ergebnisse liefern kann. Sie «lassen ihn laufen», anerkennen zwischendurch seine besonderen Leistungen, zeigen ihm, wie wichtig er für Sie und das Team ist. Sie stehen für Fragen zur Verfügung, mischen sich aber nicht ein.

Wie flexibel und situationsgerecht können Sie die unterschiedlichen Führungsstile einsetzen? Je mehr Flexibilität Sie zur Verfügung haben, desto gezielter können Sie handeln. Zentral dabei ist die richtige Beurteilung der Situation.

REFLEXION
- Welche Führungsstile kenne ich? Welche wende ich am liebsten an?
- Welche Stile würde ich nicht anwenden (wollen) und weshalb? In welchen Situationen könnten diese für mich dennoch relevant werden?
- Wo sehe ich Entwicklungspotenzial bei der Anwendung von Führungsstilen?

Spannungsfelder in der Führungsrolle

In unserer Welt, die immer weniger voraussehbar, immer komplexer und immer weniger eindeutig wird, ergeben sich in der Führungsrolle Spannungsfelder, mit denen Sie umgehen müssen. Einige Beispiele:
- **Experte oder Lernender?** In bestimmten Situationen haben Sie einen Wissensvorsprung oder verstehen die Angelegenheit besser als Ihre Mitarbeitenden. Sie nutzen Ihre Expertise, um für alle einen Unterschied

zu machen. In anderen Situationen müssen Sie eingestehen, dass Einzelne in Ihrem Team deutlich mehr wissen als Sie. Dann können Sie, ohne Ihre Rolle als Führungsperson zu verlassen, im Lernmodus Informationen verarbeiten, um diese später wieder zu nutzen.

- **Entscheiderin oder Ermächtigerin?** Es gibt Momente, in denen die Mitarbeitenden mit Recht erwarten, dass Sie in Ihrer Funktion entscheiden – und dies vielleicht sogar rasch. Dann müssen Sie unter Umständen mit (zu) wenig Daten oder mit limitiertem Wissen durch einen Beschluss Klarheit schaffen. Heute besteht jedoch immer mehr die Möglichkeit – oder Notwendigkeit –, die Entscheidungskompetenz und Entscheidungsverantwortung an die Mitarbeitenden abzutreten. Müssen Sie wirklich selber den Einsatzplan machen oder können Sie das in die Verantwortung der Mitarbeitenden geben? Diese kommen oft schneller und effizienter zu einem guten Ergebnis, weil sie ihre Arbeit im Detail kennen.
- **Visionär oder Taktiker?** Es gibt Momente, in denen Sie als Sinnstifter, als Vorausdenkerin gefragt sind. Sie helfen Ihren Leuten, das grössere Ganze zu sehen, Sie zeigen auf, welchen wichtigen Beitrag Ihr Team an die Unternehmensstrategie leistet. In anderen Situationen geht es um kurzfristigere Taktik – zum Beispiel darum, einen Schlüsselmitarbeiter für eine wichtige Präsentation in der Geschäftsleitung freizuschaufeln.

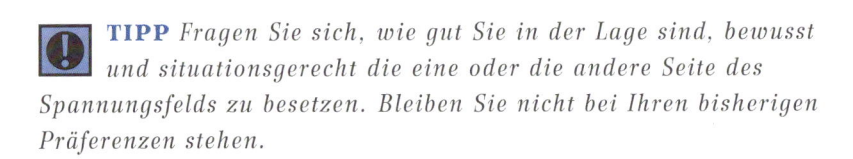

TIPP *Fragen Sie sich, wie gut Sie in der Lage sind, bewusst und situationsgerecht die eine oder die andere Seite des Spannungsfelds zu besetzen. Bleiben Sie nicht bei Ihren bisherigen Präferenzen stehen.*

Die Führungsrolle im Wandel

Allgemein lässt sich beobachten, dass die Führungsrolle sich bewegt – weg von der Auftraggeberin, dem Instruktor, der Alleinentscheiderin, dem Kontrolleur hin zum Befähiger und Coach, zur Moderatorin und Unterstützerin. Dies heisst nicht, dass damit die Gesamtverantwortung für das Ergebnis und den effizienten Weg dazu wegfällt. Im Gegenteil, es geht mehr darum, dass sich die Art und Weise Ihrer Einflussnahme verändert. Indem Sie etwa bei wichtigen Angelegenheiten die Mitarbeitenden am Entscheidungsprozess beteiligen oder sie mindestens explizit abholen und nach ihrer Meinung fragen (auch nach möglichen Einwänden). Oder indem Sie einmal mehr den Impuls zurückhalten, die Lösung oder die Antwort gleich selber zu geben, und dafür gute offene Fragen stellen: «Wie würdest du denn hier vorgehen? Was hast du dir schon überlegt?»

Führen über Position oder über Persönlichkeit?

Was, wenn Ihre Mitarbeitenden wählen könnten, ob sie Ihnen als Chef, als Chefin folgen oder nicht? Würden sie auch dann mit Ihnen arbeiten wollen? Oder tun sie es, weil sie keine Wahl haben?

Als Chefin, als Teamleiter sind Sie von Ihrem Unternehmen an eine formelle Stelle, eine Position mit Personalaufgaben gesetzt worden. Den Mitarbeitenden vorgesetzt. In dieser Funktion haben Sie Pflichten und Rechte sowie Kompetenzen (mehr zu den rechtlichen Aspekten lesen Sie im zweiten Teil des Ratgebers ab Seite 174).

Einfluss dank der Position – der Teammanager

In Ihrer Position haben Sie mit dem Team eine Kernaufgabe zu erfüllen und die übergeordneten strategischen Leitlinien umzusetzen. Zielvorgaben konkretisieren die Erwartungen. Diese Ziele im Zeitraum eines Jahres zusammen mit Ihrem Team zu erfüllen, das ist Ihre Pflicht als Vorgesetzter, als Teamchefin.

Sie nutzen die betrieblichen Führungs-, Personal- und Arbeitsprozesse, um die Umsetzung voranzutreiben. Sie setzen zum Beispiel Ihre Entscheidungs-, Beurteilungs-, Belohnungs- und auch Sanktionskompetenzen gezielt ein. Sie planen und organisieren die Teamaktivitäten so, dass sie der konsequenten Umsetzung aller Vorgaben dienen, und stellen die Ergebnisse sicher, auch durch Kontrollen. Sie sehen zusätzliche Massnahmen für den Fall der Nichterfüllung vor und zeigen Ihren Mitarbeitenden die Konsequenzen auf. Das ist die Perspektive des Teammanagers. Der Fokus liegt auf dem von oben, vom Unternehmen und von den Vorgesetzten vermittelten formellen Auftrag, der durchgesetzt werden soll.

Alle diese Vorgehensweisen und Mittel könnte man unter dem Begriff «manipulative Einflussnahme» einordnen. Das Wort Manipulation hat in unserer Zeit einen zweifelhaften Ruf, weil darunter auch ein gewisser Zwang entgegen dem Willen anderer verstanden wird. Ursprünglich bedeutet manipulieren unter anderem «etwas geschickt handhaben». Auf die Führung übertragen also, die Handlung anderer und damit auch die Ergebnisse direkt, von eigener Hand zu beeinflussen. Es gibt durchaus Situationen, in denen das sinnvoll ist.

VERA H., LEITERIN DER FINANZBUCHHALTUNG, erhält einen kurzfristigen Auftrag von ihrem Vorgesetzten: Alle einzelnen Teile eines umfassenden Berichts müssen sofort nochmals überprüft werden, da im Gesamtreport ein Fehler aufgetreten ist. Dieser muss unbedingt gefunden werden, weil der Bericht sonst unvollständig ist. Frau H. ruft ihr Team zusammen und erklärt, weshalb jeder seinen Teil nochmals im Detail durchgehen und kontrollieren muss. Alles muss in den nächsten drei Stunden gemacht werden. Sobald die Arbeit erledigt ist, will sie von jedem die Vollzugsmeldung.

Zwei Mitarbeiter zeigen ihren Ärger, es sei schliesslich nicht das erste Mal. Einer stellt schon Vermutungen an, woher der Fehler kommen könnte. Frau H. nimmt die Reaktionen zur Kenntnis und wiederholt den Auftrag. Sie sagt auch, dass das nicht saubere Bearbeiten Folgen bei der Jahresbeurteilung haben kann. Sie appelliert an die Vernunft und erklärt, dass alle im selben Boot sitzen und deshalb gemeinsam den Fehler suchen müssen. Etwas widerwillig macht sich das Team an die Arbeit, der Fehler wird entdeckt und korrigiert. In der nächsten Teamsitzung wird analysiert, wie der Fehler entstanden ist, um ähnliche Stresssituationen in Zukunft zu vermeiden.

Wirkungsvoll – mit einem Haken
Manipulative Führungswerkzeuge sind kurzfristig durchaus wirkungsvoll, weil sie von einer gewissen Abhängigkeit der Betroffenen ausgehen. Die Mitarbeitenden wollen vom Betrieb unterstützt, befördert, entlöhnt wer-

den und auch mal einen Bonus erhalten. Sie wissen, dass dies nur mit Ihrem Einverständnis respektive dank Ihrer positiven Beurteilung und Entscheidung möglich ist. Sie folgen also Ihren Befehlen und Anordnungen.

Der Haken an der Sache ist, dass Sie so kaum das Engagement, die innere Motivation Ihrer Leute gewinnen. Diese handeln eher aus persönlichem Nutzen oder aus Angst. In stark hierarchisch organisierten Unternehmen ist dies heute nach wie vor an der Tagesordnung.

Gemäss den meisten Studien und Experten geht der Trend jedoch weg von Hierarchien zu mehr Projektorganisationen und Netzwerken bis hin zur Selbstorganisation von Teams. Es braucht also andere Ansätze. Denn Führen mit der Macht der formellen disziplinarischen Mittel (Belohnung und Sanktionierung) ist in einer Projektgruppe nur bedingt möglich. Für viele Beteiligte ist die Mitarbeit im Projekt eine Zusatzaufgabe. Die Projektleiterin kann nicht über deren Zeit und Input verfügen ohne Absprache mit den Linienchefs. Sie braucht also einiges an Überzeugungskraft. Der Einfluss auf die Mitarbeitenden – wie auch auf die Projektsponsoren – muss über die Persönlichkeit und das Aufzeigen von Nutzen erfolgen.

Kommt dazu, dass sich viele Mitarbeitende – auch in klaren Hierarchien eingebundene – deutlich mehr Eigenverantwortung wünschen sowie mehr Freiheit und Vertrauen von ihren Vorgesetzten. Loslassen ist angesagt. Einerseits werden diese Erwartungen durch die digitale Remote-Führung (Homeoffice, siehe auch Seite 149) natürlich verstärkt, anderseits werden Formen des agilen Führens und Arbeitens schon in vielen Firmen umgesetzt (mehr dazu auf Seite 169). Bei diesen steht das «Empowerment» im Vordergrund, die Ermächtigung im Sinn der grösstmöglichen Autonomie des oder der Einzelnen bei der Aufgabengestaltung und -umsetzung. Bei neueren Formen der Selbstführung sind sie feste Prinzipien der Zusammenarbeit.

Einfluss über die Persönlichkeit – die Leaderin

Wer bestimmt darüber, dass Sie als natürliche Führungspersönlichkeit wahrgenommen werden? Wohl kaum Sie selber. Den Respekt als «Leader», als natürliche Autorität, müssen Sie sich verdienen. Aber wie?

Die Alternative zur «manipulativen» Führung ist diejenige, die auf Überzeugung und Inspiration setzt. Sie wagen es, sich selber auf authentische

Art einzubringen, so, wie Sie sind. Zudem steht für Sie im Vordergrund, dem Team sowie dem Unternehmen zu dienen mit allem, was Sie tun.

Wenn Sie so führen, bewegen Sie andere auf natürliche Weise, getrieben von Ihren eigenen Überzeugungen und Ihrem eigenen Enthusiasmus, sich für die Aufgabe des Teams einzusetzen, für eine positive Zukunft, von der alle profitieren können. Sie bringen zum Ausdruck, dass Sie ans Team, an die Teammitglieder und an die Erreichung des Ziels glauben und dass Sie jeden einzelnen Mitarbeiter, jede Mitarbeiterin auf dem gemeinsamen Weg erfolgreich machen wollen.

LINIEN- VERSUS PROJEKTFÜHRUNG

In vielen Unternehmen wird heute mehr über Projekte geführt als über die im Organigramm festgeschriebene Linienorganisation. Oft laufen die beiden Rollen parallel: Eine Teamleiterin führt zwar ein Team, ist aber auch in der Rolle der Projektleiterin mit Personen aus anderen Abteilungen und Teams. Anderseits sind auch einzelne ihrer Mitarbeitenden in Projekte involviert, die sie nicht selber zu verantworten hat.

Projektmanagement ist eine effiziente, weil flexible Organisationsform für die Bewältigung komplexer, neuartiger und zeitkritischer Aufgaben. Und das zeichnet Projekte aus:
- Zeitliche Begrenzung
- Teilzeitarbeit für «geliehene» Projektmitarbeitende (Projekt oft als zusätzliche Aufgabe), Ressourcenknappheit
- Organisationsübergreifende Zusammensetzung (Mitarbeitende kommen aus verschiedenen Einheiten)

Projektleitung stellt einige spezifische Anforderungen an die Führungskraft:
- Fähigkeit, Sinn und Zweck des Projekts zu vermitteln
- Motivation und Beeinflussung durch Überzeugung, da keine disziplinarischen Führungsinstrumente vorhanden
- Rollenklarheit (Auftraggeber, Projektleitung und Spezialisten)
- Unterstützung und positive Beeinflussung aller wichtigen Interessenvertreter im Projektumfeld
- Fokus auf dem Projektprozess, der Projektteamdynamik und nicht auf dem Fachwissen
- Fähigkeit, die Balance zu halten zwischen notwendiger Kontrolle und grossem Vertrauen in die Projektmitarbeitenden (Spezialisten)
- Führen über die Persönlichkeit und die natürliche Autorität (Spezialisten wissen meist besser Bescheid)

Die wirklich nachhaltig erfolgreichen Führungskräfte verstehen ihren Führungsauftrag als Dienstleistung am Unternehmen und an den Menschen, die sie führen (siehe auch Seite 22). Das ist eine Frage der Grundhaltung. Diese Haltung schliesst keineswegs aus, dass man als Chef auch hie und da klar durchgreift oder harte Entscheidungen trifft – dies aber immer im Interesse des Ganzen.

Wenn Sie den Führungsauftrag so verstehen, dann geht es Ihnen nicht bloss um die Erfüllung einer aufgetragenen Pflicht, sondern um die feste Absicht, das Beste aus dem Team und den Teammitgliedern herauszuholen und so die Entwicklung einer erfolgreichen Zukunft anzustossen und zu begleiten.

> **INFO** *Das Führen über die natürliche Persönlichkeit wird heute immer wichtiger, da Führungskräfte immer häufiger die Situation antreffen, dass sie gar nicht disziplinarisch eingreifen können.*

Drei Kernfragen zur Leadership

Die Führungspersönlichkeit, der Leader stellt sich immer wieder die folgenden drei Kernfragen:
- Wozu bin ich hier und was ist mein bester Beitrag als Führungskraft?
- Was will ich mit meinem Team bewegen und erreichen?
- Was ist mir für mich persönlich und für die Zusammenarbeit im Team besonders wichtig (Werte)?

Wozu bin ich hier?

Wozu übernehmen Sie die Führung des Teams (oder eines Projekts)? Welchen Beitrag wollen Sie leisten? Es geht bei dieser Frage nicht um den von oben definierten Auftrag, Ihre damit verbundene Verantwortung für den Betrieb und die von oben erwarteten Ergebnisse. Im Vordergrund stehen Ihr eigener Antrieb, die von Ihnen selber bestimmten Aspekte, bei denen Sie den Mitarbeitenden helfen wollen, Fortschritte zu erzielen.

Sie könnten sich zum Beispiel vornehmen, das gegenseitige Vertrauen zu vertiefen, da Sie sich für die Zukunft ein Team vorstellen, in dem sich jeder und jede voll und ganz auf die anderen verlassen kann. Das wirkliche Potenzial von gegenseitiger Unterstützung, das Ihr Team über sich hinaus-

VISIONSÜBUNG IM TEAM

Ziel
- Positive Vorstellungen von der Zukunft des eigenen Bereichs entwickeln
- Entwicklungen und Idealvorstellungen ermöglichen, die Kraft zur gemeinsamen Bewegung schaffen

Vorgehen
- Nehmen Sie ein Blatt A4 quer und zeichnen Sie darauf als Vorlage zwei Boxen, rechts lassen Sie Platz für eine dritte Box.
- Ihre Teammitglieder zeichnen dasselbe auf ein Blatt, dann geben Sie folgende Instruktion: «Zeichnen Sie in die erste Box ein Bild, das die aktuelle Situation in unserem Team beschreibt, unsere Ist-Situation. Gefragt sind Symbole und Bildelemente, nicht Zeichenkunst. Über das Bild schreiben Sie ‹von›. Zeichnen Sie in der zweiten Box, wie sich dieser Zustand in den nächsten zehn bis zwölf Monaten im besten Fall entwickelt. Darüber schreiben Sie ‹zu›.»
- Geben Sie allen ein paar Minuten Zeit fürs Zeichnen. Gut möglich, dass Einzelne zuerst Mühe haben, ein Bild zu finden. Ermuntern Sie sie, die erste Bildidee zu nehmen, es gibt kein Richtig oder Falsch. Das Ganze soll spielerisch sein, Lachen ist erlaubt.
- Dann zeichnen Sie auf der Vorlage – praktisch ist ein Flipchart – rechts im leeren Raum eine dritte Box. Die mittlere Box wird zum «von», die dritte Box zum «zu», und zwar mit dem Zeithorizont von 15 bis 18 Monaten. Die Instruktion dazu: «Zeichnen Sie rechts eine dritte Box und zeichnen Sie nun das Bild, wie die Situation des Teams im allerbesten Fall in 15 bis 18 Monaten aussieht.»
- Möglicherweise sind nun ein paar Teammitglieder irritiert. Wiederholen Sie die Instruktion und ermutigen Sie, einfach drauflos zu zeichnen. Geben Sie wieder ein paar Minuten.
- Es empfiehlt sich sehr, dass Sie selber auch mitmachen und Ihre eigenen Bilder zeichnen.

wachsen lässt, nutzen Sie nur, wenn Sie substanziell in die Beziehungen Ihrer Mitarbeitenden untereinander und zu Ihnen investieren. Und zwar deutlich mehr, als es im Arbeitsalltag sonst üblich ist.

Oder Sie könnten sich vornehmen, jeden und jede in Ihrem Team im positiven Sinn aus der Komfortzone zu holen, weil Sie an die Fähigkeiten aller Mitarbeiterinnen und Mitarbeiter glauben und sie deshalb herausfordern wollen. Wo Sie den Schwerpunkt auch setzen, zur Entwicklung Ihrer Leute beizutragen, ist immer eine gute Wahl.

- Nun soll jedes Teammitglied den anderen seine Zeichnung zeigen und kurz erklären. Es darf geschmunzelt und gelacht werden. Zum Schluss zeigen auch Sie Ihre Zeichnung.
- Schliesslich suchen Sie in den verschiedenen Bildern nach Gemeinsamkeiten. In der Regel sehen Sie auf allen Blättern eine positive Entwicklung, ein Wachsen oder Zusammenwachsen oder Ähnliches. Halten Sie die Gemeinsamkeiten fest und diskutieren Sie im Anschluss, was Sie und das ganze Team unternehmen können, um sich in Richtung der gewünschten Zukunft zu bewegen.
- Lassen Sie alle Mitarbeitenden diese Bilder behalten und sprechen Sie sie immer wieder an. Die Erinnerung wird lebendig bleiben, da jeder und jede einen eigenen Zugang gewählt hat.

Diese Übung ist spielerisch und doch wirkungsvoll, weil sie beide Gehirnhälften aktiviert. Ziel ist nicht ein gemeinsames Bild, sondern das Gemeinsame aus den unterschiedlichen Bildern.

von	zu	
Bild für aktuelle Situation	Bild (evtl. gleiche Metapher) für Zukunft (10–12 Monate)	
	~~zu~~ von	zu
Bild für aktuelle Situation	Bild für Zukunft 1	Bild für Zukunft in 15–18 Monaten

TIPP *Ihr bester Beitrag aus eigener Motivation ergänzt die Erfüllung Ihrer Pflichten und der Erwartungen an Sie. Dieser Beitrag sollte auf Ihren besonderen Stärken und Begabungen beruhen.*

BOJAN S. ÜBERNIMMT EINE EQUIPE in einer Gebäudereinigungsfirma. Nach kurzer Zeit merkt er, dass die meisten Mitarbeiterinnen ihren Job relativ frustriert erledigen und nicht wirklich motiviert sind. Seine Pflicht ist es, dafür zu sorgen, dass die Putzarbeit sauber und zuverlässig gemacht wird. Er erkennt aber, dass sein bester Beitrag mehr sein kann. Er weiss, dass er ein begeisterungsfähiger Mensch ist und in jeder Situation das Positive sieht. So nimmt er sich vor, seine Mitarbeiterinnen neu mit positiver Energie zu versorgen und ihnen ein Gefühl der Wertschätzung zu vermitteln. Niemand ausser er selber gibt ihm diesen Auftrag.

Herr S. spricht mit den Teammitgliedern, zeigt ihnen, weshalb ihre Arbeit wichtig ist und dass er auf sie setzt. Er lässt sich auch von der anfänglichen Skepsis nicht aus dem Konzept bringen. Bald ist zu erkennen, dass die vorher frustrierten Mitarbeiterinnen mit höherem Selbstwertgefühl zur Arbeit gehen, wieder miteinander lachen und dass etwas Freude zurückkehrt. Gleichzeitig steigt die Qualität der Arbeit deutlich an, weil für die Frauen ihre Tätigkeit wieder mehr Sinn macht.

Was will ich mit meinem Team erreichen?
Diese Frage schliesst direkt an die vorherige an. Welche besonderen Ziele wollen Sie – wiederum in Ergänzung zur bekannten Pflicht – mit Ihrem Team erreichen? Inwiefern haben Sie eine Vorstellung, eine Vision, wie Ihre Zukunft und die Ihrer Mitarbeitenden gestaltet werden könnte? Bei dieser Frage müssen Sie in Möglichkeiten denken, in wünschenswerten Szenarien, die neue Zustände erlauben. Sie könnten zum Beispiel die Vision haben, zu dem Team zu werden, das – nicht auf Kosten anderer Teams – bei den Kunden mit Abstand die grösste Begeisterung auslöst. Oder zum Team, das am kreativsten mit Kundenreklamationen umgeht, oder zu dem, das regelmässig die besten neuen Service-Ideen entwickelt.

Ja, Sie müssen sich in der ersten Phase als neuer Chef, als neue Teamleiterin zuerst einmal orientieren und sich Zeit nehmen, um in die neue Rolle hineinzuwachsen. Danach aber sollten Sie sich zur Zukunft Gedanken machen. So haben Sie die Chance, aus einer eher reaktiven zu einer proaktiven Haltung zu kommen und Ihr Team mitzuziehen. Es geht nicht darum, irgendwelchen Illusionen nachzuleben (und dabei gar die aufgetragenen Aufgaben zu vernachlässigen). Es geht darum, über gemeinsame Gestaltungsmöglichkeiten die Energie im Team zu wecken.

BOJAN S. AUS DEM OBIGEN BEISPIEL ruft sein Team zusammen, um über mögliche Veränderungen für die Zukunft zu sprechen. Es geht nicht nur um den Zweck der Arbeit (saubere

JERUN VILS
Associate Partner von gutundgut gmbh

Welches war Ihre erste Führungsrolle?
Meine erste Führungserfahrung habe ich im Gebirge gesammelt. Mehrere Winter arbeitete ich als Skilehrer. Die Aufgabe ist anspruchsvoller, als es auf den ersten Blick den Anschein macht. Skilehrer sind nicht nur sonnengebräunt und immer für etwas Unterhaltung zu haben. Sie tragen beim Skifahren mit kleinen und grossen Gästen viel Verantwortung, insbesondere im Bereich der Sicherheit. Man denke nur an Nebeltage, Neuschnee oder Kälteeinbrüche. Auch lernte ich zu motivieren, zum Beispiel im Dauerregen auf der Piste. Wer hat dann schon Lust, auf den Skiern zu stehen?

Welches war Ihr grösster Fehler als Führungsperson?
Als grösste Herausforderung bezeichne ich die angemessene Kommunikation. Es ist eine Kunst, im richtigen Moment und in angemessenem Umfang die entscheidenden Informationen und Botschaften im treffenden Ton an das zu definierende Zielpublikum zu richten. Gelingt dies, ist noch lange nicht sicher, dass die Nachricht beim Empfänger so angekommen ist, wie man sie abgesendet hat. Bei diesem Thema werde ich wohl ein Leben lang dazulernen.

Was haben Sie daraus gelernt?
Wichtig scheint mir, dass man seine Stärken wie auch seine Schwächen kennt und auch die Grösse hat, zu diesen zu stehen. Nur so kann es gelingen, sich weiterzuentwickeln, glaubwürdig zu sein und ein vertrauensvolles Verhältnis zu den Mitarbeitenden aufzubauen.

Räume), sondern darum, was das Besondere der Arbeit darstellt – die Räume in einem Zustand zu hinterlassen, dass die Kunden die Frische sofort spüren können. Herr S. diskutiert mit seinen Mitarbeiterinnen, wie die Räume denn aussehen könnten, um die Büronutzer positiv zu überraschen. Es kommen verschiedene Ideen, zum Beispiel: regelmässig einen kleinen positiven Spruch auf den Bürotischen liegen lassen, in den Toiletten immer wieder anders duftende Trockenblüten hinlegen. Herr S. überzeugt seinen Vorgesetzten, die kleinen Experimente umzusetzen. Das Resultat ist überwältigend. Die Mitarbeiterinnen freuen sich auf die Arbeit und auf die Umsetzung der jeweils nächsten kleinen Idee. Und sie erhalten von den Nutzern immer wieder Dankesbotschaften.

Was ist mir auf dem Weg zum Ziel besonders wichtig?
Nach dem Warum und dem Was in der Zukunft kommt die dritte Frage: Sie fokussiert auf das Wie. Welche Qualitäten und Werte liegen Ihnen besonders am Herzen? Setzen Sie auf Zuverlässigkeit, sodass jeder sich auf jeden stets verlassen kann? Steht für Sie die Dienstleistungshaltung im Vordergrund? Oder wollen Sie, dass alle sich mit grösstem Respekt beggenen? Welche Aspekte Sie auch auswählen, es ist Ihre Entscheidung.

MEINE WICHTIGSTEN WERTE – ÜBUNG
- Machen Sie eine Liste von 10 bis 15 Ihnen wichtigen Aspekten bei der Arbeit und Zusammenarbeit mit anderen – etwa Respekt, Vertrauen, Loyalität, Kreativität, Disziplin ... Folgende Fragen helfen Ihnen dabei:
    - Worüber freue ich mich am meisten bei der Arbeit, was löst positive Gefühle aus?
    - Worüber ärgere ich mich am stärksten? Weshalb?
    - Für welche Qualitäten und Verhaltensweisen würde ich kämpfen, welche nie tolerieren? Weshalb?
- Reduzieren Sie die Liste auf fünf Werte und notieren Sie die wichtigsten Begründungen für Ihre Wahl. Weshalb sind diese Werte noch wichtiger als die anderen?
- Reduzieren Sie wenn möglich nochmals auf drei Topwerte.
- Überlegen Sie sich, in welchen Situationen diese drei Werte zum Tragen kommen, wie Sie diese in kritischen Situationen anwenden würden (oder schon angewendet haben).

Die Wirkung als Führungspersönlichkeit entfalten Sie, wenn Sie die ausgewählten Werte konsequent vorleben, transparent vermitteln und von den anderen einfordern. Dann stärken Sie Ihr Profil und Ihre Glaubwürdigkeit. Es ist zu empfehlen, dass Sie zusätzlich zu den für Sie persönlich zentralen Werten zusammen mit dem Team die gemeinsamen Werte erarbeiten und definieren. Ihre persönlichen haben die Mitarbeiterinnen und Mitarbeiter zu akzeptieren, wenn sie für Sie arbeiten. Die gemeinsamen Werte sollten von allen geteilt und mitgetragen werden.

NOCHMALS ZU BOJAN S. Er erklärt seinem Team, dass er von nun an folgende Aspekte bei der Arbeit sehen will: Liebe zum Detail, Initiative bei neuen Überraschungen für die Kunden, gegenseitige Wertschätzung und Akzeptanz. Er diskutiert die drei Werte mit dem Team und erarbeitet mit ihm Beispiele zur Umsetzung, die alle verstehen. Die Qualität des Services und die Zusammenarbeit im Team können nochmals in die gewünschte Richtung gesteigert werden.

Auf in die Zukunft
Die Beantwortung der drei Leaderfragen öffnet den Raum, um Initiative zu ergreifen und etwas in Ihrem Umfeld aus eigener Motivation zu bewegen. Gewiss müssen Sie auf Ihr Gespür vertrauen und den besten Zeitpunkt für Ihre Aktivitäten wählen. Die Mitarbeitenden sollten intensiv beteiligt sein und sich nicht überfordert fühlen. Wichtig ist, dass Sie mit ihnen in einer für sie verständlichen Sprache kommunizieren. Es empfiehlt sich, mit Bildern und Symbolen zu arbeiten.

Qualitäten anerkannter Leader

Untersuchungen von Führungsexperten (Kouzes und Posner, siehe Literaturverzeichnis) identifizieren immer wieder vier Qualitäten, die Geführte bewegen, einer Führungskraft, einem Leader gern zu folgen.
- **Ehrlichkeit:** Wir Menschen wollen jemanden als Chef, der ehrlich ist, dem wir deshalb trauen und vertrauen können. Wir wollen keine versteckten Motive, Interessen und Agenden, keine geheimen Pläne oder Ähnliches. Ehrlichkeit ist das Fundament einer positiven Beziehung.

- **Kompetenz:** Damit ist nicht gemeint, dass die Führungskraft alle Details kennt und alles weiss (siehe auch Seite 80). Es bedeutet, dass die Mitarbeitenden der Chefin attestieren, dass sie mit ihren Kenntnissen, ihren Ideen für die ihr anvertraute Aufgabe am richtigen Ort ist. Dass sie fähig ist, etwas Positives zu bewegen und die Mitarbeitenden auf die Reise zum gemeinsamen Erfolg mitzunehmen.
- **Dynamik:** Geführte wollen sehen, dass ihr Chef aktiv vorwärtsgeht, etwas unternimmt und nicht passiv abwartet. Sie wollen jemanden, der davon ausgeht, dass er etwas beeinflussen kann im Interesse aller.
- **Zukunftsorientierung:** In Zeiten der Ungewissheit und der ständigen Veränderung ist es für Mitarbeitende besonders wichtig, jemandem folgen zu können, der in die Zukunft blickt und Perspektiven aufzeigt. Das gibt ein Gefühl der Sicherheit und der Beständigkeit trotz aller offenen Fragen.

Dieselben Autoren bezeichnen die ersten drei Qualitäten als das Fundament jeder Glaubwürdigkeit. So ergibt sich eine einfache Formel für Leadership: Glaubwürdigkeit + Vision = Leadership.

> **TIPP** *Wenn Sie in der Hektik des Arbeitsalltags gefangen sind und nach Orientierung suchen, dann erinnern Sie sich an diese zentralen Qualitäten, die auf Ihre Mitmenschen eine positive Wirkung haben – unabhängig von Position und Ihrer. Sie vermeiden damit viele unnötige Konflikte. Der gemeinsame grössere Rahmen setzt die kleinen Unstimmigkeiten in den richtigen Kontext.*

Haltungen, die beim Führen helfen

Sie können auch die besten Führungsinstrumente, die genialsten Werkzeuge nur dann erfolgreich anwenden, wenn Sie dies mit der richtigen Grundhaltung tun. Solche Haltungen sind tief verankerte Überzeugungen, die unser Handeln ständig beeinflussen. Was wir sagen und wie wir tatsächlich handeln, können zwei verschiedene Dinge sein. Meist bestimmt die Grundhaltung deutlich stärker, wie wir agieren, auch wenn wir uns etwas anderes vornehmen. Folgende Grundhaltungen ermöglichen Ihnen als Führungskraft eine positive Wirkung auf andere.

WAS WIR GLAUBEN, WIRD ZUR REALITÄT

Es gibt verschiedene, auch ältere Studien, die das Phänomen der sich selbst erfüllenden Prophezeiung bestätigen. Für eine Studie etwa, die vor vielen Jahren an einer Schule durchgeführt wurde, teilte man die Schüler eines Jahrgangs in zwei Gruppen ein. Den beiden Lehrpersonen gab man unterschiedliche Informationen zu den Schülern. Der einen wurde mitgeteilt, dass in ihrer Klasse die Besten sitzen würden und dass sie in bisherigen Tests überdurchschnittlich gut abgeschnitten hätten. Der anderen Lehrperson wurde genau das Gegenteil mitgeteilt: Ihre Schüler seien die schwächsten und hätten bisher unterdurchschnittlich abgeschnitten.

Tatsächlich gab es diese Unterschiede gar nicht. Die Lehrpersonen verhielten sich jedoch entsprechend den vermittelten Informationen unterschiedlich. Den «guten» Schülern wurde mehr Lob und Anerkennung erteilt, den anderen eher kritisch begegnet.

In der Folge wurde die Leistung der Schüler genau beobachtet, und es zeigten sich Unterschiede: Die Schüler, die als gut bezeichnet worden waren und deshalb vom Lehrer positive Rückmeldungen erhalten hatten, zeigten deutlich bessere Leistungen als die anderen – unabhängig vom individuellen Leistungsniveau.

Das heisst: Allein die Annahme (der Glaube) der Lehrpersonen, gute oder schlechte Schüler zu haben, und die damit verbundene Behandlung beeinflussten die Schüler in ihrer Leistungserbringung.

Wertschätzung

Wertschätzung beginnt mit Ihrer Selbstwertschätzung. Wie ernst nehmen Sie sich selber? Mögen Sie sich grundsätzlich so, wie Sie sind? Nur wenn Sie sich selber akzeptieren mit all Ihren Stärken und Schwächen, mit allen Besonderheiten und Begrenzungen, können Sie anderen gegenüber Wertschätzung zeigen. Diese Wertschätzung drückt sich für Ihre Mitarbeitenden – und auch für alle anderen Menschen in Ihrem Umfeld – meist darin aus, dass sie sich von Ihnen ernst genommen und beachtet fühlen.

Zeigen Sie Ihren Mitarbeitenden, dass sie wertvoll sind. Das geht nur, wenn Sie Ihre Mitarbeitenden so akzeptieren, wie sie als Menschen «gestrickt» sind, mit ihren Stärken und Schwächen. Das heisst nicht, dass keine Änderungen des Verhaltens möglich oder nötig sein können.

Vertrauen

Auch diese Haltung beginnt bei Ihnen selbst. Haben Sie Vertrauen in sich selber? Selbstvertrauen zeigt sich unter anderem darin, dass Sie sich – beruflich oder privat – etwas konkret vornehmen können und es dann auch umsetzen. Wenn Sie Ihre eigenen Vorhaben (etwa wöchentlich Sport zu treiben) nicht realisieren und Ihre eigenen Versprechen nicht einhalten, deutet das auf fehlendes Selbstvertrauen hin. Wer in dieser Hinsicht Schwierigkeiten hat, glaubt wahrscheinlich zu wenig an sich selber.

Vertrauen heisst auch Zutrauen. Trauen Sie Ihren Mitarbeitenden etwas zu, zeigen Sie ihnen, dass Sie an sie und ihre Fähigkeiten glauben. Ihre Leute werden Sie dafür belohnen.

Stärken stärken

Wir sind es gewohnt – auch das beginnt in der Schule –, den Finger auf den schwachen Punkt zu legen. Wir stürzen uns auf unsere Schwächen, um uns dort zu verbessern. Es gibt Studien, die eindrücklich aufzeigen, wie viel wirkungsvoller es ist, auf Stärken zu setzen. Richten Sie Ihren Scheinwerfer – bei sich und anderen – auf das, was schon da ist, was zur Verfügung steht, und nicht in erster Linie auf das, was fehlt. Und bauen Sie dann die vorhandenen Stärken aus. Die Motivation und die Energie ist eine ganz andere, als wenn Sie sich auf Defizite konzentrieren.

Sich selber sein

Bei allen notwendigen Anpassungen an die Gegebenheiten und das Umfeld, bleiben Sie sich selber treu, bleiben Sie Sie selbst. Das klingt einfacher, als es in der Praxis ist. Machen Sie sich Ihre Überzeugungen und Ihre zentralen Werte bewusst und geben Sie diese nicht auf. Auch dann nicht, wenn es etwas ungemütlicher wird und Sie Gegenwind erhalten. Stehen Sie zu sich so, wie Sie als Mensch sind. Sie sollten zum Beispiel am Morgen nach einer wichtigen Entscheidung – gerade auch nach einer Personalentscheidung – vor dem Spiegel stehen und sich immer noch in die Augen schauen können, ohne schlechtes Gewissen. Im höheren Alter geben viele Menschen an, dass sie bereuen, sich in ihrem Leben nicht häufiger treu gewesen zu sein. Am Ende könnte das wichtiger sein, als durch Anpassung jede Schwierigkeit, jeden Konflikt vermieden zu haben.

Neugier

Seien Sie neugierig – bezogen auf sich selber und auf Ihr Umfeld, auf andere Menschen. Wer neugierig ist, ist offen und will von allem, was ihm geschieht, und von den Mitmenschen lernen. Das gilt gerade auch dann, wenn Dinge schieflaufen oder Fehler passieren. Dann ist Neugierde ein guter Antrieb, um zu entdecken, was Sie aus der Situation lernen können.

Bescheidenheit

Oft scheint Bescheidenheit dem schon genannten Selbstvertrauen zu widersprechen. Nicht wirklich: Sie können ein hohes Selbstvertrauen haben und dennoch mit Bescheidenheit auftreten. Sie wissen und akzeptieren, dass Sie auf andere, auf Ihre Teammitglieder angewiesen sind. Bescheidenheit ist zudem das beste Mittel, um Arroganz, die Übertreibung von hohem Selbstbewusstsein, zu vermeiden. Die Formel könnte lauten: Selbstbewusst im Denken und Handeln, bescheiden im Auftreten.

Wahrhaftigkeit

Gehen Sie als Führungskraft der «Wahrheit» auf den Grund. Fordern Sie dies auch von Mitarbeitenden. Eines der grössten Probleme von Führungskräften ist, dass ihre Mitarbeitenden ihnen nicht (mehr) die Wahrheit sagen – vor allem dann, wenn diese als unangenehm betrachtet wird. Dann ist es schnell passiert, dass Sie nicht mehr mitkriegen, was in Ihrem «Laden» wirklich läuft, und dass Ihnen Einzelne etwas vormachen, um zu gefallen.

> **TIPP** *Den Anfang machen wie immer Sie selber. Sprechen Sie auch unangenehme Wahrheiten konstruktiv an. Das stärkt Ihre Wirkung durch Persönlichkeit.*

Motivation

Ihre Selbstmotivation ist die beste Voraussetzung für die Motivation anderer. Anstatt ständig zu glauben, Sie müssten Ihre Mitarbeitenden mit Tricks und Aktionen motivieren, fokussieren Sie besser darauf, Ihre eigene Begeisterung und Motivation zu erneuern. Dazu gehört auch eine grundsätzlich positive Haltung zum Leben. Das steckt die anderen an und zeigt, dass es selbst in schwierigen Momenten immer etwas Positives zu entdecken gibt.

> **TIPP** *Motivation kommt ja von «bewegen» (lateinisch: movere). Fragen Sie sich, was Sie bewegt, wofür Sie bereit sind, Zeit und Aufmerksamkeit einzusetzen.*

DIE 10 SCHLIMMSTEN FEHLER ALS CHEF
- Sich vor Entscheidungen drücken
- Unverbindlich sein
- Nicht zuhören
- Mikromanagen (sich ständig einmischen)
- Sich für etwas Besseres halten
- Sich unfair und ungerecht verhalten
- Nicht zu seinem Wort stehen
- Nur Zahlen, Daten, Fakten vertrauen
- Null Fehler fordern und selbst keine Fehler zugeben
- Mitarbeitenden nicht bei ihrer Weiterentwicklung helfen

Perspektiven

In unserem Arbeitsalltag erschaffen wir die Realität weitestgehend durch die Art, wie wir die Welt um uns sehen. Es gibt nur wenige Dinge, die wir als wirklich objektiv betrachten können. Auch Sie sind jeden Tag mit unterschiedlichen Sichtweisen und Perspektiven konfrontiert; Ihre eigene gehört mit dazu. Es ist nützlich, mit dem Bewusstsein unterwegs zu sein, dass alle anderen die Welt anders als Sie sehen oder wahrnehmen. Akzeptieren Sie andere Sichtweisen, ohne diese zu werten. Dann können Sie Ihre Zeit und Aufmerksamkeit investieren, um Ihre Sicht den anderen verständlich zu machen.

Lieben Sie Ihren neuen Führungsjob?

Zum Abschluss noch dies: Ganz zu Beginn des Ratgebers, auf Seite 21, wurde als Voraussetzung wirkungsvoller Führung folgendes Motto genannt: MMMM = Man muss Menschen mögen. Als Führungskraft können Sie wahrscheinlich kaum über längere Zeit erfolgreich und zufrieden sein, wenn Sie diesem Merksatz nicht zustimmen. Der Merksatz hat aber eine wichtige Ergänzung: MMGF = Man muss gern führen.

Sie agieren anders, wenn Sie wirklich führen wollen. Dies gilt auch für spätere, höhere Führungsverantwortungen. Wenn die Führungsrolle nicht Ihrem inneren Antrieb entspricht, wird es für Sie und alle Betroffenen mühsam. Die gute Nachricht ist, dass die meisten Menschen diese Freude am Führen entdecken und pflegen können.

REFLEXION
Mit folgenden Fragen kommen Sie Ihrer Haltung bezüglich Führung auf die Spur:
- Welche der beschriebenen Haltungen sind für mich selbstverständlich? Wie kommt dies in meinem Alltag zum Ausdruck?
- Welche dieser Aspekte kann ich verstärken, um meine Wirkung gegenüber anderen zu erhöhen?
- Wie kann ich, wenn sich mir im Arbeitsalltag Hindernisse entgegenstellen, die mir wichtigen Haltungen beibehalten?
- Welche weiteren Haltungen haben sich in meiner eigenen Arbeit als Führungsperson als hilfreich erwiesen?

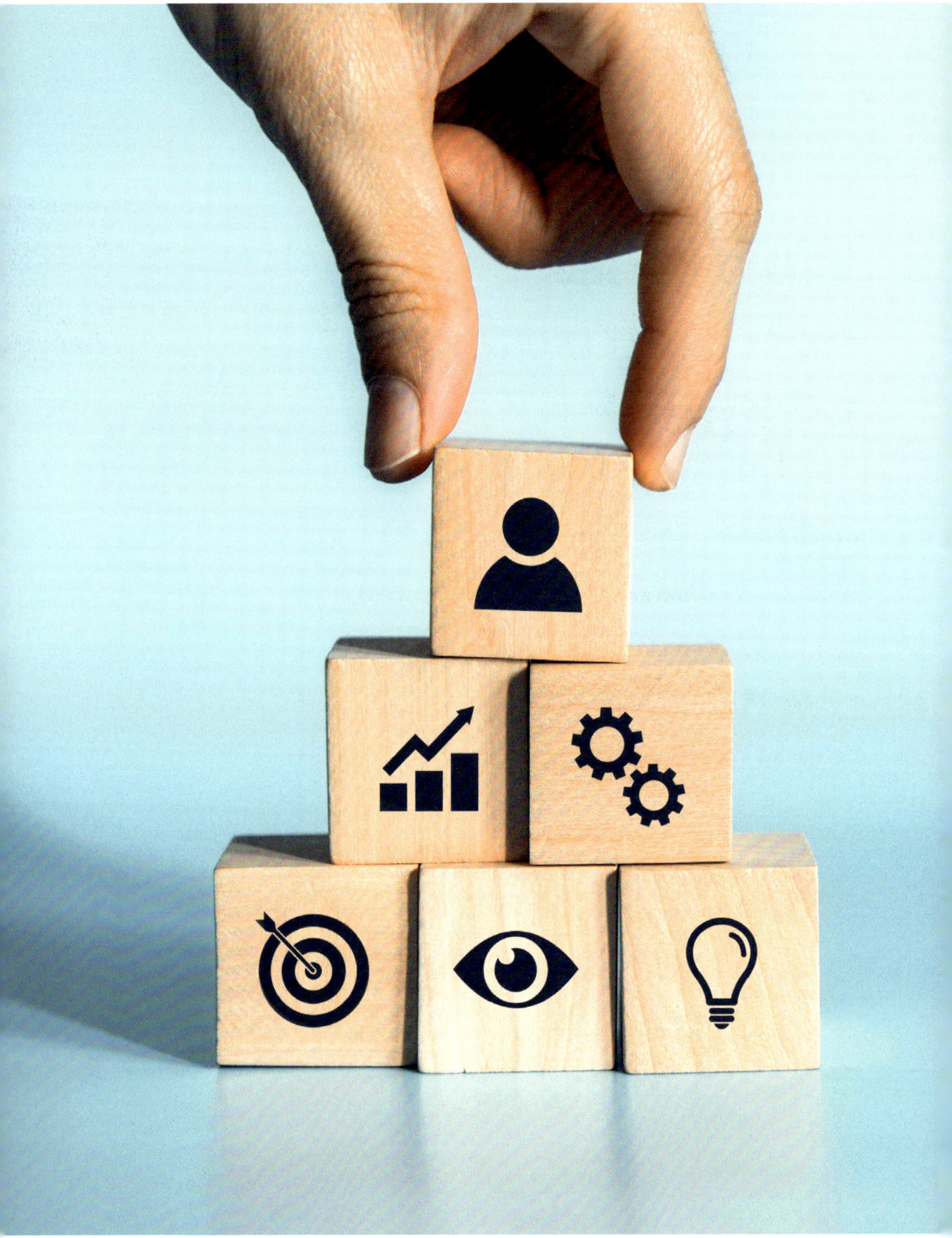

Was muss eine gute Führungskraft können?

4

Führen wollen ist das eine, führen können das andere. Wenn Sie gern führen, heisst das noch nicht, dass Sie die dazu nötigen Fähigkeiten schon ausreichend besitzen. In diesem Kapitel erfahren Sie, welche Fähigkeiten zum Erfolg führen und welche Aufgaben zur Führungsrolle gehören.

Grundlegende Führungsfähigkeiten

Zwei der häufigsten Aussagen von Mitarbeitenden lauten: «Meine Chefin kann nicht kommunizieren.» Und: «Mein Chef entscheidet nicht.» Arbeiten Sie daran, dass Ihre Untergebenen dies von Ihnen nie sagen.

Im Folgenden werden zuerst zwei grundlegende Eigenschaften beleuchtet, die für gute und wirkungsvolle Führung unerlässlich sind: Kommunikationsfähigkeit und Entscheidungsfähigkeit.

Führungskommunikation

«Alles ist Kommunikation», und: «Man kann nicht nicht kommunizieren», sagte der Kommunikationswissenschaftler Paul Watzlawick (siehe Literaturverzeichnis). Tatsache ist, das wir Menschen auch dann Botschaften an die Aussenwelt senden, wenn wir es nicht bewusst tun – mit unseren Gesten, unserer Mimik sowie der Stimm- und Tonlage. Diese nonverbalen Teile der Kommunikation werden deutlich stärker wahrgenommen als der sprachliche Teil und der Inhalt: Diese machen nur rund sieben bis neun Prozent des Wahrgenommenen aus.

Wenn Sie also wirkungsvoll kommunizieren wollen, müssen Sie ein hohes Bewusstsein entwickeln dafür, welche Botschaften Sie an Ihre Mitarbeitenden, Ihre Vorgesetzten, Ihre gleichgestellten Kollegen und Kolleginnen senden und vor allem WIE Sie das tun. Inhalt und nonverbale Kommunikation müssen übereinstimmen, müssen als kongruent wahrgenommen werden. Besteht eine Diskrepanz, reagieren die Empfänger stärker darauf als auf den Inhalt.

BUCHTIPP
Klare, wertschätzende Kommunikation nach innen und aussen: Wie Sie in Mitarbeitergesprächen oder in Verkaufsverhandlungen den richtigen Ton treffen und auch in einer Krise souverän kommunizieren, lesen Sie in diesem Beobachter-Ratgeber: **Wirksame Kommunikation für KMU.**
www.beobachter.ch/buchshop

> **KOMMUNIKATION IN DER FÜHRUNG – ÜBUNG**
> - Überlegen Sie sich, was Sie an einem normalen Arbeitstag von morgens bis abends tun, listen Sie alle Tätigkeiten und Aktivitäten auf.
> - Gehen Sie die aufgelisteten Aktivitäten durch und setzen Sie überall ein K hin, wo irgendeine Art von Kommunikation Ihrerseits beteiligt ist.
> - Schauen Sie auf das Ergebnis und schätzen Sie, wie viele Prozent Ihres Führungsalltags mit Kommunikation verbunden sind.
>
> Bei dieser Übung liegen die Schätzungen von Führungskräften meist bei etwa 85 bis 90 Prozent, kaum je tiefer als bei 80 Prozent.

Die weitaus stärkste Art von Botschaft stellen jedoch konkrete Taten dar, das wird oft vergessen. Ihre Taten zeigen, was Sie wirklich meinen. Zum Beispiel wenn Sie einem Mitarbeiter in einem schwierigen Moment tatkräftig helfen – damit signalisieren Sie, wie wichtig Ihnen gegenseitige Unterstützung ist.

Meetings, Telefongespräche, Mails, Gespräche mit einzelnen Mitarbeitenden … der Anteil Ihrer Tätigkeiten, die mit mündlicher oder schriftlicher Kommunikation zu tun haben, ist hoch (siehe Kasten). Es ist also entscheidend, dass Sie gut kommunizieren können. Beachten Sie die folgenden Grundprinzipien wirkungsvoller Kommunikation.

Kommunikation ist zweiseitig

Bei jeder Kommunikation gibt es zwei Seiten, diejenige des Senders und diejenige des Empfängers. Selbst wenn Sie scheinbar einseitig Informationen vermitteln, reagieren die Zuhörenden, die Empfänger darauf. Sie entscheiden zum Beispiel, ob sie das Gesagte verstehen, wie sie es interpretieren.

Als Führungskraft müssen Sie Informationen so vermitteln können, dass sie gut verstanden werden. Dazu braucht es als Erstes die Aufmerksamkeit der Zuhörenden, Ihres Teams. Den Inhalt einer strategischen Botschaft oder eines Entscheids etwa müssen Sie adressatengerecht vermitteln, also so, dass Ihr Team etwas damit anfangen kann. Sie müssen das Publikum schon bei der Vorbereitung miteinbeziehen. Wo stehen sie, was denken sie, und was ist ihre Welt, in der man sie abholen muss?

Sie selber wollen authentisch auftreten, wichtige Themen mit Argumenten und mit Herz vertreten. Über die Wirkung Ihrer Kommunikation bestimmen jedoch nicht Sie, sondern die Zuhörerinnen und Zuhörer.

RENATO T. WAR IN EINER FÜHRUNGSSITZUNG und hat dort von der Chefin erfahren, dass in seinem Bereich verschiedene Ineffizienzen festgestellt wurden und deshalb organisatorische Veränderungen nötig werden. Herr T. bereitet sich auf das Meeting mit seinem Team vor und überlegt sich inhaltlich genau, was er sagen will und kann. Zudem denkt er nochmals sein eigenes Verständnis der Veränderung durch, um sich klar zu werden, weshalb er das Vorhaben mit Überzeugung unterstützen kann. Er überlegt sich, welches die ersten Reaktionen seiner Leute sein könnten, und bereitet sich auch auf kritische Fragen vor. Dann geht er zum Meeting und vermittelt die wichtigsten Informationen mit Ruhe und Klarheit.

TIPPS *Nehmen Sie eine persönliche Einschätzung Ihrer allgemeinen Kommunikationsfähigkeit vor und überlegen Sie, welche Aspekte Sie für die neue Aufgabe stärken sollten.*

Bereiten Sie sich in der Anfangszeit besonders bewusst auf Gespräche mit einzelnen Mitarbeitenden wie auch mit dem Team vor.

Halten Sie sich Folgendes vor Augen: Gesagt heisst nicht gehört, gehört heisst nicht verstanden, verstanden heisst nicht akzeptiert, akzeptiert heisst nicht überzeugt, überzeugt heisst nicht umgesetzt.

Sorgfältig zuhören
Das Sprechen steht bei der Kommunikation oft im Vordergrund. Die Qualität des Zuhörens ist für Sie als Chef oder Chefin jedoch mindestens so wichtig. Stellen Sie sich vor: Eine Mitarbeiterin spricht mit Ihnen, erzählt von einer Situation, die ihr Sorgen bereitet, weil ihrer Ansicht nach gewisse Risiken im Arbeitsprozess zu wenig beachtet werden. Sie hören nur halbherzig zu und sagen etwas wie: «Ja, das müssen wir mal anschauen...» Einige Zeit später bewahrheitet sich die Befürchtung der Mitarbeiterin, ein Unfall passiert und die Öffentlichkeit erfährt davon. Zudem hat die Mitarbeiterin inzwischen gekündigt, weil sie sich nicht ernst genommen fühl-

te. All das hat mit mangelndem Zuhören angefangen. Es braucht nicht immer ähnlich dramatisch zu enden – die Fähigkeit, gut zuzuhören, erspart Ihnen auch im Kleinen viele Missverständnisse und erhöht die Effizienz. Führungskräfte, die gut zuhören, führen erfolgreicher. Das kann man durchaus behaupten.

> **TIPP** *Hören Sie morgen einmal einem Ihrer Mitarbeitenden ein paar Minuten lang einfach nur zu, um ihn ganz zu verstehen, ohne dabei Ihre Meinung einzubringen. Beobachten Sie, wie leicht oder schwer Ihnen das fällt.*

Es gibt unterschiedliche Arten des Zuhörens – und nicht alle sind gleich effektiv:

- **Mitdenkendes Zuhören:** Das kennen Sie bestimmt. Jemand spricht und in Ihrem Kopf hagelt es tausend Gedanken. Eigene Erfahrungen kommen Ihnen in den Sinn – «das hatte ich auch einmal...» –, Sie vergleichen mit anderen Situationen. Oder Sie haben sofort eine Idee, was Sie mit dieser Information tun können oder sollten: «Stimmt, morgen sollte ich...» Wenn Sie all diese Gedankengeräusche nicht ausblenden können, hören Sie nicht mehr, was Ihr Gegenüber sagt.
- **Bewertendes Zuhören:** Ebenso kann es sein, dass Ihr Verstand automatisch das Gehörte beurteilt. Eine Stimme in Ihnen sagt: «Das ist falsch», oder: «Mein Gegenüber ist auf dem Holzweg und muss das ganz anders ansehen (so wie ich).» Je nachdem, welche eigenen Erfahrungen angestossen werden, kommen auch Emotionen ins Spiel. Ein längst vergangen geglaubter Ärger kann wieder hochkommen, ein Gefühl der Ablehnung oder sogar eine Angst. Auch in diesem Fall haben Sie kaum eine Chance, wirklich zu hören und damit auch zu verstehen, was Ihnen mitgeteilt wird.
- **Offenes und aktives Zuhören:** Am wirkungsvollsten ist es, wenn es Ihnen gelingt, frei von Gedanken und Emotionen offen zuzuhören. Ob Sie dies schaffen, können Sie jederzeit prüfen, indem Sie möglichst wortgetreu wiederholen, was Ihnen gesagt wurde. Damit prüfen Sie Ihr Verständnis und geben Ihrem Gesprächspartner zudem das Gefühl, dass Sie sich für ihn interessieren. Unterschätzen Sie diesen Effekt nicht. Auch erhalten Sie durch dieses aktive Zuhören Informationen, zu denen Sie sonst nicht gekommen wären.

- **Ganzheitliches Zuhören:** Die höchste Kunst des Zuhörens besteht darin, auch zwischen den Worten zu hören und die nonverbalen Signale Ihres Gegenübers wahrzunehmen. Ein Beispiel: Ihr Mitarbeiter antwortet auf Ihre Frage, wie es ihm gehe: «Alles bestens!» Sie aber stellen anhand seiner Körpersprache fest, dass etwas nicht stimmt. Ob Sie Ihre Beobachtung ansprechen wollen oder nicht, werden Sie auf der Basis der aktuellen Situation entscheiden.

> **TIPPS** *Wenn Sie zum ersten Mal eine Führungsrolle übernehmen, ist gutes Zuhören äusserst wertvoll. Viele Fragen sind offen, Unsicherheiten schleichen sich ein. Wer gut zuhören kann, erhält oft Hinweise auf die Antworten, die er sucht. Das offene Zuhören in der Anfangsphase ist ein starkes Signal der Wertschätzung, das Ihre Position im Team nur positiv beeinflussen kann.*
>
> *Machen Sie beim Zuhören Notizen; das hilft, im Modus «Verstehenwollen» zu sein.*
>
> *Fragen Sie im Gespräch regelmässig nach und wiederholen Sie in Ihren Worten, was Sie gehört haben.*

Feedback geben
Auch nach vielen Jahren Führungserfahrung tun sich Vorgesetzte noch schwer, ihren Mitarbeitenden regelmässig konkrete Rückmeldungen zur Arbeit oder zum Verhalten zu geben. Vor allem dann, wenn etwas Kritisches gesagt werden sollte. Weshalb ist das so? Die meisten befürchten, mit negativen Reaktionen konfrontiert zu werden oder an Beliebtheit zu verlieren. Aber: Von Mitarbeitenden hört man viel zu oft den Vorwurf, dass ihnen nie jemand offen und ehrlich Feedback gegeben hat. Genauso häufig wird beklagt, dass Lob und Anerkennung zu kurz kommen.

Besonders schwierig finden viele die Feedbacks zum Verhalten, weil sie sich kaum mit Konkretem wie Umsatzzahlen oder Anzahl getätigter Anrufe verknüpfen lassen. Positive oder kritische Feedbacks zum Verhalten sind mitgeteilte Beobachtungen und Wahrnehmungen, die dem Empfänger erlauben, über sich und seine Wirkung auf andere nachzudenken.

Wenn es nicht um objektive Daten und Fakten geht, bleiben Feedbacks immer subjektiv. Das müssen Sie akzeptieren. Geben Sie auch kritische

PEINLICHE MITARBEITERGESPRÄCHE FÜHREN

Es gibt viele Situationen, in denen Sie ein Mitarbeitergespräch führen müssen, bei dem Sie im Voraus wissen, dass es für Ihr Gegenüber peinlich wird:

- Ein Mitarbeiter redet ständig über seine privaten Probleme und stört damit andere.
- Ein Mitarbeiter riecht oft schlecht, was allen im Team unangenehm ist.
- Eine Mitarbeiterin meldet sich ständig krank, und die Kolleginnen müssen ihre Arbeit machen.
- Ein Teammitglied riecht am Morgen regelmässig nach Alkohol; Sie vermuten ein Suchtproblem.
- Eine Mitarbeiterin kommt immer wieder zu spät zur Arbeit und geht oft früher nach Hause.

Wie geben Sie in solchen Situationen Feedback?

1. Wählen Sie einen geeigneten Zeitpunkt (nicht mitten im Stress) und einen passenden Ort (unter vier Augen und ruhig).
2. Bereiten Sie das Gespräch gut vor, bemühen Sie sich um eine positive, wohlwollende Grundhaltung.
3. Eröffnen Sie das Gespräch mit Ihrer Wertschätzung und deklarieren Sie das Thema: «Ich möchte gern über ... reden.»
4. Formulieren Sie klar: «Ich habe beobachtet, dass ... Dieses Verhalten löst bei mir und anderen ... aus. Das hat zur Folge, dass ... Was ich mir von Ihnen wünsche, ist ...»
5. Geben Sie dem oder der Betroffenen die Möglichkeit zur Reaktion, zur eigenen Meinung. Hören Sie gut zu.
6. Zeigen Sie Verständnis, erklären Sie aber auch Ihre eigene Sichtweise und die Verantwortung, die Sie wahrnehmen müssen.
7. Wiederholen Sie Ihre Erwartung, lassen Sie sich bestätigen, dass die Botschaft angekommen ist, und treffen Sie eine Vereinbarung mit dem Mitarbeiter, der Mitarbeiterin.
8. Teilen Sie dem Mitarbeiter, der Mitarbeiterin das weitere Vorgehen mit. Zeigen Sie auf, welche Konsequenzen das Nichteinhalten der Vereinbarung hat.

Rückmeldungen stets mit der Absicht, Ihr Gegenüber weiterzubringen. Viele Menschen sind sich nicht bewusst, was sie auslösen.

EINE MITARBEITERIN STÖSST ZU IHREM TEAM. Sie kennen die Frau von früher und schätzen ihre zuvorkommende Art. Sie haben allerdings öfters von anderen gehört, dass sie als kompliziert wahrgenommen wird und als eine, die bei Kunden selten den richtigen

Ton findet. Leider hat ihr das bisher noch niemand gesagt; ihre Leistungsbeurteilungen waren stets gut.

Was tun Sie? In einem Gespräch geben Sie der Mitarbeiterin konstruktiv-kritisches Feedback. Sie sagen ihr, dass sie gemäss Aussagen von Kunden und Geschäftspartnern manchmal offenbar zu heftige Worte verwende. Die Mitarbeiterin ist überrascht und irritiert, muss sich zuerst von Ihren Worten erholen. Sie ist auch enttäuscht, dass frühere Vorgesetzte ihr nie etwas in dieser Richtung gesagt haben. Die Mitarbeiterin glaubt und vertraut Ihnen. Je länger das Gespräch dauert, desto mehr spüren Sie, wie dankbar die Frau ist, dass Sie ehrlich zu ihr waren. Sie möchte die angesprochenen Verhaltensweisen ändern und bittet um Ihre Unterstützung. Sie willigen gern ein.

Denken Sie auch daran: Sie haben im Interesse des Teams jederzeit das Recht, bei Bedarf anderes Verhalten zu fordern. Zum Beispiel, wenn sich ein Mitarbeiter oft über andere Kollegen beklagt.

Nach Feedback fragen
Untersuchungen zeigen: Genauso schwer, wie Feedback zu geben, ist es für Führungskräfte, nach Feedback zu fragen. Wieder sind Befürchtungen im Spiel: Was, wenn die Mitarbeitenden mir etwas Kritisches sagen? Was, wenn sie mir zu verstehen geben, dass ihnen etwas nicht passt oder nicht gefällt? Was, wenn ich überrascht werde und dumm dastehe?

Was ist Ihnen lieber? Zu glauben, alles sei bestens, und dann eines Tages von der Unzufriedenheit Einzelner oder des ganzen Teams überrascht zu werden? Oder die Sichtweise Ihrer Leute zu kennen und auf geeignete Weise darauf zu reagieren? Es ist Ihre Wahl. Die Empfehlung ist, dass Sie in gewisser Regelmässigkeit von einzelnen Mitarbeitenden wie auch vom ganzen Team Rückmeldungen einholen zur aktuellen Lage, zur Befindlichkeit und zu Ihrer Führung. Das zahlt sich aus.

TIPPS *Geben Sie allen Mitarbeitenden regelmässiges Feedback, sowohl positives (Lob und Anerkennung) wie auch kritisches. Je unmittelbarer, desto besser. Warten Sie nicht bis zum Jahresende.*

Fragen Sie bei günstigen Gelegenheiten – im Einzelgespräch oder in Teamsitzungen – nach Feedback von Ihren Mitarbeitenden.

Entscheidungsfähigkeit

Untersuchungen zeigen, dass Führungskräfte im Schnitt in rund 50 Prozent der Fälle gut und richtig entscheiden. Was, nicht mehr?, werden Sie fragen. Nein, nicht mehr – und diese Quote ist schon ziemlich gut. Denn oft müssen Entscheidungen ja auf der Basis von mangelhaften Informationen gefällt werden. Meist trifft man für die Entscheidungsfindung Annahmen, die sich nur teilweise überprüfen lassen und oft nicht die ganze Realität abbilden. Kommt dazu, dass die Subjektivität des Entscheiders miteinfliesst, gerade bei Personalentscheidungen. Das lässt sich nicht wirklich ändern.

> **TIPP** *Sie müssen also lernen zu entscheiden – mit dem Risiko, dass Sie falschliegen und allenfalls mit unerwarteten Folgen und Nebenwirkungen konfrontiert werden. Akzeptieren Sie das, sonst wird es schwierig, effektiv zu führen.*

Es braucht Mut, zu entscheiden, statt alles zum x-ten Mal durchzudenken und abzuwarten. Mitarbeitende geben als Grund für ihre Unzufriedenheit häufig an, dass der Chef, die Chefin entweder gar nicht entscheidet oder viel zu lange braucht. Das hindert das Team bei der Arbeit. Am Spruch «Lieber ein falscher Entscheid als gar keiner», ist durchaus was dran. Dann kann man sich wieder orientieren.

Wenig nützlich ist es allerdings, Schnellschüsse zu produzieren. Es gibt Führungskräfte, die sich rühmen, jederzeit rasch zu entscheiden – und die dabei eher Ihrer Ungeduld folgen, statt die beste Entscheidung zu suchen.

Der Weg zum guten Entscheid

Weittragende, vor allem personelle, Entscheide sollten Sie sorgfältig vorbereiten und gut überlegen. Da sollte der Anteil «guter» Entscheide auch deutlich höher als 50 Prozent betragen. Besonnenheit ist angesagt. Es lohnt sich, verschiedene Perspektiven einzuholen, im Vorfeld Diskussionen mit Vorgesetzten und Personalvertretern zu führen und sich ein umfassendes Bild der Situation zu machen.

Irgendwann müssen Sie dann nach bestem Wissen und Gewissen entscheiden. Es ist ratsam, nach allen Abwägungen auch dem Bauchgefühl seinen Raum und Stellenwert zu geben. Kommen seltsame Empfindungen auf – Körpersignale oder kritische innere Stimmen –, sollten Sie diese ernst nehmen. Oft weisen sie darauf hin, dass wichtige Aspekte oder unangenehme Folgen einer Entscheidung nicht beachtet wurden.

TIPPS *Die Gestaltung von Entscheidungsprozessen gehört zur Kunst der wirkungsvollen Führung. Die unten stehende Checkliste hilft Ihnen dabei.*

Wenn Sie einmal eine Entscheidung getroffen haben, sollten Sie alles daransetzen, diese umzusetzen, um das erstrebte Ergebnis zu erreichen. Es ist Ihre Aufgabe, bei allen Betroffenen für Akzeptanz des Entscheids zu sorgen.

ENTSCHEIDUNGEN FÄLLEN – CHECKLISTE
- Welche Entscheidung steht an, was genau muss entschieden werden?
- Wie ist der Entscheidungsprozess geplant, wer spielt dabei welche Rolle?
- Welches sind die Kriterien für eine gute Entscheidung? Wann wäre eine Entscheidung gut oder richtig?
- Wer ist von der Entscheidung betroffen?
- Bis wann muss entschieden sein?
- Welche Entscheidungsmöglichkeiten (Alternativen) gibt es?
- Welche Informationen zu den Alternativen liegen vor?
- Welche Ansichten gibt es zu diesen Alternativen?
- Welches sind Vor- und Nachteile jeder Alternative?

Die Teamaufgaben erfüllen

Den Kernauftrag erfüllen, die Ziele für Ihr Team erreichen und Vorgaben umsetzen: Dafür stehen Sie als Chef oder Chefin gerade. Führen heisst steuern, bis dies getan ist.

Auf den folgenden Seiten werden die mit den Inhalten und Zielen Ihrer Einheit, Ihres Teams verbundenen Aufgaben beschrieben. In dieser Kategorie sind folgende Tätigkeiten Ihre Sache:
- Ziele und Rahmenbedingungen setzen und vereinbaren (siehe unten)
- Informations- und Kommunikationsfluss sicherstellen (siehe Seite 140)
- Aufgaben koordinieren, Rollen verteilen (siehe Seite 143)
- Umsetzung sicherstellen (siehe Seite 146)
- Für Entscheidungen sorgen (siehe Seite 148)

Ziele und Rahmenbedingungen setzen

Sie kennen vielleicht Senecas Spruch: «Wer nicht weiss, wohin er segeln will, für den ist kein Wind der richtige.» Wo Menschen effektiv arbeiten sollen, brauchen sie Ziele. Ziele sind konkrete Zustände in der näheren Zukunft, die erreicht werden sollen. Sie müssen klar und präzise formuliert sein.

Gute Ziele sind SMART
SMART steht für: spezifisch, messbar, akzeptiert, realistisch und terminiert – ein Beispiel:

IHRE VORGESETZTE HAT IHNEN DAS ZIEL GESETZT, in Ihrem Team die Effizienz zu steigern. Sie haben mit ihr vereinbart, als Kriterium die Anzahl der bearbeiteten Kundenanfragen in der gleichen Zeitspanne zu steigern. Sie sprechen mit einem Ihrer Mitarbeiter und brechen dieses Ziel auf seine Aufgabe herunter: Sie vereinbaren, dass er pro Monat mindestens 20 Prozent mehr Kundenanfragen als im Vorjahr bearbeitet und dabei die bisherige Qualität beibehält.

- **S**pezifisch: Das Ziel im Beispiel ist spezifisch, denn es macht eine konkrete Angabe zur Steigerung (20 Prozent). Spezifisch heisst auch, dass der angestrebte Zustand für den Mitarbeiter klar und verständlich ist.
- **M**essbar: Das Ziel ist insofern messbar, als sich die Angabe von 20 Prozent anhand der Vorjahresmenge genau errechnen lässt. Am Jahresende können Sie zusammen mit dem Mitarbeiter prüfen, ob das Ziel erreicht ist. Die Kriterien dazu müssen klar sein.
- **A**kzeptiert: Sie können Ihrem Mitarbeiter das Ziel kraft Ihrer Position einfach setzen. Dann wird er entweder aus Pflichtgefühl oder weil er eine Belohnung erhofft, dem Ziel nacheifern. Viel effektiver ist es aber, wenn der Mitarbeiter das Ziel aus eigener Einsicht akzeptiert und deshalb motiviert ist, es zu erreichen. Stellen Sie eine Vereinbarung mit Berücksichtigung der Mitarbeiterperspektive auf.
- **R**ealistisch: Ein Ziel sollte ambitiös genug sein, dass es sich nicht einfach so, ohne Anstrengung, erreichen lässt. Aber es muss als realistisch wahrgenommen werden. Der Mitarbeiter muss eine echte Chance haben, das Ziel mit seinen Mitteln zu erreichen. Sonst entstehen Frustrationen. Der Mitarbeiter soll sich herausgefordert fühlen und gleichzeitig das Gefühl einer realen Chance haben.
- **T**erminiert: Im Beispiel ist klar, dass die erwartete Effizienzsteigerung bis Ende Jahr eingetreten sein muss. Es gibt auch Ziele, die einen Termin unter dem Jahr beinhalten. Dann soll das von Anfang an klar sein. Vermeiden Sie Missverständnisse.

Soll eine Mitarbeiterin im Bereich des Verhaltens etwas erreichen, ist die konkrete und genaue Zielsetzung anspruchsvoller. Wählen Sie zusammen mit der Betroffenen eine Formulierung, die vorstellbar macht, wie das erwartete Verhalten aussehen soll. Beim Ziel «verstärkte Zusammenarbeit mit Teamkollegen» zum Beispiel könnten Sie folgende Formulierung erarbeiten: «Frau S. geht proaktiv(er) auf ihre Kollegen zu und teilt ihre Erfahrungen regelmässig so mit, dass die anderen davon profitieren.» Das ist so spezifisch wie möglich für ein Verhaltensziel.

Ziele fassbar machen

Sind die Ziele, die Sie von oben erhalten, bereits SMART, müssen Sie diese klar und verständlich kommunizieren. Das heisst, Sie müssen die Teamziele auf die einzelnen Teammitglieder herunterbrechen.

Beteiligen Sie die Betroffenen so gut wie möglich an diesem Prozess; dann fühlen sie sich für die Umsetzung der Ziele verantwortlich. Natürlich werden Sie die Entwicklungsstufe der Einzelnen berücksichtigen: Bei einem jungen oder neuen Mitarbeiter müssen Sie Vorschläge machen, diese mit ihm besprechen und seine Anregungen entgegennehmen. Eine erfahrene Mitarbeiterin mit hoher Kompetenz können Sie zuerst selber Vorschläge machen lassen. Dann besprechen Sie diese und bringen Ihrerseits Ergänzungen ein (situative Führung, siehe auch Seite 104).

TIPPS *Sind die von oben gesetzten Teamziele schwammig und nicht wirklich klar, sollten Sie mit dem Vorgesetzten so viel wie möglich klären. Sie dürfen ruhig etwas hartnäckig sein.*

Je klarer die Ziele für die Mitarbeitenden sind, desto einfacher ist es für Sie als Chef, als Vorgesetzte die Zielerreichung zu beurteilen. Transparenz ist hier für alle Beteiligten ratsam.

Ziele vereinbaren

Für beide Seiten ist es befriedigender und effektiver, wenn Sie das Ziel so vereinbaren können, dass der Mitarbeiter es innerlich ganz akzeptiert und zu seinem Ziel macht.

Im Beispiel auf Seite 135 ginge es also darum, dem Mitarbeiter nicht nur zu vermitteln, dass er effizienter werden muss, sondern ihm zu zeigen,

---

ZIEL ODER MASSNAHME?

Oft werden in Zielvereinbarungen Massnahmen anstatt Ziele vereinbart. Massnahmen sind aber nicht Ziele, sondern konkrete Handlungen oder Aktionen zur Zielerreichung.

Wenn das Ziel SMART ist, sollte der Mitarbeiter einen Spielraum haben, wie er es erreicht. Es gibt meist verschiedene Wege. Am besten überlassen Sie den Weg dem Mitarbeiter. Auch dabei müssen Sie den Entwicklungsgrad der Teammitglieder berücksichtigen. Je erfahrener, desto offener lassen Sie den Weg; je mehr «junior», desto präziser geben Sie ihn vor.

Beim oben erwähnten Verhaltensziel der vermehrten Zusammenarbeit brauchen Sie zum Beispiel nicht zu definieren, bei welchen Gelegenheiten die Mitarbeiterin ihre Erfahrung mit anderen teilt. Diese kann sich selber überlegen und wählen, bei welchen formellen Sitzungen, bei welchen informellen Begegnungen und wie genau sie dies tun will. ■

dass Sie daran glauben, dass er mehr kann. Überlegen Sie, wie Sie ihn über offene Fragen anregen können, im Ziel auch einen Nutzen für sich zu sehen und sich die positiven Folgen vorzustellen, wenn er es erreicht. Die Kunst ist es, das Ziel in der Wahrnehmung Ihrer Mitarbeitenden von «ich muss» zu «ich will» zu bringen. Gelingt Ihnen das, haben Sie einen wirklich guten Job gemacht.

Moving Targets – Ziele können sich ändern

In der heutigen Realität in Unternehmen ist alles im Fluss, vieles verändert sich unerwartet und in kurzen Abständen. Es kann gut sein, dass die Ziele unter dem Jahr angepasst werden. Das ist unangenehm, weil man sich auf sie eingeschossen hat und Stabilität möchte.

Wenn es gute Gründe gibt, die Ziele anzupassen – zum Beispiel, weil ein Teammitglied das Team verlassen hat oder weil die Vorgesetzten höhere Ambitionen setzen –, dann sollte Sie das transparent tun. Sprechen Sie mit dem ganzen Team explizit über die Anpassungen und halten Sie die neuen Ziele schriftlich fest. Niemand mag es, wenn sich während der Partie die Spielregeln ändern, ohne dass dies am Ende des Spiels berücksichtigt wird.

Rahmenbedingungen

Ziele gehören zu den Rahmenbedingungen der Arbeitserledigung. Neben den Zielen gibt es aber auch noch andere Aspekte der Rahmenbedingungen, die zu klären sind. Dazu gehören Ressourcen und Regeln.

Nehmen wir wieder das Beispiel vom Mitarbeiter und dessen Ziel der Effizienzsteigerung (siehe Seite 135). Soll er die Verbesserung mit denselben technischen Hilfsmitteln erreichen oder stehen ihm neue Tools zur Verfügung? Wenn ja, könnte dies seine Motivation deutlich steigern. Wenn nicht, empfindet er das Ziel allenfalls gar als unrealistisch. Darf der Mitarbeiter beispielsweise auf die Unterstützung einer Auszubildenden zugreifen? Welche Spielregeln muss er einhalten? Darf er die Kollegen höflich abweisen, wenn diese ihn bei der Arbeit stören? Auch solche Punkte können einen grossen Unterschied machen.

TIPP *Investieren Sie in die Klärung der Rahmenbedingungen. Je klarer diese sind, desto eher arbeiten Ihre Leute motiviert und erfolgreich ihren Zielen entgegen.*

ANDREA SCHENKER-WICKI
Rektorin der Universität Basel

Welches war Ihre erste Führungsrolle?
Meine erste Führungsrolle übernahm ich im Quartier, in dem ich aufwuchs. Wir waren immer eine Reihe grösserer und kleinerer Kinder, die zusammen spielten. Damals gab ich sehr oft die Spiele vor und amtete als Schiedsrichterin oder Coach für die Kleinen.

Welches war Ihr grösster Fehler als Führungsperson?
Mein grösster Fehler, der mir sehr viel Bauchweh und schlaflose Nächte bereitet hat, war eine Personalentscheidung. Ich war zum damaligen Zeitpunkt noch relativ jung und habe einen Mitarbeiter ziemlich unbekümmert und spontan eingestellt, ohne Referenzen einzuholen. Mit der Zeit hat sich dann gezeigt, dass ich mich bezüglich seiner sozialen Kompetenzen und seiner Teamfähigkeit gewaltig geirrt hatte.

Was haben Sie daraus gelernt?
Personalentscheidungen sind die wichtigsten Entscheidungen in einem Unternehmen oder in einer Organisation. Aus diesem Grund müssen dafür genügend Zeit und Sorgfalt aufgewendet werden. Denn es gibt kaum eine Entscheidung, die – wenn sie falsch getroffen wurde – so negative Konsequenzen auf ein Betriebsklima haben und die Produktivität ganzer Teams zunichtemachen kann.

Informations- und Kommunikationsfluss sicherstellen

Von der grundlegenden Fähigkeit zu kommunizieren war bereits die Rede (siehe Seite 126). Hier erfahren Sie, welche Aufgaben im Bereich Kommunikation und Information ganz spezifisch zu Ihrer Führungsrolle gehören. Eines vorweg: Im Informationszeitalter haben Ihre Mitarbeitenden fast dieselben Informationen wie Sie. Sie können ihnen deshalb ohne Bedenken die meisten Informationen, die Sie erhalten, zugänglich machen.

Welche Informationen wie vermitteln?
Heute gehört es immer mehr zu Ihren Aufgaben, die Teammitglieder vor der einprasselnden Informationsflut zu schützen. Mitarbeitende erhalten oft von allen Seiten Informationen. Zwar ist jede einzelne gut gemeint, doch die Gesamtmenge ist enorm. Sie müssen also als Filter agieren und so Ihren Leuten helfen, die Informationen einzuordnen, zu priorisieren und daraus konkrete Massnahmen abzuleiten.

Wichtige Informationen, die Ihre Mitarbeitenden nicht haben oder nicht haben können, müssen Sie ihnen vermitteln – vor allem «nicht offizielle» Informationen, also in Sitzungen mitgeteilte und nicht schriftlich festgehaltene Interna. Dass Sie vertrauliche Informationen nicht weitergeben, versteht sich von selbst.

NIAM T. AUS EINER ANDEREN ABTEILUNG wird das Unternehmen per sofort verlassen. Rasch wissen es alle im Betrieb. Es werden Annahmen geäussert, Gerüchte verbreiten sich und bald sind mehrere Versionen der Geschichte im Umlauf. Es ist Ihre Aufgabe, in Ihrem Team Klarheit und ein gemeinsames Verständnis zu schaffen. Sie vergewissern sich, dass die richtige Version bei allen angekommen ist. Sie stellen sich den Fragen, um zusätzliche Präzisierungen anzubringen und allfällige Ängste zu beruhigen.

Viele Führungskräfte scheuen sich, offen und transparent zu sprechen, weil sie befürchten, etwas Falsches oder zu viel zu sagen. Überwinden Sie diese Bedenken. Sie sind die Ansprechperson für Ihr Team. Sie können auch jederzeit erklären, dass Sie etwas nicht wissen oder nicht sagen dürfen. Das verstehen die Mitarbeitenden. Entscheidend ist, dass alle Ihre

Leute diejenigen Informationen erhalten, die sie brauchen, um ihre Arbeit weiterhin erfolgreich zu gestalten.

Informationen fliessen in beide Richtungen
Alle relevanten Informationen, auch die von Ihren Vorgesetzten, geben Sie verständlich an Ihr Team weiter. Vermitteln Sie dazu auch Ihre eigenen Interpretationen und Einschätzungen; sonst fungieren Sie nur als «Durchlauferhitzer». Das ist die eine Seite Ihrer Aufgabe.

Anderseits fordern Sie das ganze Team auf, Ihnen alle relevanten Informationen zu geben. Sie wollen die Teaminteressen vertreten. Dazu müssen Sie wissen, was im Arbeitsalltag läuft – gerade, wenn Sie nicht immer anwesend sind. Sie brauchen nicht alle Details, aber die Informationen aus den konkreten Erfahrungen Ihrer Leute, die sie zu einem Gesamtbild verarbeiten können. Dieses Bild ermöglicht Ihnen, wenn nötig korrigierend einzugreifen, die Situation regelmässig einzuschätzen und zu entscheiden, wo und wann was diskutiert und bearbeitet werden muss.

Kommunikation online
Digitale Kommunikationskanäle sind ein Segen für die virtuelle Führung (siehe Seite 149). Aber aufgepasst! Sie müssen gezielt, bewusst und sinnvoll eingesetzt werden.
- Ein Teammeeting per Video ist dann sinnvoll, wenn alle sich mit Kamera einschalten können und dies auch tun. Sonst entstehen seltsame Ungleichheiten (begründete Ausnahmen zulassen).
- Chats eignen sich für kurze Austauschsequenzen, in denen jede und jeder sich einbringen kann und Kommentare «gesehen» werden. Auch für informelle oder auflockernde Momente zwischen formellen Sitzungen sind Chats geeignet.
- Sollen verschiedene Mitarbeitende über unterschiedliche Zeitzonen an einem Dokument arbeiten, sind Shared Drives wie Google Docs oder Dropbox (oder entsprechende interne Plattformen) nützlich. Allerdings muss allen klar sein, wie mit Anpassungen umgegangen wird und wie diese gespeichert werden.

Kommunikation per E-Mail
Bevor Sie eine E-Mail senden, fragen Sie sich, welchen Nutzen sie hat. Was ist Ihre Absicht damit? Lässt sich das Ziel allenfalls besser in einem kurzen

GESPRÄCHE MIT DEM TEAM: ACHTEN SIE AUF DIESE PUNKTE

Sitzungen (physisch, per Video oder Telefon)
Sitzungen ohne Ziel und Agenda sind keine guten Sitzungen! Überlegen Sie sich, welche Art der Kommunikation im Vordergrund steht.
- **Information:** Sie sprechen, die Mitarbeitenden stellen Fragen.
- **Diskussion:** Sie moderieren, gemeinsam erarbeitet das ganze Team Ideen, findet Lösungen.
- **Entscheidungsfindung:** Sie führen, die Mitarbeiterinnen und Mitarbeiter bringen ihre Meinungen ein, dann wird entschieden. Bei fehlendem Konsens entscheiden Sie.
- **Präsentation von Vorschlägen:** Die Mitarbeitenden sprechen, Sie hören zu, stellen Fragen, geben Einschätzungen ab. Sie bestimmen das weitere Vorgehen.

Längere Teamsitzungen oder Klausuren bieten sich an, wenn Sie grössere Themen zu bearbeiten haben, wenn Sie über Strategie und Vision sprechen wollen. Ebenso, wenn es grundsätzlich um die Zusammenarbeit im Team geht.

Einzelgespräche
Ziele von Einzelgesprächen sind: in Kontakt sein und bleiben, Wertschätzung und Anerkennung ausdrücken, auf individuelle Bedürfnisse eingehen, die Zielerreichung überprüfen, Commitment (innere Verpflichtung) erhöhen, Beziehungen stärken.
   Tragen Sie Einzelgespräche regelmässig in Ihre Agenda ein, sodass Sie diese auch wahrnehmen können. Nicht jedes Thema lässt sich zwischen Tür und Angel ansprechen. Nehmen Sie sich genügend Zeit, seien Sie aufmerksam. Ist dies einmal nicht möglich, sagen Sie ein Gespräch besser ab.

Gespräch erreichen? Lange nicht jede E-Mail schafft einen Mehrwert, manche kommt bei Ihren Leuten lediglich als Störfaktor an.

E-Mails stören oft auch Ihre Aufmerksamkeit. Entwickeln Sie ein persönliches Bearbeitungssystem, um die Flut mit Disziplin zu bewältigen. Richten Sie E-Mail-freie Zeiten ein, in denen Sie sich von eingehenden Mails nicht ablenken lassen.

> **TIPPS** *Lasen Sie alles, was mit Emotionen – Ihren eigenen oder denen von anderen – zu tun hat, aussen vor! Schreiben Sie keine Mails aus Emotionen heraus. Reagieren Sie auf emotionale Mails von anderen nicht mit einer eigenen Mail.*

Es ist ratsam, auf E-Mails nicht unmittelbar zu reagieren, ausser es handelt sich um einen Notfall. Sonst signalisieren Sie grenzenlose Erreichbarkeit.

Aufgaben koordinieren, Rollen verteilen

Die formellen Rollen im Team müssen definiert und bestätigt werden. Wenn Sie ein intaktes Team übernehmen, bestehen diese zwar schon, Sie aber sind neu dabei. Also müssen Sie bestätigen, dass Sie die bei der Vorgängerin angesiedelten Aufgaben ebenfalls übernehmen. Oder Sie müssen definieren, was Sie als Ihre Rolle verstehen, und Aufgaben neu zuteilen. Manchmal bietet die Übernahme einer Führungsrolle die Chance, im Rollengefüge des Teams etwas zu ändern, auch wenn dies einigen Mitgliedern zunächst nicht passt.

IN EINEM SPEDITIONSTEAM sind die Rollen klar verteilt. Jemand ist für die Entgegennahme der Aufträge zuständig, ein anderer Mitarbeiter für die Vorbereitung der Ware, der dritte für die Auslieferung. Und der vierte kontrolliert die ausgelieferte Ware anhand der Aufträge. Der neue Teamleiter beschliesst eine Änderung: Jedes Mitglied soll mindestens eine zweite Rolle übernehmen und die Stellvertretung für ein anderes sicherstellen können. So entstehen bei Ausfällen keine grösseren Probleme und Zeitverzögerungen mehr.

Die Rollen sollten allen klar sein und sich nur überschneiden, wenn das aus irgendeinem Grund gewollt und sinnvoll ist. Sonst entstehen Reibungsverluste und Konflikte, die nichts mit den Beziehungen zwischen den Beteiligten zu tun haben, sondern lediglich mit der Rollenstruktur.

TIPP *Besprechen Sie Rollen und Aufgaben mit dem Team offen und direkt. So schaffen Sie Transparenz und können mögliche Herausforderungen direkt ansprechen.*

Aufträge erteilen

Beim Delegieren von Aufgaben oder Aufträgen ist zentral, dass die Erwartungen an das Ergebnis sowie die Rahmenbedingungen klar sind. Ein

> **AKV: AUFGABE, KOMPETENZ, VERANTWORTUNG**
> Folgende drei Aspekte müssen bei einer Aufgabe definiert sein. Zudem sollten sie miteinander übereinstimmen, sonst entstehen Probleme und Missverständnisse.
> - **Aufgabe:** Die Aufgabe muss klar sein, was Inhalt, Ziel und Umfang betrifft.
> - **Kompetenz:** Die Rahmenbedingungen müssen geklärt sein: Welche Mittel und Ressourcen (Geld, Zeit, andere Mitarbeitende) stehen zur Verfügung? Welche Entscheidungsbefugnisse hat der Beauftragte?
> - **Verantwortung:** Wichtig ist Klarheit darüber, für welches Ergebnis die Mitarbeitenden verantwortlich sind. Wo beginnt und endet ihre Verantwortung? Berücksichtigt werden sollten dabei Bedingungen, die sich nicht beeinflussen lassen, wie Budgets, Zeitvorgaben oder beschränkte Ressourcen.

Beispiel: Sie müssen ein Konzept entwickeln und geben diese Aufgabe an ein erfahrenes Teammitglied weiter. Nichts Ärgerlicheres, als wenn die Mitarbeiterin mit einem sorgfältigen 20-seitigen Konzept zu Ihnen kommt und Sie erst dann merken, dass ihr nicht klar war, dass sie 10 Seiten nicht überschreiten sollte. Sie hat Zeit und Herzblut investiert und erhält nun vor allem Kritik zur Form. Kein Wunder, ist sie frustriert.

Lassen Sie bei der Auftragserteilung das Gegenüber stets den Auftrag in seinen eigenen Worten wiederholen. Dann wissen Sie sogleich, ob alles richtig verstanden wurde. Achtung: Wenn Aufträge per E-Mail vergeben werden, steigt das Risiko von Missverständnissen.

> **TIPP** *Erinnern Sie sich an die Aufträge, die Sie in Ihrer Zeit als Mitarbeiter oder Mitarbeiterin erhalten haben. Welche waren besonders klar? Woran lag das? Was hat Ihre Vorgesetzte dazu beigetragen, was Sie selber? Dieselben Überlegungen stellen Sie an für Aufträge, die für Sie unklar waren. Daraus können Sie wichtige Schlüsse ziehen.*

Keine Angst vor Delegation

Die Reife der Mitarbeitenden spielt eine Rolle, das wurde schon mehrmals erwähnt. Bei guten, erfahrenen Teammitgliedern ist die Delegation einer Aufgabe die richtige Entscheidung. Diese bevorzugen einen grösseren Spielraum und möchten vor allem wissen, welches Ergebnis von ihnen erwartet wird. Klären Sie bei der Auftragserteilung die Kompetenzen, auch Entscheidungskompetenzen, und die Verantwortung. Dann können Sie loslassen, vertrauen und sich auf das Ergebnis freuen.

Machen Sie nicht den Fehler vieler Führungskräfte: bei der Entgegennahme des Ergebnisses dann doch die eigene Idee durchsetzen zu wollen. Wenn Sie eine Aufgabe delegieren, müssen Sie zulassen, dass das Ergebnis in Form und Inhalt von Ihren Vorstellungen abweicht. Wollen Sie das nicht, müssen Sie ehrlich sein und von Anfang an genauere Vorgaben machen.

Viele Führungskräfte tun sich schwer mit Delegieren. Diese Angst ist oft unbegründet. Lassen Sie sich positiv überraschen.

Qualität sichern

Der einzelne Mitarbeiter ist bei seinen Aufgaben für die Einhaltung von Qualitätsstandards verantwortlich. Die Qualität im ganzen Team hingegen ist Ihre Sache. Sie sollten im Unterschied zu den Teammitgliedern das Gesamtbild und den Überblick haben, um Schwankungen oder Probleme bei der Qualität zu identifizieren. Wenn Ihnen zum Beispiel auffällt, dass immer wieder dieselben Fehler passieren, müssen Sie diese ansprechen, um den Ursachen auf den Grund zu gehen.

Ursachen von Qualitätsverlusten können technischer oder systemischer Natur sein oder auch im Verhalten der Beteiligten liegen. Je nachdem sehen die Massnahmen zur Verbesserung unterschiedlich aus, ebenso ist es mit dem Aufwand. Zwei Beispiele:

- Sie entdecken technische Mängel bei der Computersoftware und wollen diese beheben. Wahrscheinlich müssen Sie zuerst Bewilligungen einholen, die IT-Abteilung und Ihre Vorgesetzten nehmen Einfluss auf die Entscheidung – das Ganze kann kompliziert werden.
- Sie stellen fest, dass mangelnde Disziplin zu Qualitätsschwankungen führt. Dann braucht es das Teamgespräch und Sie müssen herausfinden, was hinter dem ungenügenden Verhalten steckt. Vielleicht braucht es zusätzlich Zeit, um eine Verhaltensänderung herbeizuführen. Sie müssen Lösungen finden, die diesen Zeitaufwand in einem vernünftigen Mass halten.

Umsetzung sicherstellen

In Ihrer Führungsrolle müssen Sie für die Umsetzung der Teamziele geradestehen. Das heisst aber nicht, dass Sie sich immer und überall einmischen sollen. Es ist nicht leicht, sich zurückzunehmen und damit das Risiko zu fahren, dass andere es nicht so und nicht so gut wie man selbst tun. Damit müssen Sie als Teamleader leben lernen. Sonst haben Sie bald keine Zeit mehr für andere wichtige Führungsaufgaben. Als Teamchef, als Abteilungsleiterin müssen Sie aber jederzeit wissen, wie die Umsetzung läuft und wo es hapert. Sonst können Sie Ihren Leuten nicht helfen. Die Mitarbeitenden ihrerseits müssen wissen, dass sie zu Ihnen kommen können (und sollen), wenn es Probleme gibt. Dann können Sie nachfragen und entscheiden, ob es sich um einen Einzelfall handelt oder ob im Gesamtprozess etwas nicht stimmt. Unter Umständen brauchen Sie auch zusätzliche Unterstützung von Ihren Vorgesetzten. Dann ist es Ihre Aufgabe, diese einzuholen.

Es geht um die Balance. Wer zu viel kontrolliert, wird als Mikromanager wahrgenommen, als jemand, der den Leuten nicht vertraut. Wer zu wenig kontrolliert, läuft Gefahr, nicht zu erfahren, was (schief)läuft. Zudem verpasst man die Möglichkeit, die Teammitglieder regelmässig für ihren Einsatz zu loben und ihnen so Wertschätzung entgegenzubringen.

FERNAND S., GARAGENCHEF, hat von seinem Vorgesetzten wiederholt gehört, dass die Anwendung der neuen Prozessregeln bei der Prüfung von Occasionswagen mit der entsprechenden Vorlage (Detailablauf) endlich funktionieren sollte. Herr S. nimmt die Ansage zur Kenntnis und verspricht, sein Bestes zu geben. Er ruft sein Team zusammen, erklärt nochmals, weshalb diese Änderung notwendig ist, dass die Fehlerquote so reduziert und die Prüfung schneller absolviert werden kann, was allen zugutekommt. Er gibt Zeit, Fragen zu stellen. Auf die Einwände antwortet er ruhig und macht zum Schluss klar, dass er von jedem Teammitglied ab sofort die korrekte Umsetzung erwartet. Die meisten scheinen den Auftrag ernst zu nehmen.

In den nächsten zwei Wochen spricht Fernand S. mit jedem Mitarbeiter und fragt nach der Umsetzung. Wo Schwierigkeiten oder Widerstände auftreten, diskutiert er sie aus und zeigt erneut, welchen Nutzen die neue Regelung bringt. Einem Mitarbeiter muss er deutlich

GESUNDHEITSFÖRDERNDE ARBEITSGESTALTUNG – FLEXIBLE ARBEITSMODELLE

Flexible Arbeitsmodelle bringen den Mitarbeitenden mehr Freiräume und erhöhen die Vereinbarkeit von Beruf, Familie und Freizeit. Sie erfordern aber auch mehr Eigenverantwortung und eine bewusstere Gestaltung der Zusammenarbeit im Team. Die Mitarbeitenden müssen flexibler sein und bereit, ihre Arbeitsleistung an die sich ändernden Markt- und Kundenanforderungen anzupassen. Die höheren Erwartungen an Flexibilität und Arbeitstempo sowie das Arbeiten unter Zeitdruck führen zu Stress. Eine gezielte Stressbewältigung ist zentral für nachhaltige Leistungen.

Sie als Chef oder Vorgesetzte tragen eine Verantwortung für Ihre Mitarbeitenden und müssen für eine gesundheitsfördernde Arbeitsgestaltung sorgen (zur Fürsorgepflicht des Arbeitgebers siehe Seite 238). Und dies sind Ihre Instrumente:

- **Zielvereinbarung und regelmässige Arbeits(zeit)planung:** Helfen Sie zu klären, welche Ergebnisse innerhalb des vertraglichen Arbeitszeitbudgets erreicht werden können. Entsteht eine Diskrepanz zwischen Arbeitsumfang und Zeitbudget, müssen Sie rasch für Anpassungen sorgen.
- **Gute arbeitsorganisatorische Bedingungen:** Optimieren Sie die Arbeitsprozesse. Beseitigen Sie Ineffizienzen und Widersprüche. Schaffen Sie Handlungsspielräume, sodass Ihre Mitarbeiter selber Verbesserungen anbringen können.
- **Gesunder Arbeitsplatz:** Mit der Zunahme der digitalen Arbeit wird es immer wichtiger, dass alle in Ihrem Team «massvoll» mit Bildschirmarbeit umgehen. Das heisst, die Zeit am Bildschirm wo möglich zu begrenzen, viele kurze Pausen zu machen, grössere Bildschirme zu beschaffen oder filternde Brillen einzusetzen. Zudem sollten sich die Arbeitsplätze – auch im Homeoffice – in Räumen mit Tageslicht befinden. Ideal sind höhenverstellbare Tische, die auch Arbeit im Stehen erlauben. Wenn keine Stehtische möglich sind, sollten Stühle zum Einsatz kommen, die den Rücken gut stützen.
- **Feedbackkultur und Offenheit:** Fragen Sie die Mitarbeitenden regelmässig nach ihrem Befinden und nach möglichen Stressfaktoren. So stellen Sie sicher, dass die oft hohen Zielsetzungen realistisch bleiben. Leben Sie den sinnvollen Umgang mit Belastung und Gesundheit vor.
- **Gleichgewicht von Leistung und Anerkennung:** Zeigen Sie immer wieder Ihre Wertschätzung auf verschiedene Weise (ein Lob, Zeit für ein Gespräch, Vertrauen in die Fähigkeiten bei einer Aufgabe ...). Achten Sie auf die Verteilung interessanter, motivierender Arbeitsinhalte, die den Stärken der einzelnen Teammitglieder entsprechen. Nutzen Sie finanzielle Entschädigungen und andere Mittel der Anerkennung, um die Balance zwischen Geben und Nehmen aus Sicht der Mitarbeitenden zu gewährleisten.

sagen, dass es Auswirkungen auf seine Leistungsbewertung hat, wenn er bei der Anwendung des neuen Prozesses nicht mitmacht. Herr S. tut dies, ohne dem Mitarbeiter Vorwürfe zu machen. In den folgenden Teammeetings anerkennt er die Fortschritte immer wieder und nennt positive Beispiele. Langsam, aber sicher spielt sich das neue Vorgehen ein. Auch der widerspenstige Mitarbeiter beginnt sich daran zu halten.

Die Umsetzung wird dadurch verstärkt, dass Sie helfen, auftretende Hindernisse aus dem Weg zu räumen. Zum Beispiel, indem Sie für wiederholt auftretende Probleme mit Ihren Teamleiterkollegen gleicher Stufe eine Lösung suchen. Oder indem Sie Anfragen von aussen und von anderen Abteilungen selber koordinieren. Oder auch, indem Sie zusätzliche Mittel und Ressourcen beantragen.

Ressourcen managen
Heute müssen Führungskräfte mit immer weniger Ressourcen mehr leisten, man muss ein ausgezeichneter Ressourcenmanager sein. Als primäre Ressourcen haben Sie zur Verfügung: Zeit, Geld und Personal. Sie müssen in der Lage sein, diese drei Ressourcen optimal für die Zielerreichung und die Erfüllung Ihrer Aufgaben einzusetzen. Klare Prioritäten sind dazu eine wichtige Voraussetzung. Zudem müssen Sie entscheiden, wer in Ihrem Team mit wie viel Zeit an welchen Aufgaben arbeitet und welche Mittel dafür zum Einsatz kommen dürfen.

Für Entscheidungen sorgen

Nicht alle Entscheidungen müssen von Ihnen allein gefällt werden. Wenn Sie Ihr Team als Ressource betrachten und den Teammitgliedern etwas zutrauen, können Sie die Mitarbeitenden gezielt nutzen, um gemeinsam zu Entscheidungen zu kommen.

Klären Sie, wie gross der Spielraum für die gemeinsame Entscheidungsfindung ist. Bestehen von oben klare Vorgaben oder haben Sie selber genaue Vorstellungen, müssen Sie diese transparent kommunizieren. Gibt es verschiedene Wege zum Ziel, können Sie das Team miteinbeziehen. Oft kommen so bessere und intelligentere Lösungen zustande, als wenn Sie im Stillen alles allein erarbeiten.

Wenn Sie Ihr Team in Entscheidungsprozesse involvieren, stärken Sie das gegenseitige Vertrauen. Ihre Rolle ist es, den Entscheidungsprozess zu führen und zu moderieren. Sie dirigieren die Phasen von der Analyse der Entscheidungsgrundlagen über das Finden von Entscheidungsmöglichkeiten bis hin zur Identifikation der besten Variante. Zum Schluss sollen Sie und Ihre Mitarbeitenden hinter dem Resultat stehen und den Prozess nachvollziehen können.

EINE ERFAHRENE MITARBEITERIN fällt krankheitshalber für mehrere Wochen aus. Sie rufen das Team zusammen. Anstatt die Aufgaben direkt zu verteilen, besprechen Sie die Sache gemeinsam. Zuerst klären Sie die Spielregeln für die Entscheidungsfindung, einschliesslich Ihres Vetorechts, von dem Sie aber nur im Notfall Gebrauch machen wollen. Dann lassen Sie die Mitarbeitenden Vorschläge machen und erarbeiten (als Moderator) mit ihnen die Kriterien, die eine Lösung erfüllen muss. Ihre wichtigsten Anforderungen lassen Sie dabei einfliessen. Anschliessend lassen Sie das Team die Lösungsvorschläge bewerten und geben auch Ihre Bewertung ab.

Ihre Mitarbeitenden bringen sehr gute Vorschläge, wenn auch nicht alle gleich realistisch erscheinen. Sie lassen das Bewertungsergebnis stehen und geben allen einen Tag Zeit, sich Gedanken zu machen und vielleicht eine noch bessere Lösung zu finden. Im nächsten Teammeeting gehen Sie alles nochmals kurz durch. Es kommen ein paar Verbesserungsideen. Schliesslich lassen Sie abstimmen, und es zeigt sich klar die für alle beste Lösung. Doch ein Mitarbeiter ist damit nicht zufrieden. Sie hören ihm zu und fragen, was er bräuchte, um sich zur Lösung zu verpflichten. Die Teammitglieder helfen, sein wichtigstes Anliegen zu berücksichtigen. Der Entscheid ist gefasst, vom Team und nicht von Ihnen. Die Umsetzung läuft reibungslos.

Das Team auch virtuell führen

Die weltweite Pandemie hat bei vielen Unternehmen zu einem Umdenken geführt, was das Arbeiten von zu Hause aus betrifft. Was plötzlich von der Möglichkeit zur absoluten Notwendigkeit wurde, hat neue Arbeitsformen gefördert oder sogar erzwungen. Führen auf Distanz wurde in vielen Firmen zum neuen Normal. Zwar sind seither viele Angestellte wieder ins Büro zurückgekehrt, aber kaum jemand will die neuen Formen ganz aufgeben.

Das Resultat: kombinierte, sogenannt hybride Formen der Zusammenarbeit. Ein Teil Ihres Teams arbeitet aus dem Homeoffice, der andere ist vor Ort – und das in immer wechselnder Zusammensetzung (mehr zu den arbeitsrechtlichen Konsequenzen lesen Sie auf Seite 229).

Grundsätzlich gelten alle in diesem Ratgeber gemachten Empfehlungen und Prinzipien guter Führung auch für das Führen auf Distanz. Klar ist aber, dass es ein paar besondere Herausforderungen gibt:

- Ohne Vertrauen ist Führen auf Distanz nicht denkbar. Autonomie der Mitarbeitenden ist zudem nur möglich, wenn die Rahmenbedingungen geklärt sind. Für eine Kundenberaterin muss zum Beispiel gemeinsam definiert und vereinbart werden, zu welchen Tageszeiten sie erreichbar sein muss.
- Neue Unterschiede und Bedürfnisse müssen erkannt und berücksichtigt werden: Welche Bedingungen herrschen im Homeoffice und wie wirken sich private Situationen, zum Beispiel die Kinderbetreuung, auf die Arbeits- und Leistungserbringung aus?
- Die optimale Anwendung virtueller Kommunikationstechnologien gehört zum neuen Führungsrüstzeug.
- Die Mitarbeitenden mit ihren Befindlichkeiten wahrzunehmen und zu spüren, ist am Bildschirm besonders herausfordernd und verlangt zusätzliche Aufmerksamkeit.
- Das Navigieren zwischen den Interessen und Bedürfnissen der Mitarbeitenden und den Interessen des Unternehmens wird deutlich anspruchsvoller.

RENATA M. IST TEAMLEITERIN in einem Architekturbüro. Sie und ihr Team arbeiten meist in Projekten. Seit alle vorwiegend im Homeoffice sind, ist ihr aufgefallen, dass ein Mitarbeiter nur noch bei den gemeinsamen Teamsitzungen per Video dabei ist und dann kaum etwas sagt und dass er auch nicht aktiv auf Teamkollegen zugeht. Die Qualität seiner Arbeit leidet, da er sich wenig mit den anderen abspricht und seine Entwürfe auch nicht kurz von Kollegen begutachten lässt. Renata M. spricht den Mitarbeiter in einem Einzelgespräch per Video direkt auf ihren Eindruck an. Der Angesprochene reagiert sehr zurückhaltend. Dank gutem, interessiertem Nachfragen beginnt er sich jedoch langsam zu öffnen und sagt unter anderem, dass ihm das Alleinsein schon etwas zu schaffen mache, auch wenn er es grundsätzlich schätze, in Ruhe für sich arbeiten zu können. Renata M. und ihr Mitarbeiter diskutieren Möglichkeiten, den Kontakt und die Gelegenheiten dazu besser zu gestalten und geeignete Strukturen dafür zu schaffen. Beide sind froh, dass sie das Thema angesprochen haben.

Empfehlungen für das virtuelle Führen
Vereinbaren Sie zusammen mit dem Team, wie das virtuelle oder das gemischte (hybride) Zusammenarbeiten am besten funktionieren kann und soll. Versuchen Sie die wichtigsten Bedürfnisse aller zu berücksichtigen – einige Beispiele: Welche Zeit für gemeinsame Sitzungen ist für alle annehmbar (auch für den Frühaufsteher und den Abendworker)? Wie lassen sich die Sitzungen vorbereiten, damit sie effektiv sind? Lässt sich vereinbaren, dass jede und jeder per Chat anderen Teilnehmenden direktes Feedback gibt – nach den meist bekannten oder gemeinsam definierten Feedbackregeln? Beispielsweise dass ein Kollege nur noch teilweise im Bild ist oder dass eine Kollegin zu viele unnötige Wiederholungen äussert?

> **TIPP** *Wenn Mitarbeitende zum Teil im Homeoffice, zum Teil vor Ort arbeiten: Achten Sie beim Organisieren der Büropräsenz darauf, dass alle, die sich absprechen sollten, regelmässig gleichzeitig vor Ort sind.*

Können sich Ihre Leute nicht mehr jeden Tag im Büro sehen und austauschen, ist es besonders wichtig, dass sich alle abgeholt und weiterhin als Teil des Teams fühlen. Folgende Punkte helfen Ihnen dabei:
- Sprechen Sie mit den Mitarbeitenden im Homeoffice regelmässig auch darüber, wie es ihnen mit den aktuellen Verhältnissen geht, was für sie dabei wertvoll ist und was ihnen Mühe bereitet. Gehen Sie mit gutem Beispiel voran und haben Sie den Mut, vor allem auch von Ihren eigenen Empfindungen zu sprechen. So schaffen und erhöhen Sie das Vertrauen und ermöglichen Offenheit.
- Schaffen Sie interessante Formen der virtuellen Begegnung im ganzen Team. Etwa einen gemeinsamen virtuellen Spaziergang über eine Team-WhatsApp-Gruppe? Oder eine Galerie von Wochenendfotos aller Be-

teiligten, die am Montagmorgen gemeinsam angeschaut und kommentiert werden? Mit etwas Kreativität gibt es viele Möglichkeiten.
- Machen Sie nicht den Fehler, zu denken, wenn Sie von einer Mitarbeiterin nichts hören, es sei alles in Ordnung. Fragen Sie aktiv nach.
- Nutzen Sie Gelegenheiten, die gemeinsamen Ziele, Werte, den Sinn der gemeinsamen Aufgaben wiederholt zu erläutern, zum Thema zu machen, zu diskutieren und dazu Rückmeldungen von den Mitarbeitenden einzuholen. Diese verbindenden Aspekte erleichtern es Ihnen als Führungsperson, loszulassen und Ihren Leuten zu vertrauen.
- Binden Sie die Mitarbeitenden wo möglich in Entscheidungsprozesse ein. Geben Sie ihnen auch die Verantwortung, möglichst viel selber zu entscheiden – im Rahmen der Spielräume, die Sie vorher gemeinsam geklärt haben.
- Bleiben Sie im regelmässigen Kontakt mit allen und ermutigen Sie alle, auch untereinander gut im Gespräch zu bleiben.

TIPP *Vor allem wenn Ihre Leute (fast) ausschliesslich im Homeoffice arbeiten, empfiehlt es sich, ab und zu gemeinsame Anlässe zu organisieren – zum Beispiel einen Freitagabend-Teambummel, an dem teilnimmt, wer Zeit hat.*

REFLEXION
- Welche der genannten Führungsaufgaben habe ich bisher nicht auf dem Radar gehabt und weshalb? Wo sehe ich darin Potenzial, positiv zum Ergebnis des Teams beizutragen?
- Welche der Aufgaben fallen mir erfahrungsgemäss eher leicht, welche nicht? Von wem kann ich dazu etwas lernen, wo kann ich Unterstützung holen?
- Welche Aspekte der Aufgaben kann ich teilweise im Team delegieren, ohne die Verantwortung dafür abzugeben?

SERGIO STUDER
Co-Founder Carify

Welches war Ihre erste Führungsrolle?
Meine erste richtige Führungsrolle durfte ich mit 19 Jahren als Offizier der Schweizer Armee bei den Grenadieren in Isone wahrnehmen. Ich war der Jüngste der ganzen Kompanie, was das Führen nicht immer einfach machte. Ich lernte, dass die formale Autorität, die sich rein aus der Position ergibt, nicht viel wert ist. Führung erfordert nicht zwingend eine Position, sondern eine Haltung und Verantwortungsbewusstsein. Guten Führungspersönlichkeiten geht es nicht darum, der Chef zu sein, sondern gemeinsam etwas zu bewirken und zu verändern.

Welches war Ihr grösster Fehler als Führungsperson?
Zu glauben, dass man alles planen kann. Die Welt und die Menschen verändern sich immer schneller. Was heute noch wahr ist, kann morgen schon wieder falsch sein. Um erfolgreich zu sein, muss man seine Organisation und sein Team so aufstellen, dass man sich jederzeit den Gegebenheiten anpassen und sich gut positionieren kann.

Was haben Sie daraus gelernt?
Ich musste lernen, flexibler zu werden. Flexibler im Denken und flexibler im Handeln. Dazu musste ich auch die richtigen Menschen finden, die mich auf meinem Weg begleiten. Nicht alle fühlen sich wohl in einem dynamischen Umfeld mit vielen Veränderungen. Es wird jedoch in Zukunft immer wichtiger sein, diese Fähigkeit zu haben, um langfristig erfolgreich sein zu können.

Das Team und jeden Einzelnen stärken

Die weichen Faktoren werden rasch hart, wenn sie nicht gepflegt werden. Mitarbeiterentwicklung und ein gutes Klima schaffen den Boden für herausragende Teamleistungen.

Auf den folgenden Seiten erfahren Sie das Wichtigste zu den an den Mitarbeitenden orientierten Führungsaufgaben. Dazu gehören:
- Teamentwicklung, Leistung fördern (siehe unten)
- Teaminteressen vertreten (siehe Seite 158)
- Konflikte und schwierige Situationen meistern (siehe Seite 159)
- Mitarbeiterleistung fördern und anerkennen (siehe Seite 162)
- Mitarbeitende weiterbringen (siehe Seite 164)
- Sich von Mitarbeitenden trennen (siehe Seite 167)

Teamentwicklung – die Leistung fördern

Es gibt viele Möglichkeiten, gezielt ein Team zu entwickeln und im Team die Leistung zu steigern. Achten Sie darauf, Fortschritte zu erzielen, die Bestand haben. Dann bleibt das Team auf dem neu erreichten Niveau.

Teamentwicklung ist nie Selbstzweck, sondern dient dazu, das Team in seiner Effektivität und Zusammenarbeit weiterzubringen. Als neuer Chef, als Teamvorgesetzte müssen Sie die Phasen der Teamentwicklung verstehen und wissen, wie Sie diese positiv beeinflussen können (siehe Kasten).

Auf dem Weg zum Hochleistungsteam

Teamentwicklung ist ein gemeinsamer Lernprozess. Sie agieren dabei als Moderator. Je besser Sie diese Aufgabe erfüllen, desto eher gelingen die einzelnen Entwicklungsphasen, desto schneller erreichen Sie die Höchstleistungsphase. An welchem Punkt Sie ansetzen, hängt davon ab, wie eingespielt das Team bei Ihrer Rollenübernahme ist.

PHASEN DER TEAMENTWICKLUNG

Forming, Storming, Norming, Performing – diese Phasen der Teamentwicklung nach Bruce Truckmann (siehe Literaturverzeichnis) werden auch heute noch mit Erfolg verwendet.

Forming

In der Anfangsphase muss sich die Gruppe als Team finden. Jeder und jede sucht die eigene Rolle und Position. Auch bei einem Rollenwechsel kann diese Phase wieder auftreten. Das Gefüge ändert sich, eine gewisse Unsicherheit und eine formelle Höflichkeit stellen sich ein. Die Teammitglieder wollen es mit dem neuem Leiter nicht verderben.

→ *Achten Sie darauf, dass ein guter Meinungsaustausch stattfindet und jedes Teammitglied seinen Platz findet. Struktur und Richtung sind wichtig.*

Storming

In dieser zweiten Phase offenbaren sich erste Probleme, sowohl bei der Bewältigung der Aufgaben als auch bei der Zusammenarbeit. Es gibt Positionskämpfe, unterschiedliche Vorstellungen. Alle Mitarbeitenden versuchen, sich positiv zu positionieren. Einige prüfen, wo die Grenzen sind. Andere nehmen die Situation als Chance, ihre Position zu verbessern, ihren Einfluss zu erhöhen. Das ist normal und notwendig, um die neue Ordnung zu etablieren.

→ *Sprechen Sie Differenzen und Probleme transparent, offen und so direkt wie möglich an, um sie zu bearbeiten.*

Norming

In dieser Phase geht es darum, sich im Team auf Spielregeln zu verständigen. Die Rollen werden geklärt, die Gestaltung der Zusammenarbeit wird vereinbart. Unterschiedliche Standpunkte werden offen ausgesprochen. Man bemüht sich um gegenseitiges Verständnis, das zu besseren Lösungen führt. Im Vordergrund stehen das Teaminteresse und der Zusammenhalt.

→ *Sie müssen die unterschiedlichen Interessen, Bedürfnisse und Stärken einbeziehen und aufeinander abstimmen. Achten Sie auf die Einhaltung der Spielregeln, nehmen Sie die Rolle des Moderators ein.*

Performing

Das ist die intensive Arbeitsphase. Das Team agiert zunehmend selbständig und ausgerichtet auf gemeinsame Ziele. Das Vertrauen untereinander und zwischen Ihnen und dem Team steigt. Die Arbeitsprozesse laufen wie selbstverständlich, alle unterstützen einander. Es herrscht eine Atmosphäre der gegenseitigen Akzeptanz bei hoher Leistungsfähigkeit.

→ *Sie können sich zurücknehmen. Bleiben Sie aber nahe beim Team. Jetzt können Sie sich um die Entwicklung der einzelnen Teammitglieder kümmern und diese vorantreiben.*

Hochleistungsteams stehen in der «Performing-Phase». Sie zeichnen sich durch folgende Qualitäten aus:
- Klarheit und gemeinsames Verständnis der Ziele und Ambitionen (Vision) sowie gemeinsame Werte
- Hohe Selbstmotivation und Energie bei der Arbeit
- Rollenklarheit und gegenseitige Unterstützung
- Hohes gegenseitiges Vertrauen (man kann sich auf jede und jeden verlassen)
- Rasches Lernen aus Fehlern und Misserfolgen
- Anerkennen von Erfolgen, von unterschiedlichen Stärken, gegenseitige Wertschätzung
- Nutzung der unterschiedlichen Fähigkeiten

Was aber sind konkrete Instrumente, die Sie als Moderator oder Moderatorin einsetzen können? Hier eine Auswahl:

Gemeinsame Auszeiten
Sie nehmen sich mit dem Team Zeit, ausserhalb der Alltagshektik über Aufgaben, Strukturen, Rollen, auftretende Schwierigkeiten – später auch über Visionen, Ziele, Strategie und Werte – im Austausch zu sein. Ein solches Zusammenkommen muss übrigens nicht viel kosten. Kreativität ist gefragt. Wichtig ist, dass Sie eine gute Mischung finden und sowohl Inhalte besprechen (fachliche oder Teamthemen) als auch gemeinsam Zeit verbringen und positive Erlebnisse haben.

Involvieren Sie die Teammitglieder schon im Vorfeld (Vorbereitungsaufgaben oder -fragen, Beteiligung bei der Organisation). Am Anlass selbst stellen Sie sicher, dass alle in den Diskussionen zu Wort kommen, dass heikle Themen angesprochen werden und dass man sich mit gegenseitigem Respekt begegnet. Auch der Rahmen ist entscheidend. Sie können die Arbeit mit einem gemeinsamen Abendessen oder einer gemeinsamen Aktivität verbinden, die allen Spass macht.

> **TIPP** *Selber oder mit Moderator? Wenn Sie ein Team neu leiten, empfiehlt es sich, die erste Teamveranstaltung selber durchzuführen und damit zu zeigen, dass Sie die Verantwortung übernehmen. Sie können sich im Vorfeld von einer kompetenten Person (Coach) beraten lassen. Später, bei grösseren Herausforderungen,*

ist es dann durchaus nützlich, eine aussenstehende Moderatorin beizuziehen.

Feedback-Sessions
Nutzen Sie die Teammeetings nach einer solchen Auszeit, um die bearbeiteten Themen wieder anzusprechen und gemeinsam den Fortschritt zu beurteilen.

DIE MITGLIEDER IM TEAM VON SONJA K. haben in ihrer ersten Teamauszeit vereinbart, sich in Zukunft besser zuzuhören. Zu Beginn der folgenden Teamsitzung erwähnt Frau K. nochmals diese von allen akzeptierte Verhaltensregel. Sie fordert alle auf, während der Sitzung auf diesen Punkt zu achten und sofort zu reagieren, wenn er vergessen geht. Dies geschieht denn auch zweimal. Am Ende der Sitzung gibt es eine rund zehnminütige Feedbackrunde. Jeder kann sich dazu äussern, wie er oder sie die Qualität des Zuhörens empfunden hat. Frau K. fasst zusammen, bestätigt zwei gute Hinweise fürs nächste Mal und bedankt sich für das Feedback. Dieses Vorgehen wiederholt sie in den nächsten Sitzungen. Die Qualität des Zuhörens verbessert sich für alle spürbar. Die Missverständnisse werden seltener, die Klärungsfragen nach den Sitzungen nehmen ab. Frau K. spart Zeit für andere Dinge.

Mitarbeiterbefragung
Sie können Teamsitzungen nutzen, um Ihren Leuten Fragen zu stellen, die Sie interessieren – zum Beispiel zur Arbeitsbelastung, Zusammenarbeit, Befindlichkeit. Aus solchen Fragerunden können sich gute Diskussionen ergeben, die aufzeigen, wo Veränderungspotenzial steckt.

Positives Arbeitsklima schaffen
Sie brauchen nicht ständig den Motivator zu spielen, um die Moral im Team hochzuhalten. Aber es ist Ihre Aufgabe, für ein gutes Arbeitsklima zu sorgen und negative Entwicklungen frühzeitig wahrzunehmen. Studien belegen, dass ein positives Arbeitsklima die Leistungen fördert. Schaffen Sie ein Umfeld, in dem die Mitarbeitenden gern und selbstmotiviert arbeiten. Das fängt bei der Klarheit der Ziele an, geht über das (Vor-)Leben von menschlichen Werten, den gezielten Einsatz von Stärken bis hin zum Anstoss für ausserordentliche gemeinsame Erfahrungen und Erlebnisse.

> **SO SCHAFFEN SIE EIN GUTES ARBEITSKLIMA**
> - Gespräche pflegen, auch informell (etwa beim Mittagessen)
> - Gegenseitigen Respekt und gegenseitiges Verständnis (Toleranz) aufbauen
> - Eine Arbeitsumgebung schaffen, in der sich alle wohlfühlen
> - Offen, ehrlich und transparent informieren und dasselbe von den Mitarbeitenden einfordern
> - Lob und Anerkennung geben
> - Konflikte nicht unter den Teppich kehren, sondern ruhig und direkt ansprechen
> - Gemeinsam Zeit verbringen, auch Freizeit
> - Das Prinzip der Selbstverantwortung hochhalten
> - Die Mitarbeiterinnen und Mitarbeiter nach ihren Stärken einsetzen
> - Klare Ziele setzen
> - Konstruktiv mit Fehlern umgehen

Vielfältigkeit gewährleisten

Studien belegen immer wieder, dass Unterschiedlichkeit in Teams ein entscheidender Erfolgsfaktor ist. Wenn Sie ein Team übernehmen, sollten Sie sich rasch ein Bild davon machen, wie ähnlich oder unterschiedlich die Fähigkeiten und Stärken der Teammitglieder sind.

Es ist Ihre Aufgabe, die ganz spezifischen Fähigkeiten Ihrer Mitarbeiterinnen und Mitarbeiter so zum Einsatz zu bringen, dass Synergien entstehen. Einerseits brauchen Sie Kernkompetenzen für die Hauptaufgaben des Teams. Anderseits lassen sich individuelle Stärken der Teammitglieder im Arbeitsprozess gut nutzen. Sie können eine kreative Mitarbeiterin, die ständig gute Ideen einbringt, genauso brauchen wie den Mitarbeiter, der in der konkreten, detaillierten Umsetzung stark ist. Sie müssen dafür sorgen, dass solche Unterschiede nicht zu Kommunikationsproblemen und Konflikten führen, sondern im Gegenteil bereichernd wirken.

Die Teaminteressen vertreten

Ihr Team erwartet, dass Sie als Chefin, als Abteilungsleiter die Interessen Ihrer Leute gegenüber Ihren Vorgesetzten wie auch Ihren Kolleginnen und Kollegen gleicher Stufe vertreten. Das fordert heraus, weil die Interessen

der Mitarbeitenden von Ihren eigenen wie auch von denjenigen des Gesamtunternehmens abweichen können. Verhandlungsgeschick ist gefragt. Sie müssen die wichtigsten Interessen im Team kennen, vor allem zu folgenden Themen:
- Zusammenarbeit mit anderen Teams
- Arbeitsbelastung
- Anerkennung der Leistung im Vergleich zu anderen

Teaminteressen vertreten heisst die Leistung des Teams gegenüber anderen – gegenüber Vorgesetzten und anderen Abteilungen – sichtbar machen. Sie müssen in der Lage sein, in Beurteilungsprozessen für Ihr Team und die einzelnen Teammitglieder einzustehen. Bereiten Sie sich gut auf solche Diskussionen vor, um Ihre Leute zu vertreten und sich gleichzeitig im Sinn des Ganzen kooperativ zu zeigen.

Gegenüber Ihrem Team sollten Sie unterscheiden zwischen Ihren festen Absichten und den Voraussetzungen im Umfeld. Das Team soll spüren, dass Sie die Mitarbeiteranliegen ernst nehmen und vertreten. Es gibt aber keine Garantie, dass Sie die Anliegen tatsächlich durchsetzen können. Das müssen Ihre Mitarbeitenden verstehen.

Wenn Sie selber eine andere Position vertreten als Ihr Team, sollten Sie diese transparent machen und Ihren Leuten die Gründe erklären.

Konflikte und schwierige Situationen meistern

Von Konflikten spricht man, wenn Interessen, Zielsetzungen, Wertvorstellungen von Personen oder Gruppen miteinander unvereinbar sind oder als unvereinbar wahrgenommen werden. Das Thema Konfliktmanagement würde den Rahmen dieses Ratgebers sprengen, deshalb hier nur ein paar wichtige Eckpunkte dazu. Im Literaturverzeichnis im Anhang finden Sie einige hilfreiche Bücher dazu.

- **Vorbeugen:** Die beste Konfliktbewältigung ist immer noch die Vorbeugung. Diese gelingt, wenn Sie die in diesem Buch aufgeführten Themen bewusst und gezielt bearbeiten und Unstimmigkeiten im Team früh aufgreifen.
- **Unterschiedliche Meinungen:** Meinungsverschiedenheiten gehören dazu. Da Menschen unterschiedliche Persönlichkeiten und Erfahrungen

mitbringen, nehmen sie die Welt nicht gleich wahr. Wichtig ist, früh zu erkennen, wo Meinungsunterschiede zu Problemen und Konflikten führen können. Je früher Sie dann die Betroffenen zum Gespräch bringen, desto geringer ist das Risiko, dass eine solche Situation ausartet, bis sie sich nur noch mit Hilfe von aussen (Mediation) oder gar nicht mehr lösen lässt.

- **Negative Emotionen:** Bei Konflikten sind negative Emotionen wie Wut, Ärger, Ablehnung, Angst, Frustration im Spiel. Sie entstehen aus der Interpretation von Situationen (siehe auch Seite 96). Deshalb müssen zuerst diese Interpretationen auf den Tisch gelegt und gegenseitig verstanden werden. Ein Beispiel: Eine Mitarbeiterin ärgert sich immer, wenn der Kollege seinen Arbeitsplatz nicht aufräumt. Ordentlichkeit hat für sie nun mal einen hohen Stellenwert, sie verträgt Unordnung nur schlecht. Den Kollegen stören ein paar «Beigen» auf dem Pult nicht. Wenn die beiden Teammitglieder nicht über ihre unterschiedlichen Auffassungen sprechen, kommt es zur Auseinandersetzung.

Führungsrolle: vermitteln
Als Chefin oder Vorgesetzter in der oben beschriebenen Situation müssen Sie die Emotionen beider Seiten erst einmal zulassen. Dann versuchen Sie nachzuvollziehen, weshalb diese aufgetreten sind und welche Einschätzung die Betroffenen vorgenommen haben. Sie können eine neutrale Vermittlungsrolle einnehmen und bei der Klärung helfen. Unterscheiden Sie zwischen der Sache und der Beziehung der Beteiligten. Neutral können Sie allerdings nur sein, wenn Sie vom Thema nicht selber betroffen sind. Wenn Sie Partei ergreifen, können Sie nicht mehr vermitteln.

> **TIPP** *Klären Sie, welches die gemeinsame Basis der Konfliktparteien ist. Es gibt fast immer Aspekte, über die man sich einigen kann – und sei es nur die Feststellung, dass ein Konflikt vorliegt.*

Die Situation analysieren und einschätzen
Die Beurteilung und Einordnung eines Konflikts ist entscheidend; Konflikte können unterschiedlich weit fortgeschritten sein. Finden Sie heraus, ob die Parteien überhaupt noch vernünftig miteinander sprechen können. Eine Aussprache zur Klärung der Angelegenheit macht nur Sinn, wenn auf beiden Seiten Gesprächsbereitschaft vorliegt. Wenn nicht, müssen Sie zu-

erst einzeln mit den Konfliktparteien sprechen. Das gilt noch mehr, wenn mehrere Personen zu den Parteien gehören.

Finden Sie in jedem Fall heraus, welches die wirklichen Anliegen und Interessen hinter dem Konflikt sind. Geht es «nur» um unterschiedliche Vorgehensweisen bei einem Arbeitsprozess, geht es um Eifersucht, um mangelnden Respekt, um unterschiedliche Werte? Je nachdem braucht es mehr, um die Situation zu bereinigen.

Die Bereinigung eines Konflikts sollten Sie – wenn er nicht das ganze Team betrifft – mit den Betroffenen allein durchführen. Sie können jedoch im Team ansprechen, dass es Konflikte gibt und dass Sie daran sind, diese zu lösen.

TEAMLEITERIN W. FÄLLT AUF, dass zwei ihrer Mitarbeitenden, ein jüngerer, aufstrebender 22-Jähriger und seine erfahrene, 35-jährige Kollegin, vermehrt lautstarke Auseinandersetzungen führen. Alle kriegen es mit, niemand wagt, etwas zu sagen. Frau W. spricht die beiden getrennt voneinander an und erfährt, dass sie sehr unterschiedliche Vorstellungen von «Arbeitsmoral» haben. Der junge Mitarbeiter macht viel häufiger Pausen als seine Kollegin, was diese nervt. Zudem geht er am Abend regelmässig früh weg, während sie länger bleibt. Der junge Mann bestätigt dies und erklärt, dass er abends rechtzeitig im Training sein müsse. Zudem brauche er auch untertags immer wieder etwas Bewegung, um sich konzentrieren zu können.

Die Chefin versteht beide Seiten und lädt zum Dreiergespräch ein. Im Gespräch sagt Frau W., was sie von beiden erfahren hat und wie sie die Situation aus ihrer neutralen Sicht einschätzt. Beide können nochmals ihre Sichtweise darlegen, Frau W. notiert das Gesagte in Stichworten auf einem Flipchart. Sie fragt so lange nach, bis klar ist, welches die echten Anliegen sind. Dem Bewegungshunger des jüngeren Mitarbeiters steht die Angst der erfahrenen Kollegin gegenüber, am Ende auch noch seine Arbeit machen zu müssen. Sie hat ein hohes Pflichtgefühl und findet es nicht gerecht, dass sich der jüngere Kollege Privilegien verschafft. Es gelingt der Chefin, beiden verständlich zu machen, dass die andere Seite keine schlechten Absichten hat. Gemeinsam erarbeiten die drei Kompromisse. Die Situation entspannt sich, beide Teammitglieder arbeiten wieder motiviert. Der junge Mitarbeiter bemüht sich, dass die Kollegin seinetwegen keine zusätzliche Arbeit hat.

Schwierige Situationen kann es im Arbeitsalltag viele geben: Die Arbeitsverteilung wird als ungleich empfunden, Abwesenheiten führen zu Mehrbelastungen einzelner Teammitglieder, nach Beförderungen fühlt sich jemand (weil nicht befördert) ungerecht behandelt. Überlegen Sie stets, welchen Beitrag Sie zur Klärung oder Bereinigung einer Situation leisten können. Manchmal ist es gut, vorerst nichts zu tun, und die Situation löst sich von selbst. Ein andermal ist rasches Handeln angesagt, weil sonst etwas anbrennt. Und manchmal sollten Sie sich Zeit nehmen, um die Situation genau zu analysieren, und erst dann zur Handlung schreiten.

> **TIPP** *Trauen Sie sich zu, schwierige Situationen einzuschätzen und nach bestem Wissen und Gewissen zu handeln. Wenn Sie an Grenzen stossen, holen Sie Hilfe in der Personalabteilung.*

Die Leistung der Mitarbeitenden fördern und anerkennen

Ihre Aufgabe ist es, bei allen Mitarbeitenden stets nach Verbesserungspotenzial zu suchen, nach Möglichkeiten, die Leistung zu steigern. Das beginnt mit der Einschätzung der Leistungsfähigkeit.

Zwei Dimensionen beeinflussen die Leistungserbringung: das Können (Fähigkeiten und Fertigkeiten) und das Wollen (Motivation). Es gibt vier Grundsituationen (siehe Grafik auf der nächsten Seite), hier eine kurze Beschreibung ihrer Reinform:

- **Nicht motiviert und nicht fähig**: Sie haben ein grösseres Problem. Sie müssen rasch mit der betreffenden Mitarbeiterin sprechen, Ihre Erwartungen für eine sofortige Änderung kommunizieren, einen Begleitprozess einrichten und dann Schritt für Schritt vorgehen. Die Mitarbeiterin muss wissen, woran sie ist und was die Konsequenzen sind, wenn sich nicht rasch eine Verbesserung einstellt. Wenn sich trotz Coaching und Begleitmassnahmen nichts ändert, müssen Sie die Trennung von dieser Mitarbeiterin oder ihre Versetzung einleiten (zu den rechtlichen Aspekten siehe Seite 249).
- **Nicht motiviert, aber fähig**: Da sind Sie als Coach gefragt. In Gesprächen müssen Sie herausfinden, wo die Gründe für die fehlende Motivation liegen. Hören Sie gut zu, auch um das Vertrauen der be-

treffenden Person zu gewinnen. Mit Fragen können Sie dem Mitarbeiter helfen, selber auf Lösungsansätze zu kommen, und so die Verantwortung bei ihr belassen.
- **Motiviert, aber nicht fähig**: Hier geht es vor allem darum, die fehlenden Fähigkeiten zu identifizieren und dann Ausbildungs- oder Entwicklungsmassnahmen einzuleiten. Die Motivation ist ja vorhanden. Vielleicht braucht es auch Ihre direkte Unterstützung, oder Arbeitskollegen können ihre Erfahrungen weitervermitteln.
- **Motiviert und fähig**: Oft wird eine solche «Wunschmitarbeiterin» einfach allein gelassen. Sie ist ja gut. Das ist etwas kurz gedacht, weil die besten Leute meist den grössten Hebel für eine Leistungssteigerung des Teams darstellen. Besprechen Sie mit besonders leistungsfähigen Personen, wo ihr Potenzial zur Steigerung liegt.

DIMENSIONEN DER LEISTUNG

	KÖNNEN tief → hoch	
WOLLEN hoch	motiviert, aber nicht fähig	motiviert und fähig
WOLLEN tief	nicht motiviert und nicht fähig	nicht motiviert, aber fähig

TIPPS *Nutzen Sie den jährlichen Zielsetzungs- und Beurteilungsprozess, um regelmässig allen Mitarbeitenden Feedback zu geben, damit sie sich orientieren können.*

Fragen Sie Ihre Mitarbeitenden, wo sie sich selber in den Dimensionen von Wollen und Können einstufen. Dann wissen Sie, ob Sie und Ihre Leute die aktuelle Situation ähnlich oder unterschiedlich sehen.

LEISTUNGEN ANERKENNEN – WAS WIRKLICH ZÄHLT

- Die Anerkennung von Leistung und Geleistetem muss auf persönliche Weise erfolgen. Ein «Danke schön» oder «Gut gemacht», direkt nach einer konkreten Leistung, hat zusätzliches Gewicht.
- Geben Sie positive Rückmeldungen von externen Kundinnen, internen Ansprechpartnern oder anderen wichtigen Bezugspersonen weiter. Das hat Wirkung.
- Bewerten Sie die Leistungen fair und nachvollziehbar in Beurteilungsprozessen. Sammeln Sie die nötigen Informationen, um personelle Entscheide wie Gehaltserhöhungen und Beförderungen jederzeit gut begründen zu können. Das sind zusätzliche Mittel, um Anerkennung auszudrücken.

Besonders wichtig: das Qualifikationsgespräch

Viele Chefs fürchten die Leistungsbesprechung am Ende eines Jahres, vor allem dann, wenn ungenügende Leistungen zu kommentieren sind. Worauf kommt es an?

- Ehrlichkeit ist Wertschätzung (und wichtig, falls es später zu Auseinandersetzungen kommen sollte).
- Sprechen Sie klar und direkt auch über Negatives; «herumeiern» und verschleiern bringt niemandem etwas.
- Begründen Sie Ihre Beurteilung mit Fakten und konkreten Beobachtungen.
- Akzeptieren Sie die Enttäuschung des Mitarbeiters, der Mitarbeiterin.
- Geben Sie Ihrem Gegenüber Zeit zum Verdauen und Verarbeiten und zur Stellungnahme.
- Bleiben Sie im Gespräch, setzen Sie den Dialog fort.
- Klären Sie die Erwartungen – Ihre eigenen und die des Mitarbeiters – und zeigen Sie die Bewertungskriterien auf.
- Sagen Sie Ihre Unterstützung bei der Verbesserung der Leistung zu.

Viele Firmen verwenden standardisierte Formulare für Qualifikationsgespräche, die Ihnen helfen, die Gespräche zu führen und zu strukturieren. Informieren Sie sich bei der Personalabteilung. Mehr zur Gesprächsführung und zum Feedbackgeben lesen Sie auf Seite 126 und 130.

Mitarbeitende weiterbringen

Als Chef oder Vorgesetzte haben Sie die Aufgabe, Ihre Mitarbeitenden weiterzubringen und auf dem beruflichen Weg (ein Stück weit) zu begleiten. Jeder und jede Ihrer Leute sollte ein- bis zweimal im Jahr mit Ihnen im Gespräch sein zum Thema Weiterentwicklung. Bei Umfragen unter Angestellten stellt sich immer wieder heraus, dass das Gespräch zur persönlichen Entwicklung und zur beruflichen Zukunft für Mitarbeitende von grosser Bedeutung ist.

> **TIPP** *Nutzen Sie den Perspektivenwechsel: Was haben Sie in Ihrer Zeit als Mitarbeiter oder Mitarbeiterin von Ihrem Chef erwartet, was erwarten Sie nun von Ihrem neuen Vorgesetzten? Was leiten Sie daraus ab für Ihre Rolle gegenüber Ihren Mitarbeitenden?*

Nehmen Sie sich die Zeit für solche Entwicklungsgespräche. Unterstützung erhalten Sie dabei je nach Firma von der Personalabteilung in Form von Gesprächsvorlagen, Prozessschritten und Entwicklungsmassnahmen. Die Verantwortung, für Entwicklung zu sorgen, bleibt aber bei Ihnen als Führungskraft. Oft tun sich Chefs schwer damit, weil sie befürchten, die besten Leute wieder abgeben zu müssen. Das kann durchaus passieren. Denken Sie im Interesse des Unternehmens. Es hilft weder Ihnen noch einer entwicklungshungrigen Mitarbeiterin, wenn Sie versuchen, solche Veränderungen zu verhindern. Es steigt bloss die Chance, dass diese Mitarbeiterin das Unternehmen verlässt und ihre nächsten Schritte anderswo tut.

Sprechen Sie in Entwicklungsgesprächen über Szenarien, über Entwicklungswünsche genauso wie über mögliche konkrete Schritte. Sie dürfen auch Eigeninitiative erwarten: Diese beweist, wie ernst es Ihrem Gegenüber wirklich ist.

Anderseits müssen Sie auch die Grenzen aufzeigen, die vom Unternehmen her gegeben sind. Oft geht es zum Beispiel um die Übernahme von Weiterbildungskosten. Da vertreten Sie die Prinzipien und die Philosophie des Unternehmens. Passen Sie vor allem auf, dass Sie nicht Versprechungen machen und Erwartungen wecken, die nicht erfüllt werden können. Das erzeugt Frustration.

JEANINE G., MITARBEITERIN IM TEAM von Lukas B., hat durchblicken lassen, dass sie gern weiterkommen möchte und sich leicht unterfordert fühlt bei der Arbeit. Herr B. vereinbart ein Entwicklungsgespräch. Zuerst lässt er die Mitarbeiterin erzählen, was ihr gefällt bei der Arbeit und was nicht. Er fragt nach, welche Vorstellungen Frau G. für die Zukunft hat, und merkt, dass diese sich keine konkreten Gedanken gemacht hat, aber dennoch Unterstützung vom Chef erwartet. Herr B. nimmt alles ruhig zur Kenntnis. Dann erklärt er der Mitarbeiterin, dass er gern bereit sei, ihre Entwicklung zu unterstützen, dass das aber mit ein paar Voraussetzungen verbunden sei. Er erwarte, dass Frau G. sich selber Gedanken mache, Ideen bringe. Die könne man dann gemeinsam diskutieren. Nach anfänglichem Widerstand versteht die Mitarbeiterin, dass sie in ihrem eigenen Interesse die Initiative ergreifen muss. Die beiden vereinbaren einen nächsten Termin, zu dem Frau G. erste Vorschläge und Ideen für ihre Zukunft mitbringen wird. Zudem machen sie ab, dass sie beim nächsten Gespräch auch über die Stärken und Entwicklungsbereiche sprechen.

GUTE ENTWICKLUNGSGESPRÄCHE

Ziel eines Entwicklungsgesprächs ist es, die Motivation des Mitarbeiters anzuregen, seine Selbstentwicklung zu unterstützen.

Do
- Gute Vorbereitung = gute Gespräche
- Nehmen Sie sich ausreichend Zeit.
- Sprechen Sie auf Augenhöhe (nebeneinander sitzen).
- Schalten Sie alle Störquellen aus (Handy, E-Mail, andere Besucher).
- Seien Sie ehrlich.
- Identifizieren Sie die Stärken des Mitarbeiters.
- Sprechen Sie wichtige Themen offen an.
- Geben Sie klares positives wie kritisches Feedback.
- Gehen Sie auf die Vorschläge des Mitarbeiters, der Mitarbeiterin ein.

Don't
- Autoritäres Auftreten oder Zeigen von Ungeduld
- Vorgaben machen
- Mitarbeitende unterbrechen
- Unhaltbare Versprechungen machen
- Unklar bleiben
- Vorgefasste eigene Meinungen bestätigen wollen
- Nur kritisieren

Sich von Mitarbeitenden trennen

Es ist immer unangenehm, sich von jemandem zu trennen. Doch auch das gehört zu Ihren Aufgaben. Unzählige Beispiele zeigen, dass es eine sehr schlechte Alternative ist, einen Mitarbeiter zu behalten, bei dem es genügend Argumente für eine Trennung gibt. Es gibt unterschiedliche Gründe für eine vom Arbeitgeber ausgelöste Trennung (zu den rechtlichen Aspekten einer Kündigung siehe Seite 249):

- **Missachtung von klaren Regeln oder kriminelle Handlungen:** Wenn ein Mitarbeiter stiehlt, ist dies in der Regel Anlass für eine fristlose Entlassung (siehe auch Seite 260). Spielt er regelmässig während der Arbeitszeit Computerspiele trotz klarer Richtlinien, die er kennt, ist zuerst eine schriftliche Verwarnung fällig. Generell kommt es auf die Schwere des Vergehens an, ob jemand noch eine letzte Chance erhält oder nicht.
- **Ungenügende Leistung:** Wenn eine Mitarbeiterin trotz Begleitmassnahmen und klaren Ansagen die erwartete Leistung nicht erbringt oder erbringen kann, ist eine ordentliche Kündigung möglicherweise die beste Lösung. Meist leiden in einer solchen Situation auch die Motivation und die Befindlichkeit der Betroffenen. Wo immer es Alternativen zur Kündigung gibt, etwa eine Versetzung, die Übernahme anderer Aufgaben, sollten diese Möglichkeiten zuerst ausgeschöpft werden. Auch bei einer Mitarbeiterin mit krankheitsbedingten Einschränkungen oder bei einem langjährigen, älteren Angestellten sollten Sie versuchen, eine für die Betroffene günstigere Lösung zu finden.
- **Nicht tolerierbares Verhalten:** Es gibt Angestellte, die nicht bereit sind, sich an die erwarteten oder vereinbarten Verhaltensweisen zu halten. Etwa ein Mitarbeiter, der sich regelmässig hinter Ihrem Rücken bei anderen und bei Vorgesetzten über Sie beschwert, oder eine Mitarbeiterin, die ihre Kollegen und Kolleginnen respektlos behandelt. Wenn das negative Verhalten die Leistung und das Klima im Team negativ beeinflusst, müssen Sie handeln.

Nicht ohne Gespräch

Eine Kündigung sollten Sie nie aus heiterem Himmel aussprechen – obwohl Sie das rein rechtlich dürften. Suchen Sie zuerst das Gespräch, zeigen Sie Ihre Erwartungen wiederholt auf und ebenso die Konsequenzen, falls keine Besserung eintritt. Wichtig ist zudem, dass Sie alle Schritte schriftlich dokumentieren, damit Sie – sollte es zu einer Auseinandersetzung kommen – Beweismaterial in den Händen haben. Holen Sie auch die Meinungen von Vorgesetzten ein.

Lassen Sie sich beim weiteren Vorgehen von der Personalabteilung beraten. Bereiten Sie Beweismaterial vor – Leistungsbeurteilungen, schriftliche Verwarnungen, Gesprächsprotokolle –, damit Sie Ihre Entscheidung gut begründen können.

REFLEXION

Schauen Sie alle beschriebenen mitarbeiterbezogenen Aufgaben nochmals durch und überlegen Sie:
- Welche dieser Aufgaben gehören auch zu meinem Grundverständnis der Führungsrolle? Wie übe ich sie aus?
- Welche dieser Aufgaben fallen mir leicht, bei welchen sehe ich die grössten Herausforderungen? Wie will ich mit diesen umgehen?
- Wo habe ich die grösste Lücke und wie kann ich diese schliessen?

Agiles Führen und Arbeiten

Agilität ist in aller Munde. Aber was bedeutet sie? Agilität steht für Beweglichkeit, vor allem im Umgang mit immer neuen Wünschen und Bedürfnissen, die vor allem von den Kundinnen und Kunden an Unternehmen herangetragen werden.

Viele Unternehmen sind gezwungen, auf äussere, sich rasch ändernde Anforderungen zu reagieren und ebenso rasch «unfertige» Lösungen anzubieten, die dann Schritt für Schritt aufgrund von neuen Impulsen vonseiten der Kunden angepasst werden. Dabei funktionieren die bestehenden hierarchischen Strukturen nicht mehr wirklich gut; die Entscheidungsprozesse dauern zu lang, und die Führungspersonen verfügen oft über weniger Informationen als ihre Mitarbeitenden. Die Führungsrolle muss überdacht und angepasst werden.

Agile Führung – die Grundlagen

Die klassische Führungsrolle wird aufgebrochen, verschiedene Führungsaufgaben werden auf mehrere Mitarbeitende verteilt. Bekannt sind die aus der Softwareentwicklung stammenden Begriffe und Rollen wie Product Owner, Scrum Master und Entwickler:
- Der Product Owner hat insbesondere die Aufgabe des Stakeholder-Managements inne. Er oder sie muss alle relevanten Interessenvertreter betreuen, ihre Bedürfnisse abholen.
- Dem Scrum Master obliegt die Moderation des Teams, das ein Projekt verantwortet.
- Der Entwickler ist für das Qualitätsmanagement zuständig.

All dies waren früher klassische Führungsrollen, vereint in der einen übergeordneten Führungsperson.

Essenziell ist, dass beim agilen Arbeiten das Team die zentrale Einheit bildet, die so autonom wie möglich und so «geführt» wie notwendig agiert. Agile Teams erarbeiten für ihre Aufträge die besten Lösungen, holen sich die nötige Expertise untereinander, setzen sich zusammen, wenn gegenseitige Befruchtung oder Abstimmung sinnvoll ist.

Auch wenn es nicht zur Aufteilung von Führungsaspekten auf verschiedene Personen kommt, fördert die agile Haltung in der Führung die Delegation von Verantwortung und Entscheidung an die Mitarbeitenden. Zudem geht es nicht darum, perfekte Lösungen und Konzepte zu erarbeiten, sondern rasch Dinge auszuprobieren, dabei von den Fehlern zu lernen und die Erkenntnisse in nächste Versionen einfliessen zu lassen.

> **TEAM X IN EINER MARKETINGFIRMA** hat von der Bereichsverantwortlichen den Auftrag erhalten, für einen Kunden eine neue Website zu gestalten. Das Team trifft sich in Eigenregie, um die entscheidenden Erfolgskriterien zu klären. Dann folgt am Whiteboard ein Brainstorming zu den ersten Ideen für die Gestaltung. Alle vergeben Punkte, sodass bereits ein paar Ideen priorisiert werden. Die Teammitglieder vereinbaren, dass zwei Subteams in einer Woche erste konkrete Vorschläge vorlegen. Zudem wird beschlossen, wer vom Team dann den ersten Prototyp direkt mit dem Kunden bespricht, um rasch mehr von den Kundenbedürfnissen zu verstehen und die Grundlage für eine nächste Version der Website zu erarbeiten.

Aufgaben der Führungspersonen
Aus all diesen Aspekten ergeben sich zusätzliche Anforderungen an Führungspersonen:

- **Vertrauen und loslassen:** Das heisst auch, dass Sie als Führungsperson ein gutes Ergebnis der Teamarbeit selbst dann akzeptieren und gegen «oben» vertreten, wenn es nicht auf Ihrer eigenen Präferenzenliste stand. Damit Sie so loslassen können, sind Mitarbeitende nötig, die selbständig arbeiten, Verantwortung übernehmen und alle erforderlichen Fähigkeiten und Kompetenzen mitbringen – etwa rasche Lernfähigkeit, Fähigkeit und Bereitschaft zur Reflexion, zum Mitdenken und Für-andere-Denken, klare und ehrliche Kommunikation. Bestehende Mitarbeitende müssen zusätzlich gefördert, ausgebildet und für agiles Arbeiten befähigt werden.
- **Mehr Kommunikation und Abstimmung:** Wichtig sind dabei Klarheit und Transparenz, eine proaktive Feedbackkultur und Offenheit gegenüber konstruktiver Kritik. Die Beteiligten sollen sich gegenseitig

auf Probleme, Defizite und anderes aufmerksam machen können, ohne dass dies persönlich genommen wird.
- **Unterschiedliche Sichtweisen:** Die andere Meinung, der neue Aspekt müssen zugelassen und aktiv eingefordert werden. Dann muss das Team sie integrieren und in gemeinsamen Dialogen Konsens schaffen, damit alle mit hohem Commitment in der Umsetzung agieren.

TIPP *Berücksichtigen Sie die unterschiedlichen Profile Ihrer Mitarbeitenden. Nicht alle können mit der grösseren Autonomie gleich gut umgehen. Manche Menschen brauchen weiterhin klare Strukturen, um effektiv arbeiten zu können.*

Feedback und Monitoring

Noch mehr als früher sind Führende Moderator, Coach und Befähigerin. Dennoch bleibt die Verantwortung für das Ergebnis, für die Erfüllung der Aufgabe bei Ihnen als der deklarierten Führungsperson. Dazu gehört auch das Sicherstellen der Aufgabenkontrolle sowie der notwendigen Entscheidungsprozesse. Wenn Sie – oder jemand im Team – also beobachten, dass das agile Arbeiten an Grenzen stösst und nicht mehr wie beabsichtigt funktioniert, müssen Sie das ernst nehmen. Richten Sie Feedbackmöglichkeiten ein, um solche Beobachtungen und Bedenken urteilsfrei aufgreifen und zum Thema machen zu können.

Machen Sie das Monitoring zu einer Teamaufgabe, die von allen als sinnhaft wahrgenommen wird – auch im eigenen Interesse. Definieren Sie mit den Mitarbeitenden zusammen, wie die angestrebten Ergebnisse überprüft werden sollen. Welche Kriterien müssen erfüllt sein? Wie wissen Sie und Ihr Team oder einzelne Mitarbeitende, dass die gewünschten Ergebnisse erzielt wurden (Zahlen oder Qualitätsstandards)? Die Verantwortung für das Monitoring können Sie auch einzelnen Mitarbeitenden in Rotation übertragen. Ein solcher Perspektivenwechsel kann sehr heilsam und lehrreich sein.

TEAM X FÜHRT BEI JEDEM ZWEITEN TREFFEN eine kurze «Lust-und-Frust-Runde» durch, in der alle Positives wie Negatives loswerden können. Als die Präsentatoren auch nach der dritten Version der Website mit neuen Kundenwünschen zurückkommen, macht die UX-Designerin hier ihrem Ärger Luft. Sie habe den Eindruck, dass ihre Entwürfe in den Kundengesprächen nicht richtig präsentiert würden. Das Team entscheidet sich, nicht über wieder neue Gestaltungsideen zu diskutieren, sondern darüber, wie man dem Kunden die eigene Arbeit besser «verkaufen» kann.

Agiles Arbeiten – ein paar Techniken

Als Erstes muss hier davon abgeraten werden, sich auf Techniken zu stürzen ohne umfassendes Verständnis der grundsätzlichen Werte und Prinzipien hinter dem agilen Arbeiten und Führen. Wollen Sie agil führen, müssen Sie die Methoden wie Scrum oder Kanban sorgfältig studieren. Sonst kann es passieren, dass der gut gemeinte Einsatz der Techniken kaum etwas bringt und vor allem Verwirrung stiftet oder dass einfach neue Begriffe für alte Vorgehensweisen verwendet werden. Das ist nicht zielführend.

Einige der Grundüberlegungen wurden oben bereits aufgeführt. Agiles Arbeiten, auch in Projekten, ist vor allem dann angesagt, wenn die Anforderungen zu Beginn nicht klar sind, wenn sich diese während des Prozesses, des Projekts ändern und dies eingeplant ist. Hier ein paar Techniken, die heute schon in vielen Firmen eingesetzt werden:

- **Daily Stand-up Meetings:** Rund 15-minütige Status-Meetings, um Transparenz im Team zu schaffen. Was hat jedes Teammitglied gestern erreicht, was steht heute an, welche Hindernisse können und müssen aus dem Weg geräumt werden? Solche täglichen operativen Sitzungen können auch im Stehen durchgeführt werden (Stehungen).
- **Definition of Done:** Festlegen von klaren Kriterien, wann eine Aufgabe als fertig gestellt gilt. Die Erfolgsmeldung kann an einem gemeinsamen Board gemacht werden, sodass die Teammitglieder Einwände oder Nachfragen platzieren können.
- **Use Cases Anwendungsfälle:** Anforderungen aus Kundensicht beschreiben. Es geht darum, transparent festzuhalten, was ganz konkret und genau die Kundenanforderungen an ein Produkt, eine Dienstleistung oder einen Service sind. Diese Punkte können dann fortlaufend ergänzt und verfeinert werden.
- **Kanban Board:** Eine gute Möglichkeit zur Darstellung und Visualisierung eines Arbeitsablaufs (Workflow, siehe Grafik). Auf dem Board

werden alle Aufgaben oder Arbeiten aufgeführt, und zwar nach dem jeweiligen Stand im Prozess – von «ausgewählt» über «in Umsetzung» und «Test» bis «fertig». Im Backlog (erste Spalte) können alle sehen, was noch nicht angepackt wurde. Dann können solche Aufgaben neu priorisiert werden.

KANBAN BOARD FÜR MEHR ÜBERSICHT

Backtag	ausgewählt	in der Umsetzung		Test und Deployment	fertig
		in Arbeit	fertig		

Durchlaufzeit

Zusagepunkt

WORKFLOW ▶▶▶

Teil 2

Arbeitsrecht für Führungskräfte

In den meisten Ratgebern für Führungskräfte werden rechtliche Fragen ausgeklammert. Die folgenden Kapitel schliessen diese Lücke und zeigen Ihnen, welche Sonderregeln Sie in leitender Funktion zu beachten haben, was im Umgang mit Untergebenen gilt und wo die juristischen Hürden und Fallstricke liegen.

Kaderverträge unterscheiden sich meist von den Arbeitsverträgen gewöhnlicher Angestellter, auch lassen sich aus Gesetz und Rechtsprechung besondere Rechte und Verpflichtungen von Führungskräften ableiten. Angestellte mit Vorgesetztenfunktion haben zudem eine Doppelrolle: Einerseits sind sie weiterhin Arbeitnehmende, anderseits übernehmen sie Arbeitgeberfunktionen, müssen Entscheide fällen, kontrollieren und Sanktionen verhängen. Auch hier gibt es rechtliche Leitplanken zu beachten.

Was Vorgesetzte rechtlich von ihren Mitarbeitenden unterscheidet und welche Pflichten sie diesen gegenüber haben, ist das Thema der folgenden Seiten. Erläutert werden die Regeln, die in privatwirtschaftlichen Unternehmen gelten.

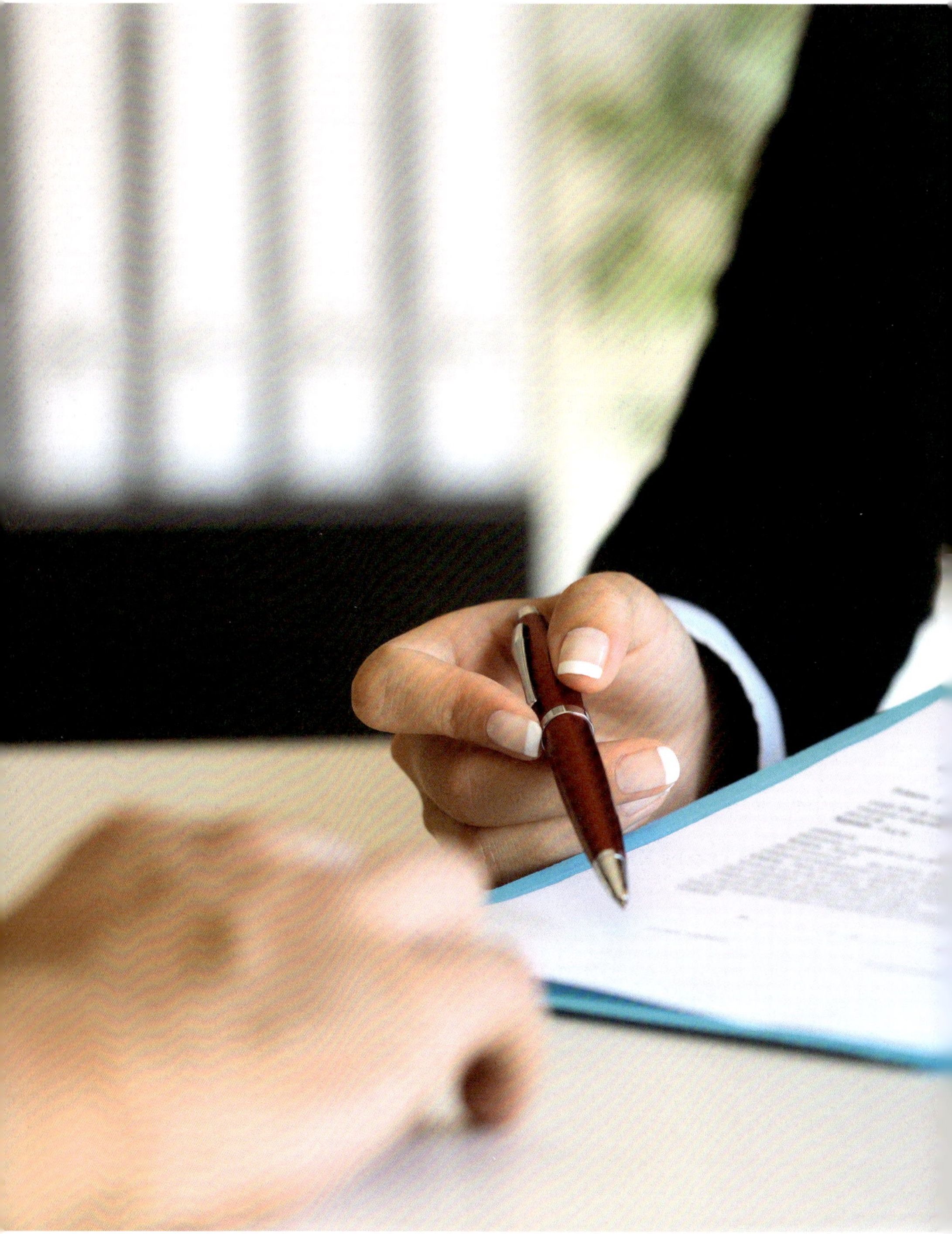

Besonderheiten des Kaderarbeitsvertrags

5

Befördert werden, ein Team oder eine Abteilung leiten bedeutet mehr Verantwortung, neue Aufgaben und meist auch mehr Lohn sowie zusätzliche Privilegien. Doch wo steht geschrieben, welche Rechte und Pflichten Vorgesetzte haben? Was ist überhaupt ein Kadermitarbeiter? Worauf ist zu achten, wenn man nach der Beförderung einen neuen Vertrag bekommt? Dieses Kapitel liefert die Antworten.

Chefin, Chef sein – was bedeutet das rechtlich?

Die Gesetze enthalten nur wenige Spezialbestimmungen für Chefinnen und Chefs. Die Bestimmungen des Obligationenrechts (OR), die den Arbeitsvertrag regeln, gelten für alle Hierarchiestufen eines Unternehmens gleichermassen. Andere Gesetze kennen zwar Ausnahmebestimmungen, aber nur für das Topmanagement. Umso wichtiger sind die vertraglichen Vereinbarungen mit Ihrem Arbeitgeber.

Wann gehört ein Arbeitnehmer, eine Mitarbeiterin zum Kader? Grundsätzlich kann jedes Unternehmen selbst entscheiden, wen es dazu zählen will und wen nicht. Eine Definition des Begriffs «Kader» ist in keinem Gesetzbuch zu finden. Immerhin hat das Bundesgericht in einem Entscheid festgehalten, dass unter Kader eine Person mit Vorgesetztenfunktion zu verstehen sei.

EIN ARBEITNEHMER, DER IN EINER FIRMA mit Handlungsvollmacht, aber ohne Untergebene tätig war, forderte, dass im Arbeitszeugnis auf seine (im Arbeitsvertrag erwähnte) Kaderfunktion hingewiesen werden müsse. Er habe zwar keine Untergebenen gehabt, argumentierte der Mann, Kaderzugehörigkeit könne sich aber auch aus besonderer fachlicher Kompetenz ergeben.

Das Bundesgericht sah dies anders: Ausschlaggebend sei, ob der Arbeitnehmer tatsächlich eine Position innegehabt habe, die ein unbeteiligter Dritter als Kaderposition einstufen würde. «Durch die Bezeichnung als Kader könnte der unzutreffende Eindruck entstehen, der Kläger sei Vorgesetzter anderer Mitarbeiter [...] Mangels Führungsfunktionen habe der Kläger keinen Anspruch, im Arbeitszeugnis als Kadermitglied bezeichnet zu werden.» Die Frage, ob beispielsweise auch Fachspezialisten aufgrund besonderer Fähigkeiten oder Erfahrung zum Kader gehören könnten, liess das Bundesgericht ausdrücklich offen (Urteil 4C.60/2005 vom 28.4.2005).

Nicht obligatorisch, aber sinnvoll: der schriftliche Kadervertrag

Sie sind befördert worden. Vielleicht winkt ein Einzelbüro, ein Geschäftswagen, oder Sie können von einem besonderen Bonusprogramm profitieren. Nun wünschen Sie natürlich, dies alles schwarz auf weiss verbrieft zu sehen. Ein neuer schriftlicher Vertrag ist nach einer Beförderung üblich, aber nicht zwingend nötig. Denn gemäss Gesetz bedarf «der Arbeitsvertrag zu seiner Gültigkeit keiner bestimmten Form» (Art. 320 OR). Arbeitsverträge können mündlich abgeschlossen und auch abgeändert werden. Insofern genügt es grundsätzlich, wenn Ihr Chef Ihnen verkündet, dass Sie die Nachfolge von Gruppenleiterin X antreten, deren Funktionen übernehmen und dafür 500 Franken mehr Lohn erhalten. Sind beide Parteien einverstanden und verhalten sie sich danach entsprechend, ist die Beförderung samt Vertragsänderung gültig zustande gekommen.

> **BUCHTIPP**
>
> Im vorliegenden Ratgeber werden die Rechtsfragen behandelt, die für Sie als Führungskraft besondere Bedeutung haben. Eine umfassende Darstellung des Schweizer Arbeitsrechts finden Sie im Beobachter-Ratgeber: **Arbeitsrecht. Was gilt im Berufsalltag? Vom Vertragsabschluss bis zur Kündigung**
>
> www.beobachter.ch/buchshop

Pflichtenheft, Funktion und Kompetenzen

Ideal sind rein mündliche Abmachungen jedoch nicht. Ein schriftlicher Arbeitsvertrag ist immer sinnvoll – nur schon aus Beweisgründen und um Konflikte zu vermeiden. Für leitende Angestellte gilt dies in besonderem Mass. Je verantwortungsvoller die Position, umso detaillierter sollten die Anstellungsbedingungen definiert werden. Zudem gibt es Vertragspunkte, die nur gültig sind, wenn sie schriftlich vereinbart wurden (siehe nächste Seite). In aller Regel werden Sie daher nach einer Beförderung einen neuen Vertrag erhalten oder zumindest einen Zusatz zum bestehenden, der ihre Position und die neuen Anstellungsbedingungen festhält.

Dringend zu empfehlen ist auch, den neuen Posten in einem Stellenbeschrieb und einem Pflichtenheft genau zu definieren. Denn entscheidend ist nicht Ihr neuer Titel, sondern Ihre tatsächliche Funktion und die damit verbundenen Kompetenzen: Was sind Ihre Aufgaben? Wo ist die Stelle in der Unternehmenshierarchie angesiedelt? Wie weit gehen Ihre Entscheidungsbefugnisse, Ihre Zeichnungs- und Vertretungsrechte?

> **ARBEITSVERTRAG: PUNKTE, DIE SCHRIFTLICH ZU REGELN SIND**
> - Vereinbarung von Pauschalspesen
> - Vom Gesetz abweichende Regelung der Entschädigung von Überstunden (siehe Seite 199)
> - Vom Gesetz abweichende (aber mindestens gleichwertige) Vereinbarung über die Lohnfortzahlung bei Arbeitsunfähigkeit
> - Verlängerung der (nach Gesetz einmonatigen) Probezeit auf maximal drei Monate
> - Abänderung der gesetzlichen Kündigungsfristen (siehe Seite 264)
> - Vereinbarung eines Konkurrenzverbots (siehe Seite 216)
>
> Für diese Punkte sind mündliche Abmachungen ungültig. Stattdessen gelten dann entweder die gesetzlichen Bestimmungen oder früher getroffene schriftliche Vereinbarungen.

In Grossbetrieben gehören detaillierte Pflichtenhefte zum Standard. In einem KMU ist das nicht immer selbstverständlich. Regen Sie selber an, dass ein Pflichtenheft erstellt wird. Im Arbeitsvertrag sollte ausdrücklich auf Stellenbeschrieb und Pflichtenheft verwiesen werden. Nur so werden sie zum Bestandteil Ihres Vertrags.

> **INFO** *Ob Sie einen neuen Arbeitsvertrag erhalten oder nicht: Durch die Beförderung entsteht kein neues Arbeitsverhältnis. Bisherige Dienstjahre beim selben Arbeitgeber sind anzurechnen. Es darf auch nicht etwa eine neue Probezeit verhängt werden.*

Vertretungsrechte nach aussen: Handelsvollmacht, Prokura
Leitende Angestellte erhalten häufig die Berechtigung, für die Arbeitgeberin Geschäfte abzuschliessen und andere Verpflichtungen einzugehen (Art. 458 bis 465 OR). Eine recht weitgehende Vollmacht hat der **Prokurist**. Er gilt gegenüber gutgläubigen Dritten als ermächtigt, seine Arbeitgeberin bei allen Arten von Rechtshandlungen zu vertreten, «die der Zweck des Unternehmens mit sich bringen kann». Das können auch aussergewöhnliche Handlungen sein, zum Beispiel die Führung eines Prozesses. In der Regel unterschreibt ein Prokurist mit dem Zusatz «ppa» (per procura). Die Prokura kann beliebig beschränkt werden – zum Beispiel auf eine Zweigniederlassung oder auf Geschäfte bis zu einem gewissen Betrag. Ein Unternehmen kann auch festlegen, dass mehrere Personen gleichzeitig unterschreiben müssen (Kollektivprokura).

Die Prokura ist im Handelsregister einzutragen. Sie kann jederzeit widerrufen werden und muss dann im Handelsregister gelöscht werden. Sonst dürfen gutgläubige Dritte davon ausgehen, dass der betreffende Angestellte die Vertretungsbefugnis nach wie vor besitzt.

Im Gegensatz zum Prokuristen darf der **Handlungsbevollmächtigte** nur Rechtsgeschäfte abschliessen, die der Betrieb «gewöhnlich mit sich bringt». So ist der Handlungsbevollmächtigte zum Beispiel nicht ermächtigt, Darlehen aufzunehmen und Prozesse zu führen, es sei denn, ihm wurde die Befugnis dazu ausdrücklich erteilt. Die Unterschrift des Handlungsbevollmächtigten trägt den Zusatz «i.V.» (in Vertretung). Ein Eintrag ins Handelsregister ist nicht vorgesehen. Die Handlungsvollmacht kann auch stillschweigend erteilt und jederzeit widerrufen werden.

> **TIPP** *Es empfiehlt sich, alle Vollmachten und Vertretungsrechte klar vertraglich zu regeln und allfällige Beschränkungen unmissverständlich festzuhalten.*

Leitende Angestellte und Gesamtarbeitsverträge

Beim Gesamtarbeitsvertrag (GAV) handelt es sich um arbeitsvertragliche Vereinbarungen zwischen Arbeitgebern oder Arbeitgeberverbänden auf der einen und Arbeitnehmerverbänden auf der anderen Seite. GAV sollen den Arbeitnehmenden einer Berufsgruppe einheitliche Arbeitsbedingungen garantieren, die häufig günstiger sind als die gesetzlichen Regelungen. Ein GAV gilt grundsätzlich für die Mitglieder der vertragsschliessenden Verbände. Für alle Arbeitnehmer einer Berufsgruppe oder Branche, also auch für Nichtverbandsmitglieder, sind diejenigen GAV anwendbar, die vom Staat allgemeinverbindlich erklärt wurden.

In der Regel gelten GAV nicht für leitende Angestellte, wobei die Ausschlüsse unterschiedlich formuliert sind. In einigen GAV sind nur hohe leitende Personen ausgeschlossen, in anderen aber alle Mitarbeitenden mit Führungsfunktion.

> **TIPP** *Waren Sie bisher einem GAV unterstellt? Dann sollten Sie nach der Beförderung prüfen, ob dies immer noch der Fall ist. Wenn nicht, überlegen Sie, was das für Sie bedeutet und ob allfällige damit verbundene Nachteile durch Ihren Kadervertrag angemessen kompensiert werden.*

ARBEITSRECHT: DIE MASSGEBENDEN GESETZE

- **Obligationenrecht (OR)**, Art. 319 bis 362. Das OR enthält Bestimmungen zur Entstehung und zur Beendigung von Arbeitsverträgen sowie zu den Rechten und Pflichten von Arbeitgebern und Arbeitnehmenden in der Privatwirtschaft.
- **Arbeitsgesetz (ArG):** Es enthält Vorschriften über Arbeits- und Ruhezeiten, Sonntags-, Nacht- und Schichtarbeit sowie Regelungen zum Gesundheits- und Jugendschutz. Dem ArG unterstehen praktisch alle Industrie-, Gewerbe- und Handelsbetriebe. Nicht unterstellt sind die meisten öffentlichen Verwaltungen, Betriebe des öffentlichen Verkehrs sowie Landwirtschaftsbetriebe und private Haushalte. Im Gegensatz zum OR ist das Arbeitsgesetz öffentliches, zwingendes Recht. Die korrekte Anwendung wird von Amtes wegen überwacht (kantonale Arbeitsinspektorate, www.arbeitsinspektorat.ch).
  Fünf Verordnungen ergänzen das Arbeitsgesetz:
  - ArGV1: Konkretisierung der arbeitsgesetzlichen Regeln
  - ArGV2: Sondervorschriften für bestimmte Gruppen von Betrieben (zum Beispiel Spitäler)
  - ArGV3: Gesundheitsschutz und Arbeitsplatzgestaltung
  - ArGV4: Plangenehmigungsverfahren und Betriebsbewilligungen (industrielle Betriebe)
  - ArGV5: Schutz von Kindern und Jugendlichen
- **Mitwirkungsgesetz (MWG):** Es räumt den Angestellten privatwirtschaftlicher Betriebe das Recht ein, eine Arbeitnehmervertretung zu bestellen, und regelt das Recht auf Information und Mitsprache in bestimmten Bereichen.
- **Gleichstellungsgesetz (GlG):** Es fördert die Gleichstellung der Geschlechter im Erwerbsleben und enthält unter anderem Regelungen zu Lohngleichheit, sexueller Belästigung, geschlechtsbedingter Diskriminierung.
- **Arbeitsvermittlungsgesetz (AVG):** Es regelt die Arbeitsvermittlung und den Personalverleih, insbesondere auch die Temporärarbeit.
- **Datenschutzgesetz (DSG):** Es regelt unter anderem die Bearbeitung von Personendaten in privatrechtlichen Arbeitsverhältnissen.
- **Fusionsgesetz (FusG):** Dieses Gesetz regelt die Auswirkungen von Firmenfusionen und Firmenspaltungen und dabei auch den Schutz von Arbeitnehmenden.
- **Sozialversicherungsgesetzgebung:** Dazu gehören insbesondere AHVG, IVG, Unfallversicherungsgesetz (UVG), Arbeitslosenversicherungsgesetz (AVIG), Erwerbsersatzgesetz (EOG) sowie das Gesetz über die berufliche Vorsorge (BVG) samt den Verordnungen dazu.

Alle Gesetze finden Sie im Internet unter folgender Adresse: www.fedlex.admin.ch. Geben Sie die Abkürzung des Gesetzes sowie den gewünschten Artikel ein.

Sonderregeln für «ganz oben»

Während das OR keine Sonderbestimmungen für Führungskräfte enthält, finden sich im Arbeitsgesetz, bei der Arbeitslosenversicherung und im Gesellschaftsrecht spezielle Regelungen für die obersten Entscheidungsträger eines Unternehmens. Eine Begriffsklärung:

«Höhere leitende Angestellte» gemäss Arbeitsgesetz

Das Arbeitsgesetz regelt den allgemeinen Gesundheitsschutz und enthält Vorschriften über Arbeits- und Ruhezeiten. Die darin verankerten Arbeitszeitvorschriften gelten jedoch nicht für «höhere leitende Angestellte». Gemeint sind Personen, die aufgrund ihrer Stellung und Verantwortung sowie in Abhängigkeit von der Grösse des Betriebs über weitreichende Entscheidungsbefugnisse verfügen und auf den Geschäftsgang und die Entwicklung des Betriebs oder eines Betriebsteils nachhaltigen Einfluss nehmen können – also die oberste Führungsspitze eines Unternehmens (Art. 9 ArGV 1).

Nach Meinung des Bundesgerichts ist diese Definition eng auszulegen. Manche Unternehmen «ernennen» Mitarbeitende, die die erwähnten Kriterien gar nicht erfüllen, im Arbeitsvertrag zu höheren leitenden Angestellten, um die arbeitsgesetzlichen Bestimmungen zu umgehen. Solche Vereinbarungen sind nicht verbindlich (mehr dazu auf Seite 203).

Angestellte mit Arbeitgebereigenschaften

Die Entscheidungsträger in einer Firma unterliegen gewissen Einschränkungen, wenn sie Leistungen der Arbeitslosenversicherung beanspruchen wollen (Art. 31 und 51 AVIG). Es geht hier um Gesellschafter, finanziell am Betrieb Beteiligte oder Mitglieder eines obersten betrieblichen Entscheidungsgremiums sowie um ihre mitarbeitenden Ehegatten.

Angestellte mit Arbeitgebereigenschaften haben keinen Anspruch auf Leistungen der Arbeitslosenversicherung bei Kurzarbeit oder bei Konkurs des Arbeitgebers (sogenannte Insolvenzentschädigung). Werden sie oder ihre mitarbeitenden Ehegatten arbeitslos, können sie erst Arbeitslosenentschädigung beziehen, wenn sie ihre Arbeitgebereigenschaften völlig aufgegeben haben – das heisst, wenn sie ihre AG oder GmbH liquidiert oder verkauft haben, aus dem Verwaltungsrat ausgetreten sind. Massgebend ist in der Regel die Löschung im Handelsregister.

Führungskräfte mit Organstellung
Leitende Angestellte können Arbeitnehmer in ihrem Unternehmen sein, gleichzeitig aber auch über formelle oder faktische Organstellung verfügen. Gemeint sind vor allem Verwaltungsräte einer AG, Direktorinnen oder Geschäftsführer. «Faktisch» heisst, dass zu dieser Kategorie nicht nur die im Handelsregister eingetragenen Verantwortungsträger gehören, sondern auch andere Personen, «wenn sie tatsächlich die Funktion von Organen erfüllen, indem sie diesen vorbehaltene Entscheide treffen oder die eigentliche Geschäftsführung besorgen und so die Willensbildung der Gesellschaft massgebend mitbestimmen» (BGE 132 III 523).

Diese Führungspersonen haben eine spezielle Verantwortung, und es gilt eine verschärfte Haftpflicht, falls sie ihre Pflichten verletzen (siehe Seite 215).

Der Lohn

Leitende Angestellte erhalten häufig nicht nur ein Salär, sondern können von Erfolgsbeteiligungen, variablen Lohnbestandteilen, Prämien und anderen Vergünstigungen profitieren. Gesetzliche Regeln hierzu gibt es nur wenige. Auch hier gilt darum: Klare vertragliche Regelungen schaffen Sicherheit und schützen vor späteren Querelen.

Beförderungen sind in der Regel mit einer Lohnerhöhung verbunden. Das muss jedoch nicht sein.

«**ALS MEIN VORGESETZTER KRANK WURDE,** habe ich in Absprache mit der Geschäftsleitung seine Funktionen übernommen», berichtet Rolf P. «Als er dann verstarb, wurde meine neue Position mehr oder weniger offiziell bestätigt. Seither ist meine Arbeitsbelastung massiv gestiegen, und ich habe vier Mitarbeiter unter mir. Von einer Lohnerhöhung war aber nie die Rede. Und wenn ich das Thema anspreche, werde ich vertröstet.»

Die Lohnhöhe ist Verhandlungssache

Immer wieder wenden sich Ratsuchende an die Beobachter-Hotline mit der Klage, sie hätten mehr Verantwortung und neue Pflichten übernommen. Finanziell werde dies jedoch in keiner Weise honoriert. Das ist zwar unschön – eine gesetzliche Vorschrift, dass Beförderungen automatisch mit einer Lohnerhöhung verbunden sein müssen, gibt es in der Privatwirtschaft jedoch nicht.

Löhne sind Verhandlungssache. Es gibt weder gesamtschweizerisch festgelegte Mindestlöhne noch verbindliche Richtlinien, wie viel Angestellte mit Führungsfunktionen verdienen sollten. Massgebend sind die interne Salärstruktur Ihrer Arbeitgeberfirma sowie natürlich Ihre Funktion, das Ausmass Ihrer Verantwortung und Ihre berufliche Qualifikation. Nicht zuletzt spielen auch der Marktwert und das Verhandlungsgeschick einer Führungskraft eine Rolle. Schliesslich gibt es auch kein Gesetz, das eine allgemeine Lohngerechtigkeit vorschreibt. Deutliche Lohnunterschiede für vergleichbare Tätigkeiten sind daher in vielen Firmen gang und gäbe. Zu beachten ist jedoch der Grundsatz, wonach Mann und Frau Anspruch auf gleichen Lohn für gleichwertige Arbeit haben (Art. 8 BV, Art. 3 GlG).

Suchen Sie rechtzeitig das Gespräch mit Ihrem Vorgesetzten, wenn Ihre neue Position nicht automatisch finanziell honoriert wird. Warten Sie nicht bis zum Jahresende, wenn die Budgets bereits erstellt sind. Mehr Verantwortung und eine Funktionsänderung sind auf jeden Fall gute Argumente, um über eine Lohnerhöhung zu verhandeln. Überlegen Sie sich auch Alternativen, wenn eine generelle Lohnerhöhung zurzeit nicht drinliegt: etwa eine einmalige Prämie oder einen vom Geschäft bezahlten Führungskurs.

TIPP *Über die üblichen Löhne in verschiedenen Berufen können Sie sich unter folgenden Links informieren:*
- *www.beobachter.ch/rechner/lohnvergleich*
- *www.lohn-sgb.ch*
- *www.salarium.bfs.admin.ch*

Aktuelle Gehalts- und Arbeitsmarkttrends für Berufe in der Finanz-, IT- und kaufmännischen Branche finden Sie auch unter www.roberthalf.ch/gehalt.

Sondervergütungen

Neben dem fixen Salär werden immer häufiger auch variable, meist leistungsabhängige Vergütungen ausgerichtet – vor allem an leitende Angestellte. Solche «Prämien» dienen einerseits als Anreiz für höhere Leistungen. Anderseits muss sich die Firma nicht längerfristig festlegen, denn variable Bezüge lassen sich in schwierigen Zeiten leichter reduzieren als fixe Löhne.

Wichtig ist, dass variable Lohnsysteme klar und eindeutig geregelt werden. Andernfalls sind Rechtsstreitigkeiten programmiert. Fragen Sie vor der Vertragsunterzeichnung nach, wenn etwas unklar ist.

Gratifikation und 13. Monatslohn
Unter Gratifikation versteht man eine freiwillige Leistung, die in der Höhe variieren und von Bedingungen abhängig gemacht werden kann – etwa von der Leistung, dem Geschäftsgang, einer ungekündigten Stellung. «Richtet der Arbeitgeber neben dem Lohn bei bestimmten Anlässen, wie Weihnachten oder Abschluss des Geschäftsjahrs, eine Sondervergütung aus, so hat der Arbeitnehmer einen Anspruch darauf, wenn es verabredet ist», heisst es im Gesetz (Art. 322d OR). Massgebend ist also, was zwischen Arbeitgeber und Arbeitnehmer vereinbart wurde respektive welche Praxis sich im Unternehmen in den vergangenen Jahren eingespielt hat. Denn die Vereinbarung einer Gratifikation kann auch mündlich oder sogar stillschweigend geschehen.

Richtet der Arbeitgeber regelmässig und vorbehaltlos eine Sondervergütung in einer bestimmten Höhe aus, verliert sie den Charakter der Freiwilligkeit und wird zum Lohnbestandteil. Der Arbeitgeber kann die Auszahlung dann auch bei schlechtem Geschäftsgang nicht einfach verweigern. Typisches Beispiel ist der 13. Monatslohn. Er ist – im Gegensatz zur Grati – auch bei einem Austritt aus der Firma während des Jahres anteilmässig geschuldet.

Will ein Arbeitgeber verhindern, dass eine Gratifikation zum festen Vertragsbestandteil wird, muss er bei jeder Auszahlung auf die Freiwilligkeit dieser Vergütung hinweisen. Den Begriff «13. Monatslohn» sollte er dabei gänzlich vermeiden.

MONIKA RÜHL
Direktorin des Wirtschaftsdachverbands Economiesuisse

Welches war Ihre erste Führungsrolle?
Klassisches Ballett war als Kind und Jugendliche meine grosse Leidenschaft. Als wir am Gymnasium einen Schülerabend gestalteten, war deshalb rasch klar, dass unsere Klasse ein Ballettstück beitragen würde. Ich amtete als Choreografin und Trainerin – meine erste Führungsrolle. Es ging darum, einer Gruppe von tänzerisch unterschiedlich begabten Mitschülerinnen und Mitschülern das Stück beizubringen, sie motiviert zu halten und auf die Choreografie zu disziplinieren. Das Üben brauchte von allen viel Geduld, machte aber auch grossen Spass. Unser Beitrag fand ein sehr positives Echo; wir erinnern uns heute noch sehr gern daran.

Welches war Ihr grösster Fehler als Führungsperson?
Ich stelle hohe Ansprüche an mich selbst und arbeite mit hohem Tempo. Als ich meine erste Führungsposition übernahm, ging ich davon aus, dass dies automatisch für das gesamte Team gelten müsse. Damit überforderte ich viele, was letztlich das Team eher schwächte, als es zu stärken.

Was haben Sie daraus gelernt?
Ich musste lernen – wie damals beim Eintrainieren des Ballettstücks –, auf die unterschiedlichen Fähigkeiten der Teammitglieder einzugehen und die individuellen Stärken zu nutzen. Ich habe auch gelernt, dass jeder Mensch anders tickt und dass jeder ein Potenzial einbringen kann. Alle brauchen Raum, um sich zu entfalten. Meine Rolle als Führungsperson besteht eigentlich nur darin, das zu einem Ganzen zusammenzufügen und auf ein gemeinsames Ziel auszurichten.

Anspruch auf einen Bonus?

Gratifikation – das klingt fast ein wenig antiquiert. Moderne Unternehmen gewähren keine Grati, sondern einen Bonus. Dies macht die Sache allerdings nicht einfacher. Denn die rechtliche Bedeutung eines Bonus wird in keinem Gesetz definiert – und so beissen sich an Rechtsfragen rund um Boni selbst Fachleute regelmässig die Zähne aus. Ist daher in Ihrem Kadervertrag von einem Bonus die Rede, sollten Sie genau hinsehen.

Massgebend ist die vertragliche Regelung, aber auch die Art, wie die Bonuszahlungen in Ihrem Unternehmen normalerweise gehandhabt werden, und das, was in den letzten Jahren üblich war. Die entscheidenden Fragen dabei: Handelt es sich beim vereinbarten Bonus um einen Lohnbestandteil, auf den Sie einen Anspruch haben? Sind konkrete Bedingungen zu erfüllen oder Ziele zu erreichen, damit ein ganz bestimmter Bonus fällig wird? Oder geht es doch eher um eine freiwillige Prämie, also rechtlich um eine Gratifikation, die der Arbeitgeber nach Gutdünken ausrichten kann?

Gratifikation oder Lohnbestandteil?

Boni führen immer wieder zu Streitigkeiten, die nicht selten vor dem Richter enden. Die Gerichte entscheiden dann jeweils auf der Basis der konkreten Umstände, ob der Bonus als Lohn oder als Gratifikation einzustufen ist. Die Einstufung hat weitreichende Folgen: Auf Lohn besteht ein Rechtsanspruch und bei Austritt während des Jahres ist er anteilmässig geschuldet. Die Gratifikation dagegen hängt weitgehend vom Belieben des Arbeitgebers ab und kann an verschiedenste Bedingungen geknüpft werden. Zwei Beispiele aus der Gerichtspraxis:

> **EINER VERKÄUFERIN WURDE VERTRAGLICH** zugesichert, sie habe «bei ungekündigtem Arbeitsverhältnis am Ende des Geschäftsjahrs Anrecht auf einen erfolgsabhängigen Bonus». Und weiter: «Die massgebenden Faktoren und Bezugsgrössen werden durch die Geschäftsleitung schriftlich am Anfang des Geschäftsjahrs festgelegt. Der Bonus sollte in etwa einem Monatssalär entsprechen.»

In diesem Fall entschied das Bundesgericht, dass es sich nicht um eine Gratifikation, sondern um Lohn handelte: Laut Vertrag könne die Geschäftsleitung zwar die für den Bonus massgebenden Ziele festlegen. Aber: «Sind diese Festlegungen getroffen worden, so hängt die Auszahlung des Bonus nur noch vom Erreichen der gesetzten Erfolgsziele ab.» Ausserdem solle der Bonus etwa einem Monatssalär entsprechen. «Demnach konnte die Arbeitnehmerin bei Erreichen der gesetzten Erfolgsziele fest mit dem Bonus in etwa dieser Höhe rechnen, weshalb insoweit von einem variablen Lohnbestandteil auszugehen ist.» (Urteil 4C.395/2005, vom 1.3.2006)

ANDERS PRÄSENTIERTE SICH DIE SITUATION im Fall einer Verkaufsleiterin: Der Kaderfrau wurde im Vertrag «grundsätzlich» ein Bonus zugesichert, der von der Erreichung gewisser Ziele abhängen sollte. Sinngemäss hiess es, die Zielvorgaben würden jährlich vom Verwaltungsrat auf Antrag eines Ausschusses festgelegt. Zu prüfen, ob die Ziele erreicht wurden, sei ebenfalls Sache des Verwaltungsrats.

Hier kam das Bundesgericht zum Schluss, beim Bonus handle es sich um eine freiwillige Leistung. Die Begründung: Der Vertrag lege weder den Bonusbetrag noch die Parameter für eine vollständige Zielerreichung fest. Die Einigung betreffe damit nur den Grundsatz, dass ein Bonus auszurichten sei. In diesem Fall könne der Arbeitgeber unterschiedliche Beträge je nach Qualität der Arbeitsleistung, Geschäftsgang und sonstigen frei bestimmbaren Kriterien leisten. Er habe sich also ein weitreichendes Ermessen vorbehalten. Für eine Gratifikation sprach in diesem Fall auch, dass der Bonus im Arbeitsvertrag systematisch nicht unter dem Titel Jahresgehalt aufgeführt wurde (Urteil 4A_115/2007 vom 13.7.2007).

Die Beispiele zeigen, dass es von den jeweiligen Umständen und Abmachungen abhängt, wie ein Bonus einzustufen ist (siehe auch Kasten auf der nächsten Seite). Klare Regelungen, die keinen Spielraum für Interpretationen und Streitigkeiten lassen, sind daher unerlässlich.

ACHTUNG *Werden vertragliche Regelungen rund um den Bonus in der Praxis über längere Zeit nicht eingehalten, kann der Bonus seinen ursprünglichen Lohncharakter verlieren und zur freiwilligen Leistung werden – oder umgekehrt. Verträge können nämlich auch stillschweigend geändert werden. Punkto Lohn gilt im Zweifelsfall, was im Betrieb üblich ist und gelebt wird, und nicht, was irgendwann mal vertraglich festgehalten wurde.*

BONUS: LOHN ODER GRATI?
Gemäss Gerichtspraxis gilt ein Bonus in folgenden Fällen als **Lohnbestandteil**:
- Der Arbeitgeber sichert einen festen Betrag bedingungslos oder für den Fall zu, dass eindeutig definierte und überprüfbare Ziele erreicht wurden.
- Ein Bonus in bestimmter Höhe wird während mindestens dreier Jahre vorbehaltlos ausgerichtet.
- Der Bonus wird im Arbeitsvertrag als Teil des Jahresgehalts aufgeführt.
- Ein Bonus, der an bestimmte Bedingungen geknüpft ist, wird über Jahre ausgezahlt, obwohl die Bedingungen gar nicht erfüllt sind. Damit wird er zum Lohnbestandteil, die Bedingungen werden zur leeren Floskel.
- Auch die Höhe des Bonus im Vergleich zum Grundsalär spielt eine Rolle. Ist ein regelmässig ausgezahlter Bonus etwa gleich hoch wie das Jahresgehalt eines Angestellten oder höher, stellt er in der Regel keine Zusatzvergütung mehr dar, sondern wird zum Lohnbestandteil – selbst dann, wenn der Bonus im Vertrag als «freiwillig» bezeichnet wurde. Allerdings hat das Bundesgericht diese Regel in einem neueren Entscheid wieder relativiert. Konkret ging es um einen Jahreslohn von über zwei Millionen sowie einen Bonus im siebenstelligen Bereich. Dazu das Bundesgericht: «Sobald der eigentliche Lohn ein Mass erreicht, das die wirtschaftliche Existenz des Arbeitnehmers bei Weitem gewährleistet bzw. seine Lebenshaltungskosten erheblich übersteigt, kann die Höhe der Gratifikation im Verhältnis zum Lohn kein tragbares Kriterium mehr sein, um über den Lohncharakter der Sondervergütung zu entscheiden.» (BGE 139 III 155) Dieses Mass ist laut dem Entscheid 141 III 407 dann erreicht, wenn das Einkommen das Fünffache des Schweizer Medianlohns im Privatsektor überschreitet. In solchen Fällen ist bei der rechtlichen Einstufung des Bonus allein auf die vertragliche Vereinbarung und die Umstände abzustellen.

Als **Gratifikation** bezeichneten die Gerichte einen Bonus in folgenden Fällen:
- Der Bonus hat den Charakter einer Sondervergütung und ist neben dem Lohn nur von zweitrangiger Bedeutung.
- Er wird nicht regelmässig und in unterschiedlicher Höhe ausgezahlt.
- Er wird im Vertrag und bei der Auszahlung ausdrücklich als freiwillig bezeichnet.
- Er wird von nicht klar definierten Kriterien abhängig gemacht – «guter Geschäftsgang», «besondere Leistung». Es lässt sich also nicht berechnen, wer wann wie viel zugut hat.

Keine Zielvorgabe, kein Bonus?

Gerät ein Unternehmen ins Schlingern oder findet ein Chefwechsel statt, kann es vorkommen, dass die Zieldefinition unterbleibt. «Trotz mehrmaligem Nachfragen wurden mir für dieses Jahr keine Zielvorgaben gemacht», heisst es dann etwa am Beobachter-Beratungstelefon. «Habe ich trotzdem den Bonus zugut?» Eine allgemeingültige Antwort auf diese Frage ist schwierig. Die Chancen auf einen Bonus stehen aber nicht schlecht. Unterlässt der Arbeitgeber die Zielfestsetzung, riskiert er nämlich gemäss einem Entscheid des Arbeitsgerichts Zürich, dass er den vollen Bonus bezahlen muss, es sei denn, der Arbeitnehmer habe eine unterdurchschnittliche Leistung erbracht. Dies müsste der Arbeitgeber beweisen (Entscheid des Arbeitsgerichts Zürich 2009 Nr. 3).

Was gilt bei einer Kündigung?
Streitigkeiten rund um variable Vergütungen entstehen vor allem dann, wenn ein Arbeitnehmer, eine Arbeitnehmerin aus dem Unternehmen ausscheidet. Denn häufig anzutreffen sind Vertragsklauseln, wonach der Bonus nur ausgerichtet wird, wenn das Arbeitsverhältnis zum Zeitpunkt der Fälligkeit ungekündigt ist.

Laut Bundesgericht ist eine solche Bedingung zulässig, sofern es sich beim Bonus tatsächlich um eine **Gratifikation** handelt. Scheidende Angestellte gehen in solchen Fällen leer aus – unabhängig davon, wer gekündigt hat. Bei Austritt während des Jahres ist die Grati schon von Gesetzes wegen nicht geschuldet, auch nicht anteilmässig. Alles andere müsste vertraglich vereinbart worden sein.

Anders ist die Rechtslage bei einem Bonus mit **Lohncharakter.** Laut Bundesgericht darf ein Lohnbestandteil nicht davon abhängig gemacht werden, dass das Arbeitsverhältnis noch andauert oder nicht gekündigt ist. So zum Beispiel im Fall der Verkäuferin im Beispiel auf Seite 188: Obwohl ihr der Bonus nur «im ungekündigten Arbeitsverhältnis» zugesichert worden war, hatte sie bei Austritt während des Jahres Anspruch auf einen Pro-rata-Anteil. Da ihr Bonus als Lohn eingestuft wurde, erwies sich die Bedingung des ungekündigten Arbeitsverhältnisses im Vertrag als unzulässig, so die Lausanner Richter.

Gleichbehandlung oder Willkür?
Handelt es sich bei einem Bonus um eine freiwillige Leistung, die vom Goodwill des Arbeitgebers abhängt, stellt sich mitunter die Frage, ob dann alle Angestellten – zumindest die auf der gleichen Stufe – auch gleich zu behandeln sind.

EINER LEITENDEN ANGESTELLTEN in einer Firma für Kadervermittlung – nennen wir sie Marta M. – wurde vertraglich ein Bonus zugesichert, der von Umsatz und Leistung abhängen sollte. Im Vertrag hiess es wörtlich: «Eine Bonuszahlung wird aber in jedem Fall in freiem Ermessen des Arbeitgebers erfolgen.» Im Lauf ihrer Tätigkeit in der Firma entwickelte sich zwischen Marta M. und dem Geschäftsleiter ein Liebesverhältnis. Sie erhielt während zweier Jahre Boni in sechsstelliger Höhe. Im dritten Jahr beendete der Chef die Liaison, Marta M. erhielt die Kündigung. Einen Bonus gab es nicht mehr.

Frau M. kämpfte bis vor Bundesgericht um ihren Bonus – ohne Erfolg. Es handle sich hier um eine Gratifikation, lautete das Verdikt der Richter. Der Arbeitgeber dürfe sich bei der Zuteilung freiwilliger Boni durchaus auch von unsachlichen Motiven leiten lassen. Eine willkürliche Entscheidung sei nur dann unzulässig, «wenn darin eine den Arbeitnehmer verletzende Geringschätzung seiner Persönlichkeit zum Ausdruck kommt». Das sei dann der Fall, «wenn ein Arbeitnehmer gegenüber einer Vielzahl von anderen Arbeitnehmern deutlich ungünstiger gestellt wird, nicht jedoch, wenn der Arbeitgeber bloss einzelne Arbeitnehmer besser stellt».

Im Zusammenhang mit Sondervergütungen ist es also erlaubt, einzelne Angestellte, aus welchen Gründen auch immer, zu privilegieren. Das Bundesgericht liess in diesem Urteil durchblicken, die Boni für Marta M. hätten nicht in erster Linie auf der Beurteilung ihrer Arbeitsleistung beruht, sondern seien eher eine Folge der Beziehung zu ihrem Chef gewesen. Da im Arbeitsvertrag die Freiwilligkeit des Bonus vorbehalten worden sei, bestehe «kein Anspruch auf eine willkürfreie Entscheidung über die Bonuszahlung» (Urteil 4C.364/2004 vom 1.7.2005).

Erfolgsbeteiligungen

Gratifikation und Bonus stellen individuelle Belohnungen dar. Daneben werden leitende Angestellte oft auch am Erfolg des Gesamtunternehmens beteiligt. Dabei gibt es verschiedene Möglichkeiten (Art. 322a OR):

- Eine **Gewinnbeteiligung** wird vor allem höheren leitenden Angestellten gewährt, die den Geschäftsgang des Unternehmens direkt mitbeeinflussen können (Tantiemen, beispielsweise in Prozent des Reingewinns). Möglich ist aber auch eine Beteiligung aller Angestellten am Gewinn, etwa durch Mitarbeiteraktien, Partizipationsscheine oder die Auszahlung einer speziellen, vom Gewinn abhängigen Prämie. Die Einzelheiten sind vertraglich zu regeln, insbesondere auch die Frage, wie der Gewinn berechnet wird.

- Die **Umsatzbeteiligung** richtet sich nach den Verkaufserlösen, wobei als Berechnungsgrundlage der Brutto- oder der Nettoumsatz dienen kann. Umsatzbeteiligungen sind einfach zu berechnen. Sie sind vor allem ein Leistungsanreiz für im Verkauf tätiges Personal.

- Als **sonstige Beteiligungen am Geschäftsergebnis** kommen spezielle Prämien infrage, die die Angestellten zu besonderen Leistungen anspornen sollen. Denkbar sind Belohnungen für das Erreichen bestimmter Ziele, zum Beispiel Produktivitäts- und Qualitätssteigerungen oder Termineinhaltung.

INFO *Nach Gesetz müssen Arbeitnehmende kontrollieren können, wie der ihnen zustehende Anteil am Geschäftsergebnis berechnet wird. Der Arbeitgeber muss ihnen – allenfalls auch einem speziell beauftragten Sachverständigen – die dafür notwendigen Unterlagen liefern und wenn nötig auch Einblick in die Geschäftsbücher gewähren.*

Geschäftswagen, Handy und anderes: Fringe Benefits

In vielen Firmen kommen zum Salär noch Lohnnebenleistungen – sogenannte Fringe Benefits, unentgeltliche oder verbilligte Sachleistungen, die unabhängig vom Unternehmens- oder Mitarbeitererfolg erbracht werden. Laut einer Umfrage des Bundesamts für Statistik werden solche Zückerchen für Arbeitnehmende – nicht nur im Kader – immer beliebter.

Am häufigsten werden leitenden Angestellten Gratisfirmenparkplätze zur Verfügung gestellt, gefolgt von Autos und Handys, die auch privat genutzt werden dürfen. Mögliche Zusatzleistungen sind aber auch verbilligte Produkte, Bahn- und Fitnessabos oder Sonderzahlungen an die zweite Säule. Rechtlich handelt sich bei diesen Zusatzleistungen entweder um einen Lohnbestandteil oder um eine Gratifikation, wenn der Arbeitgeber einen Freiwilligkeitsvorbehalt gemacht hat oder die Leistung nur von Fall zu Fall erbracht wird.

> **ACHTUNG** *Bei vielen Fringe Benefits handelt es sich um steuerbare und AHV-pflichtige geldwerte Leistungen (Naturallohn), die mit dem Lohnausweis detailliert zu belegen sind. Nicht zu versteuern sind etwa branchenübliche Rabatte auf Produkten und Dienstleistungen für den Eigenbedarf, Halbtaxabonnemente, kostenlose Firmenparkplätze oder die private Nutzung des Geschäftshandys.*

Häufige Lohnnebenleistung ist das Geschäftsauto, das der oder die Angestellte auch privat nutzen darf. Dabei kann die Privatnutzung sehr unterschiedlich geregelt sein. Denkbar ist ein Pauschalabzug vom Lohn für Privatfahrten, möglich ist aber auch, dass der Arbeitgeber sämtliche Kosten übernimmt, inklusive Nutzung während der Ferien. Auch hier gilt: Eine detaillierte schriftliche Vereinbarung schafft Klarheit und verhindert spätere Auseinandersetzungen. Zu regeln ist nebst der Kostenaufteilung und den Versicherungen insbesondere auch die Frage, ob Familienmitglieder des Arbeitnehmers das Auto nutzen dürfen, sowie ein allfälliges Recht des Arbeitgebers, den Geschäftswagen zurückzufordern.

Geschäftswagen als Naturallohn

Die vom Arbeitgeber finanzierte private Nutzung eines Geschäftsfahrzeugs stellt Naturallohn dar. Dieser ist AHV-pflichtig und muss versteuert werden. Bei der direkten Bundessteuer gilt ab 2022, dass die private Nutzung des Geschäftsfahrzeugs (inklusive Arbeitswegkosten) mit einer jährlichen Pauschale von 10,8 Prozent des Fahrzeugkaufpreises versteuert werden kann. Ein Abzug für die Kosten des Arbeitswegs ist bei dieser Pauschalregelung nicht mehr möglich.

Alternativ kann auch – vor allem bei wenigen Privatfahrten und kurzem Arbeitsweg – die effektive, in einem Bordbuch erfasste Privatnutzung deklariert werden. Dabei wird die Anzahl der privat gefahrenen Kilometer (ohne Arbeitsweg) mit dem entsprechenden Kilometeransatz multipliziert. Das Bordbuch muss gewissen Anforderungen genügen: Excel-Tabellen oder lose Blätter etwa reichen nicht. Beim TCS können Sie ein Bordbuch bestellen, das die Bestimmungen erfüllt (www.tcs.ch, als Suchbegriff Bordbuch eingeben).

ACHTUNG *Seit dem Steuerjahr 2016 können Berufspendler bei der direkten Bundessteuer höchstens noch 3 000 Franken für Fahrkosten abziehen. Die Kantone können ebenfalls eine derartige Obergrenze einführen. Daraus folgt, dass Pendler, die längere Arbeitswege im Geschäftsauto auf Kosten des Arbeitgebers zurücklegen, auch die Pendlerkosten, die 3 000 Franken übersteigen, als Einkommen versteuern müssen.*

Was gilt bei Verhinderung an der Arbeitsleistung?

Da bei Arbeitsunfähigkeit die Lohnzahlung (inklusive Naturallohn) während einer beschränkten Zeit weiterhin geschuldet ist (Art. 324a OR), darf man das Geschäftsauto auch während Krankheitsphasen nutzen – zumindest so lange, wie eine Lohnfortzahlungspflicht des Arbeitgebers besteht. Auch bei einer Freistellung während der Kündigungsfrist (siehe Seite 267) hat der Arbeitnehmer ein Anrecht, den Geschäftswagen für Privatfahrten im üblichen Umfang zu nutzen. Gibt es ein Reglement, wonach der Arbeitgeber bei Freistellung das Fahrzeug zurückfordern kann, muss der Arbeitnehmer finanziell entschädigt werden.

ACHTUNG *Steht Ihnen das Firmenauto nicht nur für gelegentliche private Fahrten zur Verfügung, sondern können Sie frei über die Verwendung entscheiden, werden Sie zum Halter im Sinn des Strassenverkehrsgesetzes. Das gilt auch, wenn Sie das Auto vorwiegend mit Rücksicht auf die geschäftlichen Bedürfnisse des Arbeitgebers einsetzen. Ein Topmanager, der mit dem Firmenwagen schwer verunfallte, konnte deshalb keine Forderungen gegenüber der Haftpflichtversicherung seiner Arbeitgeberin geltend machen, obwohl diese Eigentümerin des Wagens und formell im Fahrzeugausweis als Halterin aufgeführt war (BGE 129 III 102).*

Spesen: Auslagenersatz oder Lohnbestandteil?

Wenn Ihnen bei der Ausführung Ihrer Arbeit Kosten entstehen, die sich nicht vermeiden lassen, muss der Arbeitgeber dafür aufkommen. «Der Arbeitgeber hat dem Arbeitnehmer alle durch die Ausführung der Arbeit notwendig entstehenden Auslagen zu ersetzen, bei Arbeit an auswärtigen

Arbeitsorten auch die für den Unterhalt erforderlichen Aufwendungen», heisst es im Gesetz (Art. 327a ff OR).

Die Höhe der entstandenen Auslagen müssen Sie belegen, am besten in Form einer monatlichen, detaillierten Abrechnung samt Belegen. Nach Gesetz ist der Auslagenersatz jeweils zusammen mit dem Lohn auszurichten, sofern nicht eine kürzere Frist verabredet oder üblich ist. Falls Ihnen bei der Arbeit regelmässig Auslagen entstehen – zum Beispiel wegen häufiger Geschäftsreisen oder Essen mit Kunden –, muss Ihnen der Arbeitgeber einen angemessenen Vorschuss gewähren.

Schriftlich können Pauschalspesen vereinbart werden oder auch (meist nach oben limitierte) Vertrauensspesen, die Sie davon entbinden, Ihre Auslagen auf den Franken genau zu belegen. Solche Spesen müssen aber – im Jahresdurchschnitt – die tatsächlich entstehenden Auslagen vollumfänglich decken. Erweist sich eine Pauschale als zu tief, können Sie Nachforderungen stellen.

INFO *Die gesetzliche Bestimmung, wonach der Arbeitgeber die notwendigen Auslagen tragen muss, ist zwingend. «Abreden, dass der Arbeitnehmer die notwendigen Auslagen ganz oder teilweise selbst zu tragen habe, sind nichtig», so das Gesetz.*

EIN ARBEITNEHMER ERHIELT von seiner Firma eine Geschäftskreditkarte zur Verfügung gestellt. Er musste eine Vereinbarung unterschreiben, wonach er solidarisch mit der Arbeitgeberin für die Verpflichtungen aus der Verwendung dieser Karte hafte. Dann machte die Firma Konkurs, und die Bank verlangte vom Arbeitnehmer Fr. 41 459.60 für die mit der Geschäftskreditkarte bezahlten Rechnungen. Das Bundesgericht erachtete die Verpflichtung als nichtig, da sie gegen Artikel 327a OR verstosse. Der Arbeitnehmer konnte sich nicht gültig verpflichten, die für die Ausübung der Arbeit notwendigen Kosten selbst zu übernehmen (BGE 124 III 305).

Repräsentationsspesen – nicht nur ein Vorteil
«Spesen» sind nicht nur Vergütungen von Auslagen, die in Zusammenhang mit der Arbeit entstehen, sondern oft auch versteckte Lohnzahlungen, gerade bei Kaderangestellten. Werden Spesenpauschalen ausgerichtet, die deutlich über den tatsächlichen Auslagen liegen, und werden diese auch während der Ferien und bei Krankheitsabsenzen ausgezahlt, handelt es

sich rechtlich um Lohn. Oberflächlich betrachtet, sind solche Repräsentationsspesen für Arbeitnehmer wie Arbeitgeber von Vorteil: Sie müssen nicht versteuert werden, und es werden auch keine Sozialversicherungsabzüge fällig. Sie landen ungeschmälert im eigenen Portemonnaie.

Dabei ist allerdings Vorsicht angebracht. Die Renten von AHV, IV und Unfallversicherung, die Freizügigkeitsleistung der Pensionskasse beim Stellenwechsel sowie die Taggelder der Arbeitslosenversicherung hängen direkt vom versicherten Einkommen ab – und dazu gehören Pauschalspesen nicht. Zudem ist abzuklären, in welchem Umfang die Steuerbehörden solche Spesenentschädigungen akzeptieren. Im schlimmsten Fall kann es Nach- und Strafsteuern absetzen, wenn Sie bei einer Steuerrevision nicht belegen können, dass die Spesenpauschale durch Auslagen gerechtfertigt ist. Keine Probleme haben Sie zu befürchten, wenn Ihr Unternehmen das Spesenreglement von den Steuerbehörden hat absegnen lassen.

> **INFO** *Weitere Informationen zu Lohnausweis, Spesenreglementen und Steuern finden Sie unter:*
> – *www.steuerkonferenz.ch*
> – *www.estv.admin.ch*

Arbeitszeit

Von leitenden Angestellten kann erwartet werden, dass sie «etwas mehr leisten als das übliche Pensum», so das Bundesgericht (BGE 129 III 171). Sind für eine Gruppenleiterin also Gratisüberstunden selbstverständlich? Müssen Kaderleute via Laptop und Smartphone rund um die Uhr zur Verfügung stehen?

In der Schweiz werden im Durchschnitt wöchentlich rund 41 Stunden gearbeitet. Was im konkreten Fall gilt, steht normalerweise im Arbeitsvertrag. Ist nichts geregelt – was bei Kaderleuten häufig der Fall ist –, gibt es im Arbeitsgesetz zumindest Leitplanken. Die Schutzvorschriften darin sind strikt einzuhalten und dürfen vertraglich nicht eingeschränkt werden. Das gilt auch für leitende Angestellte. Nur für die oberste Führungsspitze sind die rechtlichen Regeln rund um Arbeits- und Ruhezeiten nicht anwendbar (siehe Seite 183).

Arbeitszeiterfassung für Kaderangestellte?

Das Arbeitsgesetz (ArG) legt die wöchentliche Höchstarbeitszeit in der Privatwirtschaft fest. Sie beträgt 45 Stunden für Arbeitnehmer in industriellen Betrieben sowie für Büropersonal, technische und andere Angestellte inklusive des Verkaufspersonals in Grossbetrieben des Detailhandels. Für alle übrigen Arbeitenden beträgt die Höchstarbeitszeit 50 Stunden (etwa Gewerbe, Gesundheitswesen). Nebst den Höchstarbeitszeiten regelt das ArG auch Ruhezeiten, Pausen, Nacht- und Sonntagsarbeit etc.

Arbeitgeber müssen die Arbeitszeit ihrer Angestellten erfassen (Art. 46 ArG, und 73 ArGV1), damit die Behörden überprüfen können, ob die gesetzlichen Vorschriften zu den Arbeits- und Ruhezeiten eingehalten werden. Aus diesen Aufzeichnungen müssen die Dauer der täglichen und wöchentlichen Arbeit (inklusive Ausgleichs- und Überzeitarbeit) sowie die Zeiten, wann sie geleistet wurde, ersichtlich sein, ebenso die Pausen von einer halben Stunde und mehr. Allerdings gilt die Pflicht zur minutiösen Arbeitszeiterfassung nicht für alle Arbeitnehmenden.

- Für Topmanager ist keinerlei Zeiterfassung vorgeschrieben, da sie den Vorschriften zu Arbeits- und Ruhezeiten des Arbeitsgesetzes nicht unterstellt sind.
- Angestellte, die mindestens 120 000 Franken im Jahr verdienen und weitgehend selbst über ihre Zeiteinteilung entscheiden können, dürfen auf die Zeiterfassung verzichten – sofern ein GAV dies vorsieht.
- Für Angestellte, die über eine namhafte Arbeitszeitautonomie verfügen (etwa Projektleiterinnen), genügt eine stark vereinfachte Zeiterfassung: Dokumentiert werden muss nur die Gesamtdauer der täglichen Arbeitszeit. Einzig bei Sonntags- und Nachtarbeit ist zusätzlich Beginn und Ende des Einsatzes festzuhalten. Für die vereinfachte Arbeitszeiterfassung braucht es keinen GAV, sondern nur die Zustimmung der Mehrheit der Arbeitnehmenden. In Betrieben mit weniger als 50 Angestellten kann die vereinfachte Arbeitszeiterfassung auch auf der Grundlage einer individuellen Vereinbarung mit dem Arbeitnehmer eingeführt werden.

> **ACHTUNG** *Vor allem im Dienstleistungsbereich verzichten viele Firmen auf die Arbeitszeiterfassung. Damit verstossen sie gegen das Arbeitsgesetz – und dies geht nur so lange gut, bis Arbeitsinspektoren den Betrieb kontrollieren. Wird dann festgestellt, dass die Arbeitszeiterfassung mangelhaft ist oder ganz fehlt, verfügt die Behörde eine Nachfrist zur Bereinigung der Verhältnisse. Wird die Nachfrist missachtet, kann eine Geldbusse verhängt werden.*

Überstunden und Überzeit

«In Ihrer Position ist ein Sondereinsatz selbstverständlich und wird nicht speziell vergütet.» Sätze wie diesen bekommen Kaderleute häufig zu hören, wenn sie eine Entschädigung für Mehrarbeit geltend machen wollen. Ganz so einfach ist die Rechtslage allerdings nicht.

Klar ist, dass Arbeitnehmende aller Hierarchiestufen verpflichtet sind, mehr als das übliche Pensum zu leisten, wenn dies aus betrieblichen Gründen notwendig und für den betreffenden Mitarbeiter, die Mitarbeiterin zumutbar ist (Art. 321c OR). Die Zumutbarkeit wird individuell beurteilt und hängt unter anderem ab vom Gesundheitszustand, von familiären und weiteren Verpflichtungen des oder der Angestellten.

Mehrarbeit: Was heisst das?
Die Begriffe Überstunden und Überzeit werden umgangssprachlich oft als Synonyme verwendet. Rechtlich gibt es jedoch einen Unterschied:
- Übersteigt die Mehrarbeit lediglich die vertraglich vereinbarte Arbeitszeit, spricht man von **Überstunden.**
- Wird hingegen gleichzeitig die gesetzliche Höchstarbeitszeit (siehe Seite 198) überschritten, handelt es sich um **Überzeit.** Überzeit ist immer auch Überstundenarbeit – umgekehrt jedoch nicht.

Sowohl Überstunden wie auch Überzeit sollten die Ausnahme bleiben. Bei der Überzeit setzt das Arbeitsgesetz jedoch konkrete Grenzen (Art. 12 ArG). Sie darf nur in dringenden Fällen angeordnet werden, etwa zur Behebung von Betriebsstörungen. Ausserdem darf sie für den einzelnen Arbeitnehmer zwei Stunden pro Tag nicht überschreiten, ausser an arbeitsfreien Werktagen oder in Notfällen. Pro Kalenderjahr darf sie folgende Obergrenzen nicht übersteigen:
- 170 Stunden bei einer Höchstarbeitszeit von 45 Stunden pro Woche
- 140 Stunden bei einer Höchstarbeitszeit von 50 Stunden pro Woche

Wie werden Mehrstunden entschädigt?

Überstunden sind im Obligationenrecht geregelt. Gemäss Artikel 321c OR haben Arbeitnehmende grundsätzlich Anspruch darauf, dass Überstunden mit einem Zuschlag von 25 Prozent ausgezahlt werden, sofern sie nicht – mit ihrem Einverständnis – durch Freizeit von gleicher Dauer kompensiert werden. Entscheidend dabei ist jedoch: Die Vertragsparteien sind frei, durch schriftliche Vereinbarung eine beliebige andere Regelung zu treffen – zum Beispiel auch, dass Überstunden gar nicht oder ohne Zuschlag entschädigt werden oder dass sie nicht finanziell, sondern nur durch Freizeit abgegolten werden können.

Artikel 321c OR regelt ganz allgemein die Überstundenarbeit. Die beschriebenen Regeln gelten also unabhängig von der hierarchischen Stellung des oder der Angestellten. Die Rechtsprechung hat die Regeln zur Mehrarbeit von Kaderangestellten allerdings etwas präzisiert. Es gibt zwei Möglichkeiten:
- Wurde mit der Kadermitarbeiterin eine bestimmte Arbeitszeit vertraglich vereinbart, hat sie Anspruch auf die Entschädigung geleisteter

SPEZIALFALL GLEITENDE ARBEITSZEIT

In der modernen Arbeitswelt finden flexible Arbeitszeitmodelle immer mehr Verbreitung. Gilt in einem Betrieb Gleitzeitarbeit, müssen die Angestellten nur während bestimmter Blockzeiten zwingend am Arbeitsplatz anwesend sein. Ansonsten können sie ihre Arbeitszeit selbst einteilen, solange sie insgesamt ihr Stundensoll erfüllen. Insofern liegt es auch in ihrer Verantwortung, innert nützlicher Frist für einen Ausgleich von Mehrarbeit zu sorgen.

Ein positiver Gleitzeitsaldo sei daher von Überstunden im Sinn von Artikel 321c OR zu unterscheiden, so das Bundesgericht: Einen Gleitzeitüberhang müssten Angestellte grundsätzlich mit Freizeit kompensieren. «Eine Entschädigung kommt nur in Frage, wenn betriebliche Bedürfnisse oder anderslautende Weisungen des Arbeitgebers den zeitlichen Ausgleich solcher Guthaben innerhalb des vereinbarten Gleitzeitrahmens und unter Einhaltung etwaiger Blockzeiten nicht zulassen.» Nur wenn dies der Fall ist, gelten solche Mehrstunden als Überstunden. Beweisen, dass dem so ist, muss der Arbeitnehmer (BGE 123 III 469). ∎

Überstunden gemäss Gesetz – es sei denn, es wurde schriftlich etwas anderes verabredet.

- Wurde im Vertrag eines Kaderangestellten aber weder eine bestimmte Arbeitszeit noch eine Überstundenentschädigung ausdrücklich vereinbart, besteht laut Bundesgericht die Pflicht, ohne Entschädigung Mehrarbeit zu leisten. Dann ist davon auszugehen, dass die Überstunden bereits durch den höheren Lohn abgegolten sind. Ein leitender Angestellter kann in diesem Fall nur dann eine Überstundenentschädigung verlangen, wenn ihm über seine vertraglichen Pflichten hinaus zusätzliche Aufgaben übertragen werden oder wenn während längerer Zeit alle Angestellten in wesentlichem Umfang Überstunden leisten müssen (Urteil 4C.96/1992, vom 1. und 15.9.1992).

Zwingende Regeln für die Überzeit

Auch Überzeit kann im Einverständnis mit dem oder der einzelnen Angestellten innert eines angemessenen Zeitraums durch Freizeit von gleicher Dauer ausgeglichen werden. Geschieht dies nicht, hat der Arbeitgeber dem Arbeitnehmer «für die Überzeitarbeit einen Lohnzuschlag von wenigstens 25 % auszurichten, dem Büropersonal sowie den technischen und andern Angestellten, mit Einschluss des Verkaufspersonals in Grossbetrieben des Detailhandels, jedoch nur für Überzeitarbeit, die 60 Stunden im Kalenderjahr übersteigt» (Art. 13 ArG). Diese gesetzliche Bestimmung ist zwingend und schliesst jede abweichende Vereinbarung aus.

EIN OBERARZT AM UNIVERSITÄTSSPITAL ZÜRICH leistete 2007 und 2008 unbestrittenermassen 2002 Stunden Überzeit. Dies entsprach einem Überzeitlohn (inklusive Zuschlag von 25 Prozent) von 131 957 Franken. Im gleichen Zeitraum erhielt der Arzt Entschädigungen von 157 785 Franken aus Honorarpools. Die Spitaldirektion wollte diesen Betrag an die Entschädigung für die Überzeit anrechnen. Der Arzt wehrte sich mit Erfolg. Artikel 13 ArG sei zwingend, so das Bundesgericht. Abreden, dass Überzeitansprüche mit einem Anteil am Geschäftsergebnis, einer Gratifikation oder einem Bonus abgegolten oder verrechnet würden, seien nicht zulässig. Der Oberarzt hatte Anspruch auf den Überzeitlohn und auf die Poolgelder (BGE 138 I 356).

Mit anderen Worten: Wenn im Arbeitsvertrag vereinbart wurde, dass Mehrarbeit im Lohn bereits inbegriffen oder durch irgendwelche Privile-

---

SCHRIFTLICH VERABREDET – WAS HEISST DAS?

Es dürfte eher die Regel sein, dass bei Angestellten mit Führungsverantwortung eine Entschädigung für Überstunden ausgeschlossen wird. Dies ist zulässig, sofern es «schriftlich verabredet» wurde (Art. 321c Abs.3 OR). Was das bedeutet, hat das Bundesgericht im Fall eines Abteilungsleiters definiert: Dieser Mann hatte eine vertraglich fixierte Arbeitszeit und erhielt als Kadermitglied eine jährliche Gehaltszulage sowie eine zusätzliche Ferienwoche. Seine massiven Überstunden wurden aber nicht entschädigt. Es existierte ein Betriebsreglement, wonach Mehrarbeit des leitenden Personals nicht vergütet werde. Dies war dem Abteilungsleiter bekannt, doch in seinem Arbeitsvertrag fehlte jeder Hinweis auf das Reglement – somit war es nicht Vertragsbestandteil geworden. Der Arbeitgeber argumentierte, die Überstunden seien durch die Chefzulage und die zusätzlichen Ferien abgegolten. Doch auch dies hätte schriftlich vereinbart werden müssen. Das Bundesgericht sprach dem Abteilungsleiter eine Überstundenentschädigung von über 35 000 Franken zu (Urteil C224/1983, vom 1.11.1983).

Schriftlich verabredet heisst also, dass die Überstundenregelung im – von beiden Seiten unterschriebenen – Arbeitsvertrag verankert sein muss. Eine Regelung im nicht unterzeichneten Personalreglement gilt nur dann als schriftliche Vereinbarung, wenn der vom Angestellten unterschriebene Arbeitsvertrag ausdrücklich auf dieses Reglement verweist. ∎

gien abgegolten ist, gilt dies nur für Überstundenarbeit. Sobald die gesetzliche Höchstarbeitszeit überschritten wird, gelten die zwingenden Regeln des Arbeitsgesetzes.

Ausnahmen nur für die oberste Führungsspitze
Wie bereits erwähnt, sind die Arbeitszeitbestimmungen des Arbeitsgesetzes – und damit auch die Regeln zur Überzeit – für die obersten Entscheidungsträger eines Unternehmens nicht anwendbar. Dabei handelt es sich aber um einen kleinen exklusiven Personenkreis (siehe auch Seite 183).

DIE LEITENDE MITARBEITERIN einer Genfer Werbeagentur, die zur «erweiterten Direktion» gehörte und direkt dem Generaldirektor unterstellt war, hatte einen Vertrag, wonach der Lohn für Mehrarbeit «im Salär bereits inbegriffen» sei. Es bestehe «kein Recht auf Kompensation oder auf eine zusätzliche Entschädigung». Aufgabe der Angestellten war es, eine Abteilung aufzubauen und internationale Kundenbeziehungen zu pflegen. Als sie kündigte, hatte sie Hunderte von Überstunden angehäuft. Das Bundesgericht entschied, dass ihr gemäss Arbeitsgesetz diejenige Überzeitarbeit, die 60 Stunden im Kalenderjahr überstieg, zwingend zu entschädigen sei – immerhin ein Betrag von über 30 000 Franken. Die Frau sei nicht als höhere leitende Angestellte zu betrachten, denn sie habe nicht über Entscheidungsbefugnisse in wesentlichen Angelegenheiten verfügt und weder Budgetverantwortung noch Zeichnungsbefugnis gehabt (BGE 126 III 337).

Achten Sie auf klare Abmachungen
Die Frage, ob Mehrarbeit von Führungskräften entschädigt werden muss, führt immer wieder zu gerichtlichen Auseinandersetzungen. Das Problem fängt oft mit unklaren vertraglichen Vereinbarungen an.

EIN LEITENDER ANGESTELLTER in einer anderen Werbeagentur hatte vier Untergebene, war direkt dem CEO unterstellt und bezog ein Jahressalär von 240 000 Franken. Im Arbeitsvertrag war eine 40-Stunden-Woche vereinbart, ergänzt durch folgenden Passus: «In unserer lebendigen Branche lässt sich der Arbeitsanfall nicht nach Belieben regulieren. Über die reguläre Arbeitszeit hinausgehende, für eine Werbeagentur nicht unübliche Mehrarbeit in zumutbarem Rahmen ist im Lohn inbegriffen.» In der Folge arbeitete der Abteilungsleiter wesentlich mehr als 40 Stunden und forderte schliesslich vor Gericht die Auszahlung von 624 Überstunden samt 25 Prozent Lohnzuschlag. Dabei ging er von einer 40-Stunden-Woche sowie von einer mit dem Lohn abgegoltenen Mehrarbeit von 100 Überstunden pro Jahr aus – mehr war seiner Meinung nach nicht zumutbar.

Das Arbeitsgericht Zürich betrieb einen beachtlichen Aufwand, um zu eruieren, was unter «nicht unüblicher Mehrarbeit in zumutbarem Rahmen» zu verstehen sei, und befragte sowohl aktuelle wie frühere Angestellte der Werbeagentur. Die Zeugenaussagen zeigten, dass die Arbeitsbelastung des Klägers nicht als Ausnahmeerscheinung taxiert werden könne. «Die Kriterien der Üblichkeit und Zumutbarkeit entziehen sich einer messerscharfen Bestimmung», meinte das Gericht, kam aber dennoch zum Schluss, der Kläger habe «als verständig und redlich Urteilender» seinen Vertrag so verstehen müssen, dass jegliche Abgeltung von Überstunden ausgeschlossen sei. Lediglich die Überzeit im Sinn des Arbeitsgesetzes (siehe Seite 201) sei zu bezahlen – in seinem Fall ab der 60. Überzeitstunde pro Kalenderjahr (Urteil bestätigt vom Obergericht des Kantons Zürich am 8.6.2012).

Rund um die Uhr: allzeit bereit?

Smartphone, Tablet und Laptop machen es möglich: Kaderleute – und nicht nur sie – sind jederzeit erreichbar, können E-Mails abrufen und beantworten, Dokumente studieren und per Zoom, Teams und Co. geschäftliche Vorgänge besprechen. Vor allem bei Arbeit im Homeoffice verschwimmt oft die Grenze zwischen Arbeits- und Freizeit (siehe auch Seite 229). Dieses Phänomen der ständigen Erreichbarkeit wirft besondere rechtliche Fragen auf, die noch nicht in allen Einzelheiten geklärt sind. Denn die geltenden Gesetze sind nicht auf die moderne Arbeitswelt zugeschnitten. Folgendes lässt sich jedoch zumindest für diejenigen Kaderleute festhalten, die dem Arbeitsgesetz unterstehen:

Arbeitszeit ist definiert als diejenige Zeit, während derer sich der Arbeitnehmer «zur Verfügung des Arbeitgebers hält» (Art. 13 ArGV1). Dies kann auch ausserhalb des Betriebs sein. Wer also von zu Hause oder unterwegs geschäftliche Gespräche führt, E-Mails beantwortet, an Videokonferenzen teilnimmt, erbringt eine – grundsätzlich zu entlöhnende – Arbeitsleistung. Tut er dies in der Freizeit, handelt es sich rechtlich um Überstunden (mit den auf Seite 200 beschriebenen Konsequenzen).

Im Übrigen setzt der Gesetzgeber der ständigen Erreichbarkeit von Angestellten klare Grenzen:

- Arbeit an Sonntagen und nachts ist – ausser in einigen speziellen Branchen – verboten oder braucht zumindest eine Bewilligung. Das gilt auch für Arbeit via Laptop und Smartphone.
- Einsatzbereitschaft rund um die Uhr kann nicht verlangt werden, da die arbeitsgesetzlichen Höchstarbeits- und Ruhezeiten einzuhalten sind. Angestellte müssen eine tägliche Ruhezeit von mindestens elf aufeinanderfolgenden Stunden haben. Ausnahmen sind nur einmal pro Woche zulässig oder bei Pikettdienst.
- Ferien müssen der Erholung dienen. Deshalb müssen Arbeitnehmende laut Gesetz mindestens zwei Ferienwochen zusammenhängend erhalten, das heisst ohne Unterbrechung durch Arbeitseinsätze am iPad. Die Forderung nach ständiger Erreich- und Verfügbarkeit ist mit dem Erholungszweck der Ferien nicht vereinbar und muss daher nicht akzeptiert werden. Ausnahmen kann es höchstens in Notfällen geben oder wenn es lediglich darum geht, auf dem Laufenden gehalten zu werden.
- Der Arbeitgeber muss seinen Angestellten alle durch die Arbeit notwendigerweise anfallenden Spesen ersetzen. Das gilt auch für die Kosten, die einem Mitarbeiter durch die vom Arbeitgeber gewünschte Nutzung elektronischer Geräte entstehen. Allenfalls ist eine pauschale Abgeltung möglich.
- Das Weisungsrecht der Arbeitgeber ist beschränkt und darf nur in Ausnahme- und Notfällen ins Privatleben der Angestellten eingreifen (siehe Seite 224). Gehört es daher zu den Pflichten einer Mitarbeiterin, zu bestimmten Zeiten erreichbar zu sein, sollten die Einzelheiten vertraglich geregelt werden.

Machen wir uns nichts vor: Wer in der modernen Arbeitswelt Karriere machen möchte, wird sich nicht weigern können, gelegentlich nach Feierabend eine Mail zu beantworten oder auch mal während der Ferien für eine dringende Rückfrage zur Verfügung zu stehen. Gerade in unteren Kaderpositionen darf jedoch nicht eine ständige Erreichbarkeit verlangt werden.

> **TIPP** *Notieren Sie sich im Zweifelsfall Einsätze, Telefonate und andere Arbeitsleistungen ausserhalb der üblichen Arbeitszeit. Übersteigen die Störungen ein zumutbares Mass, sollten Sie das Problem in der Firma thematisieren. Berufen Sie sich auf die oben beschriebenen Regeln und machen Sie Lösungsvorschläge. Wenden Sie sich notfalls ans Arbeitsinspektorat (www.arbeitsinspektorat.ch).*

Treuepflicht von Kaderangestellten

In einem Arbeitsverhältnis geht es nicht nur um den Austausch von Arbeit gegen Lohn. Vielmehr entsteht darüber hinaus ein besonderes Vertrauensverhältnis. Arbeitnehmende schulden der Arbeitgeberin Treue und Loyalität. Dies gilt in besonderem Mass für Führungskräfte.

Arbeitnehmerinnen und Arbeitnehmer sind verpflichtet, die ihnen «übertragene Arbeit sorgfältig auszuführen und die berechtigten Interessen des Arbeitgebers in guten Treuen zu wahren» (Art. 321a OR). Angestellte müssen sich also loyal verhalten und alles unterlassen, was den Arbeitgeber wirtschaftlich schädigen oder sein Ansehen herabsetzen könnte. Streng verboten ist es insbesondere, den Arbeitgeber während der Dauer der Anstellung zu konkurrenzieren, sei es durch eine selbständige oder unselbständige Nebentätigkeit oder durch Abwerben von Mitarbeitenden, Kunden oder Lieferanten. Handlungsbevollmächtigte und Prokuristen unterstehen zusätzlich einem speziellen Konkurrenzverbot (Art. 464 OR).

Im Weiteren darf der Arbeitnehmer «geheim zu haltende Tatsachen, wie namentlich Fabrikations- und Geschäftsgeheimnisse, von denen er im Dienst des Arbeitgebers Kenntnis erlangt, während des Arbeitsverhältnisses nicht verwerten oder anderen mitteilen; auch nach dessen Beendigung bleibt er zur Verschwiegenheit verpflichtet, soweit es zur Wahrung der berechtigten Interessen des Arbeitgebers erforderlich ist». Geheim heisst, dass die Informationen nur einem begrenzten Personenkreis zugänglich sind und nicht mit ein paar Klicks gegoogelt werden können. Ob eine Mitarbeiterin von diesen Geheimnissen per Zufall oder im Rahmen ihrer vertraglichen Tätigkeit im Betrieb erfahren hat, spielt keine Rolle. Entscheidend ist, dass ihr Arbeitgeber diese Tatsachen geheim halten will und dafür auch ein berechtigtes Interesse geltend machen kann.

Leitende Angestellte geniessen das spezielle Vertrauen ihres Arbeitgebers und müssen sich daher besonders loyal verhalten. Verstösse gegen die Treuepflicht werden strenger geahndet und können rascher zu einer Kündigung oder gar zu einer fristlosen Entlassung führen als bei «gewöhnlichen» Angestellten. Was das im Einzelfall bedeutet, zeigen die folgenden Beispiele aus der Gerichtspraxis.

Unkorrektes Verhalten im Bewerbungsverfahren

Im Bewerbungsverfahren müssen Kandidaten und Kandidatinnen von sich aus alle Informationen liefern, die für die zu besetzende Stelle wesentlich sind und ihre Eignung betreffen. Bei Kaderpositionen gelten besonders strenge Massstäbe. Zu Recht durfte daher ein leitender Angestellter fristlos entlassen werden, der im Bewerbungsgespräch gelogen hatte.

IN DEN VORSTELLUNGSGESPRÄCHEN bei einer Bank erklärte der Arbeitnehmer, er stehe in ungekündigtem Vertragsverhältnis und verdiene 180 000 Franken pro Jahr. Darauf wurde er als Mitglied der Direktion angestellt. Später stellte sich heraus, dass dem Mann wegen schlechter Leistung schon vor längerer Zeit gekündigt worden war und dass sein Lohn nur 100 000 Franken betragen hatte. Trotz guter Leistungen während der Probezeit entliess ihn die Bank fristlos.

Laut Bundesgericht war diese Entlassung zulässig. Ein Mitglied der Direktion müsse besonderes ehrlich sein. Die wahrheitswidrigen Angaben hätten, unabhängig von der Qualität der danach erbrachten Arbeitsleistung, das in den Angestellten gesetzte Vertrauen zerstört. Die Fortsetzung des Vertrags war nicht mehr zumutbar (Urteil 4A_569/2010 vom 14.2.2011).

In einem anderen Fall wurde der Vertrag mit einem Geschäftsführer sogar für nichtig erklärt, als sich herausstellte, dass er im Einstellungsverfahren ein gefälschtes Arbeitszeugnis vorgelegt hatte. Der Vertrag war damit ungültig und wurde per sofort aufgehoben. Immerhin erhielt der Geschäftsführer in diesem Fall den Lohn für die Zeit, während der er bereits gearbeitet hatte. Denn es konnte ihm nicht nachgewiesen werden, dass ihm bewusst war, dass sein Täuschungsmanöver die Ungültigkeit des Vertrags zur Folge haben würde (BGE 132 III 242).

Kritik an Vorgesetzten und am Unternehmen

Von leitenden Angestellten, die mit Weisungen ihrer eigenen Vorgesetzten oder mit der Geschäftspolitik des Unternehmens nicht einverstanden sind, darf erwartet werden, dass sie mit Kritik zurückhaltend sind, vor allem gegenüber Untergebenen oder aussenstehenden Dritten (zum Weisungsrecht des Arbeitgebers siehe Seite 224). Allfällige Probleme oder behauptete Missstände sind direkt mit dem Arbeitgeber zu klären.

EINE PFLEGEDIENSTLEITERIN bekam wenige Monate nach ihrer Anstellung eine neue Chefin. Die Kaderangestellte war von Anfang an nicht einverstanden mit dem Führungsstil der neuen Direktorin und verlangte vom Führungsgremium, die Ernennung rückgängig zu machen. Sie könne sich nicht vorstellen, mit dieser Person zu arbeiten. Gegenüber ihrem Pflegeteam erklärte sie, dass sie kein Vertrauen in die Führung habe und – sofern sich nichts ändere – die Stelle aufgeben wolle, sobald sie etwas Besseres gefunden habe. Als der Arbeitgeber ihr wegen dieser Äusserungen kündigte, klagte die Pflegedienstleiterin wegen missbräuchlicher Kündigung.

Tatsächlich sprachen sowohl das Arbeitsgericht Lausanne wie auch das Waadtländer Kantonsgericht der entlassenen Frau eine Entschädigung von 7500 Franken zu. Das Bundesgericht sah die Situation jedoch anders: «Ein zum Kader gehörender Arbeitnehmer, der wenige Monate nach der Anstellung mit den Untergebenen über seine Meinungsverschiedenheiten mit der Direktion spricht und bekannt gibt, dass er unter der neuen Direktion nicht arbeiten und seine Arbeitsstelle verlassen will, zerstört die für jedes Arbeitsverhältnis unerlässliche Vertrauensgrundlage und verletzt seine Treuepflicht», so das Gericht. Die Kündigung war daher nicht missbräuchlich (BGE 127 III 86, mehr dazu auf Seite 255).

Auch der folgende Fall aus dem Gesundheitswesen wurde bis ans Bundesgericht weitergezogen.

EINE PFLEGEFACHFRAU war als Stationsleiterin in einem Heim tätig. Ihr Arbeitgeber erliess die Weisung, dass Geldspenden von Angehörigen umgehend zuhanden der Personalkasse abgeliefert werden müssten. Alle Mitarbeitenden wurden entsprechend informiert. Die Stationsleiterin war mit dieser Weisung nicht einverstanden und lieferte nachweisbar zweimal Geldgeschenke in Höhe von 500 und 300 Franken nicht ab. Ausserdem informierte sie ihre Untergebenen, dass sie die Weisung als unrechtmässig erachte, und verteilte ihnen einen schriftlichen Kommentar ihres Ehemanns zur Rechtslage bei Geschenken an Arbeitnehmer.

Die gegen diese Arbeitnehmerin ausgesprochene Kündigung war nach Auffassung des Bundesgerichts nicht missbräuchlich. Eine Weisung, dass Geldgeschenke an eine dem gesamten Personal zugutekommende Kasse abzuliefern seien, sei rechtmässig. Die Stationsleiterin habe zwei Pflichtverletzungen begangen: Nichtbefolgung der Weisung und Missachtung der Treuepflicht, weil sie ihre Unterstellten angehalten habe, die Weisung ebenfalls nicht zu befolgen. Ein leitender Angestellter, der eine Anordnung des Arbeitgebers für unrechtmässig halte, habe nicht das Recht, «ohne Rücksprache mit dem Arbeitgeber einfach seinen Untergebenen seine eigene Rechtsauffassung kundzutun und sie so indirekt zur Nichtbefolgung der Weisung anzuhalten». Die Stationsleiterin hätte sich zuerst an den Arbeitgeber wenden müssen, befanden die Richter (Urteil 4A_613/2010 vom 25.1.2011).

Keine Treuepflichtverletzung beging dagegen ein Bankangestellter, der vermutete Missstände dem Firmenanwalt meldete. Obwohl sich der Verdacht nicht erhärtete, war sein Vorgehen nicht zu beanstanden. Der Anwalt war kein Externer und stand unter Schweigepflicht (Urteil des Bundesgerichts 4A_2/2008 vom 8.7.2008).

Konkurrenzierung des Arbeitgebers

Von Kaderangestellten wird in besonderem Mass erwartet, dass sie ihre gesamte Energie und Arbeitskraft im Interesse der Arbeitgeberin einsetzen.

Ihr Spielraum für Nebenbeschäftigungen ist daher von vornherein beschränkt. Eine Treuepflichtverletzung liegt schon dann vor, wenn die Nebentätigkeit den Kaderangestellten derart beansprucht, dass seine Leistungsfähigkeit beeinträchtigt wird.

Eine schwere Treuepflichtverletzung begeht, wer die Arbeitgeberin konkurrenziert oder seine einflussreiche Stellung dazu missbraucht, sich an lukrativen Nebengeschäften zu bereichern. So erachtete beispielsweise das Bundesverwaltungsgericht eine fristlose Entlassung als gerechtfertigt, nachdem ein hoher leitender Bundesangestellter die Beziehungen zu einem Unternehmen, an dem seine Ehefrau beteiligt war, verschwiegen hatte. Er hatte an der Gründung dieses Unternehmens, das sich um Bundesaufträge bemühen sollte, mitgewirkt und dessen Bevorzugung bei der Auftragsvergabe und Vergütung zugelassen. Dabei hatte er diverse Weisungen missachtet und ähnliche Pflichtverletzungen auch bei seinen Mitarbeitenden geduldet (Urteil des Bundesverwaltungsgerichts A-4792/2010 vom 15.11.2010).

Zu Recht fristlos entlassen wurde auch ein SBB-Kadermann, der dubiose Eigengeschäfte mit Lieferanten seines Arbeitgebers getätigt hatte. Gemäss Urteil war die Befürchtung der SBB berechtigt, dass bei Bekanntwerden der Geschäfte in der Öffentlichkeit der Eindruck entstehen könnte, SBB-Mitarbeiter seien bestechlich (Urteil des Bundesverwaltungsgerichts A-4597/2012 vom 21.2.2013).

Strafverfahren und Schadenersatz

Mit der fristlosen Entlassung ist ein solcher Fall nicht immer erledigt. Je nach Situation droht dem pflichtvergessenen Kaderangestellten zudem ein Strafverfahren. Unter Umständen wird er auch schadenersatzpflichtig. So zum Beispiel ein Vermögensverwalter und Mitglied der Geschäftsleitung: Er hatte seine Treuepflicht massiv verletzt, indem er Monate vor seiner Kündigung die Kunden informierte, dass er sich selbständig machen wolle, und sie ermunterte, ihre Verwaltungsvollmachten gegenüber seinem Noch-Arbeitgeber zu widerrufen. Seine fristlose Entlassung sowie die Schadenersatzforderungen des geprellten Arbeitgebers wurden vom Arbeitsgericht Zürich geschützt (Entscheid vom 13.11.2013).

Im folgenden Fall wurde ein handlungsbevollmächtigter Kaderangestellter sogar dazu verurteilt, dem geschädigten Arbeitgeber den durch unzulässige Nebengeschäfte erzielten Gewinn herauszugeben.

DER MANN ARBEITETE RUND ZWEI JAHRE lang als Leiter der Abteilung Heizung in einer AG. Er gehörte der Geschäftsleitung an, war handlungsbevollmächtigt und führte selbständig eine Zweigstelle. Laut Vertrag war ihm «jegliche private Erwerbstätigkeit ohne schriftliche Einwilligung der Geschäftsleitung oder des Verwaltungsrats […] untersagt». Nach seinem Ausscheiden aus der Firma stellte die Arbeitgeberin fest, dass der Angestellte während des Arbeitsverhältnisses auf privater Basis und gegen Entgelt Aufträge im Heizungsbereich ausgeführt und dabei firmeneigene Infrastruktur verwendet hatte. Daraufhin klagte die Arbeitgeberin auf Herausgabe der Einnahmen des Ex-Angestellten aus der Nebentätigkeit. Es ging immerhin um einen Betrag von 23 595 Franken plus fünf Prozent Zins.

Laut Bundesgericht unterstand der Arbeitnehmer nicht nur dem Verbot der Schwarzarbeit gemäss Artikel 321a Absatz 3 OR, sondern als Handlungsbevollmächtigter auch noch einem verschärften Konkurrenzverbot (Art. 464 OR). Nach dieser Bestimmung darf «der Prokurist und der Handlungsbevollmächtigte, der zum Betrieb des ganzen Gewerbes bestellt ist oder in einem Arbeitsverhältnis zum Inhaber des Gewerbes steht, ohne Einwilligung des Geschäftsherrn weder für eigene Rechnung noch für Rechnung eines Dritten Geschäfte machen, die zu den Geschäftszweigen des Geschäftsherrn gehören». Bei Übertretung des Konkurrenzverbots «kann der Geschäftsherr Ersatz des verursachten Schadens fordern und die betreffenden Geschäfte auf eigene Rechnung übernehmen». Die Forderung der Arbeitgeberin nach Herausgabe des erzielten Gewinns wurde deshalb geschützt (BGE 137 III 607).

Das Bundesgericht hat offengelassen, ob auch gegenüber einem Arbeitnehmer ohne Handlungsvollmacht oder Prokura ein Anspruch auf Gewinnherausgabe besteht, wenn er seine Arbeitgeberin unzulässigerweise konkurrenziert.

Weitergabe von betriebsinternen Unterlagen

Die Treuepflicht des Arbeitnehmers findet ihre Grenze dort, wo seine berechtigten Eigeninteressen tangiert werden. Vor allem im gekündigten Arbeitsverhältnis ist das aus der gesetzlichen Treuepflicht abgeleitete Konkurrenzverbot nach allgemeiner Auffassung weniger streng zu handhaben als vorher. Dem austretenden Arbeitnehmer muss es erlaubt sein, seine berufliche Zukunft vorzubereiten, indem er zum Beispiel die Gründung einer eigenen Firma in die Wege leitet, Geschäftsräumlichkeiten mietet oder mit der Suche nach Personal beginnt.

Verboten bleibt aber weiterhin die eigentliche Konkurrenzierung des aktuellen Arbeitgebers, etwa das Schalten von Werbeinseraten oder das direkte Abwerben von Kunden und Mitarbeitern. Dabei genügt bereits die Möglichkeit, dass ein Schaden entstanden ist; der Arbeitgeber muss dies nicht nachweisen. Im folgenden Fall hatte ein Kadermitarbeiter, nachdem er gekündigt hatte, betriebsinterne Dokumente an seinen zukünftigen Arbeitgeber weitergeleitet. Inwieweit er damit seine Treuepflicht verletzt hatte, war Gegenstand eines Gerichtsverfahrens.

DER MANN WAR SEIT DEM 1. JULI 2006 bei einer Krankenversicherung als Verkaufsleiter Privatkunden angestellt und gehörte damit der Direktion an. Am 16. September 2009 unterzeichnete er einen Arbeitsvertrag mit der Konkurrentin C. und kündigte sein Arbeitsverhältnis auf Ende Dezember 2009, nachdem er unmittelbar vorher noch an einer Kadertagung teilgenommen hatte. Kurz darauf stellte die Versicherung fest, dass der scheidende Kadermitarbeiter vertrauliche Dokumente an seinen künftigen Vorgesetzten in der neuen Firma weitergeleitet hatte, und entliess ihn fristlos. Nebst anderen Dokumenten ging es um eine Mitbewerberübersicht, die die Versicherung für interne Zwecke erstellt hatte. Der gefeuerte Kadermann stellte sich auf den Standpunkt, es handle sich dabei nicht um ein vertrauliches Dokument. Die Aufstellung sei im Internet jedermann zugänglich.

Das Gericht sah dies anders. Wohl seien die einzelnen Informationen im Internet auffindbar. Es handle sich aber um ein mit einem gewissen Aufwand erstelltes, aus unterschiedlichen Quellen zusammengetragenes Arbeitserzeugnis der Versicherung, das in Form von Mitarbeiterlöhnen habe bezahlt werden müssen. Man könne zudem daraus erkennen, welche Kriterien die Firma als besonders relevant betrachte. Insoweit bestehe ein berechtigtes Geheimhaltungsinteresse. Ein korrekter Arbeitnehmer hätte wissen müssen, dass die Aufstellung nicht für die Öffentlichkeit bestimmt gewesen sei – und schon gar nicht für eine Konkurrentin.

Ins Gewicht fiel auch, dass der Kläger im Verkaufsbereich und in der Entwicklung der Marketingstrategien tätig war. Er war daher «in der Lage, seiner künftigen Arbeitgeberin die ‹Mitbewerberübersicht› allenfalls auch noch ergänzend zu erläutern und damit den Wert dieser Übersicht massgeblich zu erweitern», so das Gericht. Die Weitergabe des Dokuments müsse daher «als erheblicher Verstoss gegen die Treuepflicht des Klägers gewertet werden», der angesichts der hohen Vertrauensstellung des Kadermanns doppelt schwer wiege. «Die fristlose Entlassung des Klägers war daher [...] ohne weitere Abmahnung berechtigt.» (Obergericht des Kantons Zürich vom 30.9.2011)

Verletzung von Kontrollpflichten

Leitende Angestellte müssen nicht nur ihre eigenen Aufgaben sorgfältig und verantwortungsbewusst erledigen. Sie haben auch eine Aufsichts- und Kontrollpflicht gegenüber ihren Mitarbeiterinnen und Mitarbeitern. Eine Kaderangestellte in einer Bank, die diese Kontrollpflichten grob vernachlässigt hatte, wurde zu Recht fristlos entlassen.

DIE ABTEILUNGSLEITERIN EINER GENFER BANK hatte die Aufgabe, Zahlungen, die ihre Untergebenen im Auftrag von Kunden tätigten, zu autorisieren, sofern der Betrag 20 000 Franken überstieg (Vier-Augen-Prinzip). Bei Zahlungen über 100 000 Franken musste der Kunde sicherheitshalber telefonisch kontaktiert werden, um den Auftrag zu verifizieren. Die Abteilungsleiterin hatte ausserdem die Aufgabe, die Aufzeichnungen der Transaktionen regelmässig zu überprüfen. Eines Tages kam es zu einem heftigen Streit zwischen der Abteilungsleiterin und ihren Untergebenen, worauf die Leiterin sich weigerte, weiter mit den Mitarbeitenden zu reden. Sie übergab ihnen ihr Passwort und wies sie an, die Kontrollen in Zukunft selber durchzuführen.

Die fristlose Entlassung wurde vom Bundesgericht mit dem Argument geschützt, dass Passwörter keinesfalls an Untergebene weitergegeben werden dürften. Sicherheitsvorschriften seien für eine Bank von existenzieller Bedeutung. Die Arbeitgeberin habe von der Kaderangestellten erwarten dürfen, dass diese die Kontrollvorschriften buchstabengetreu einhalte.

Indem die Angestellte ihre Untergebenen anwies, die Kontrollen selbst durchzuführen, habe sie das gesamte Sicherheitssystem infrage gestellt und ihre Pflichten damit auf schwerwiegende Weise verletzt. Eine weitere Zusammenarbeit war daher nicht mehr zumutbar (Urteil 4A_236/2012 vom 2.8.2012).

Verschärfte Haftpflicht

Angestellte können für den Schaden verantwortlich gemacht werden, den sie dem Unternehmen absichtlich oder fahrlässig zufügen (Art. 321e OR). Das Ausmass der Haftpflicht hängt von der Schwere des Verschuldens ab:
- Bei leichter Fahrlässigkeit besteht keine oder nur geringe Haftung.
- Bei mittlerer Fahrlässigkeit besteht eine eingeschränkte Haftung.
- Für grobe Fahrlässigkeit, also wenn grundlegendste Verhaltensregeln verletzt wurden, haften Angestellte voll.

Zusätzlich berücksichtigt werden das Berufsrisiko, der Lohn, die Fähigkeiten und die Fachkenntnisse des Arbeitnehmers sowie ein allfälliges Mitverschulden des Arbeitgebers.

Leitende Angestellte verfügen über höhere Kompetenzen und eine grössere Verantwortung. Folgerichtig können sie für Fehler auch rascher zur Rechenschaft gezogen werden als das ausführende Personal. Vernachlässigen sie ihre Führungs- und Aufsichtsfunktion, können sie unter Umständen auch für Verfehlungen ihrer Untergebenen zur Verantwortung gezogen werden.

Es ist aber nicht so, dass Führungskräfte, die sich nichts zuschulden kommen liessen, in jedem Fall für ein Fehlverhalten ihrer Untergebenen geradestehen müssen.

HERR A., DER SEINE KARRIERE in einer Bank 1976 als einfacher Angestellter begonnen hatte, arbeitete sich im Lauf der Zeit bis zum stellvertretenden Generaldirektor hoch und war schliesslich die Nummer zwei der Genfer Filiale seines Arbeitgebers. Im Jahr 2000 wurden ihm seine sehr guten Leistungen und Führungsqualitäten in einem Zwischenzeugnis bestätigt. Ausserdem bekam er als Dank einen üppigen Bonus. 2001 stellte sich heraus, dass ein Untergebener von Herrn A. Betrügereien zulasten von Bankkunden begangen hatte. Insgesamt gab es 30 Geschädigte, die Schadenssumme belief sich auf über elf Millionen Franken. Obwohl interne Untersuchungen ergaben, dass Herrn A. kein Verschulden traf, erhielt er die Kündigung. Darin hiess es sinngemäss, er habe schliesslich die Verantwortung für den fehlbaren Angestellten getragen. Das Vertrauensverhältnis sei zerstört. Konkrete Vorwürfe gegen ihn wurden aber nicht erhoben.

DOPPELTE TREUEPFLICHT: FÜHRUNGSKRÄFTE MIT ORGANSTELLUNG

Haben Kaderangestellte in ihrem Betrieb gleichzeitig eine Organstellung inne (siehe Seite 184), liegt ein arbeits- und gesellschaftsrechtliches Doppelverhältnis vor. Ein solches Organ muss sich sowohl an die Treuepflicht des Arbeitnehmers halten (Art. 321a OR) wie auch an die weitergehende organschaftliche Treuepflicht des Verwaltungsrats- oder Direktionsmitglieds. Die diesbezüglichen Bestimmungen für die AG (Art. 717 OR), die GmbH (Art. 803 OR) und die Genossenschaften (Art 866 OR) sind ähnlich ausgestaltet. Angestellte mit Organfunktion unterliegen zudem einer verschärften Haftpflicht, wenn sie ihre Pflichten verletzen und dabei fahrlässig oder absichtlich gehandelt haben.

Von besonderer Bedeutung ist dabei die Verantwortung gegenüber der AHV. Gemäss Artikel 52 AHVG können rechtliche oder faktische Organe eines Unternehmens persönlich haftbar gemacht werden, wenn das Unternehmen AHV-Beiträge der Angestellten nicht abgeliefert hat. Dies dann, wenn die betreffende Person in Bezug auf die nicht bezahlten Beiträge disponieren und Zahlungen an die Ausgleichskasse veranlassen konnte (BGE 103 V 120). So wurde ein «Consultant COO» (Chief Operating Officer), dessen frühere Arbeitgeberfirma Konkurs gemacht hatte, zu Schadenersatz für ausstehende Sozialversicherungsbeiträge aus der Zeit seiner Tätigkeit verurteilt. Er musste insgesamt Fr. 151 698.30 zahlen. Laut Bundesgericht liessen sein Verhalten und sein Auftreten darauf schliessen, dass er die zuständige Person in diesen personalrechtlichen Angelegenheiten gewesen sei (Urteil 9C_535/2008 vom 3.12.2008). ■

Das Bundesgericht erachtete die Kündigung als missbräuchlich. Der Kadermann sei als Vorgesetzter nur entlassen worden, um das Ansehen der Bank zu retten, das durch die Betrugsaffäre gelitten hatte. Er war der Sündenbock, mit dem die Bank der Öffentlichkeit ihr konsequentes Durchgreifen demonstrierte – ohne Rücksicht auf den Reputationsschaden, den sie dem langjährigen, unbescholtenen Mitarbeiter zufügte. Der Entlassene erhielt eine Entschädigung im sechsstelligen Bereich (BGE 131 III 535).

Das nachvertragliche Konkurrenzverbot

Wie im letzten Kapitel ausgeführt, ist die Konkurrenzierung des Arbeitgebers während der Dauer des Arbeitsverhältnisses ohne Wenn und Aber verboten. Nach dem Ausscheiden aber haben Angestellte, auch Führungskräfte, das Recht, eine den früheren Arbeitgeber konkurrenzierende Tätigkeit anzunehmen, und sie dürfen auch dessen Kunden kontaktieren. Ein Arbeitgeber, der sich dagegen schützen will, muss mit den Angestellten schriftlich ein Konkurrenzverbot vereinbaren.

Arbeitnehmer können sich vertraglich verpflichten, nach Beendigung des Arbeitsverhältnisses keine Stelle bei der Konkurrenz des bisherigen Arbeitgebers anzunehmen und auch selbst keine Konkurrenzfirma zu gründen (Art. 340 OR ff.). Solche Konkurrenzverbote werden nicht nur, aber besonders häufig mit leitenden Angestellten vereinbart. Die Erfahrungen zeigen auch, dass derartige Klauseln zu wenig beachtet und oft allzu leichtfertig unterschrieben werden.

SANDRA P.S NEUER VERTRAG LIEGT VOR IHR. Sie hat sich gegen hochkarätige Mitbewerber durchgesetzt und den begehrten Führungsposten erhalten. Nachdem sie das dreiseitige Dokument überflogen und sich vergewissert hat, dass Salär, Zusatzleistungen und Funktionsbezeichnung stimmen, greift sie zum Stift. Hochzufrieden setzt sie ihre Unterschrift unter das Papier – und schon ist es passiert: Sandra P. hat das Konkurrenzverbot übersehen, irgendwo auf der zweiten Seite. Fünf Jahre später, als ihr ein Konkurrenzbetrieb die absolute Traumstelle anbietet, rächt sich das bitter.

Dieses Szenario ist leider keine Seltenheit. Immer wieder melden sich Ratsuchende beim Beobachter-Beratungszentrum, die erst, wenn sie einen Stellenwechsel planen, realisieren, dass sie sich selber vertragliche Fesseln angelegt haben.

MELANIE GABRIEL
CMO und Co-Founder Yokoy Group AG

Welches war Ihre erste Führungsrolle?
Anfang zwanzig leitete ich Verona 3000. Dabei handelte es sich um ein Musical, das wir mit 200 jungen Menschen von A bis Z selber entwickelten, komponierten, finanzierten und 2014 vor 8000 Zuschauern aufführten. Eines der vielen Learnings: die Kunst, die unterschiedlichsten Menschen und ihre Ideen unter einer gemeinsamen Vision zu vereinen und eine auf den ersten Blick waghalsige Idee erfolgreich in die Realität umzusetzen.

Welches war Ihr grösster Fehler als Führungsperson?
In einem Start-up braucht es je nach Phase andere Personen mit unterschiedlichen Fähigkeiten. Am Anfang braucht es GeneralistInnen, die anpacken, wo es gerade brennt, ohne viel Guideline selber Lösungen für Probleme finden und diese proaktiv umsetzen. Wenn die Firma und das Team grösser werden, braucht es Personen, die Expertise und Prozesse aufbauen. Am Anfang war mir das weniger bewusst, und so hatte ich einmal eine Person im Team, die viel mehr Struktur und Führung gebraucht hätte, als wir ihr bieten konnten. Weil wir ziemlich unterbesetzt waren, nahm ich mir während der Probezeit zu wenig Zeit für sie, und wir merkten erst viel später, dass es nicht passte.

Was haben Sie daraus gelernt?
Nicht jedes Talent kann sich in jeder Phase gleich gut entfalten, was völlig normal und okay ist. Ich habe gelernt, eine neue Person bereits ab Tag eins realen Arbeitsbedingungen auszusetzen, klare Milestones miteinander zu vereinbaren, diese in regelmässigen Check-ins gemeinsam zu reflektieren und eine direkte sowie empathische Feedbackkultur zu schaffen.

Wann ist ein Konkurrenzverbot gültig?

Da ein solches Verbot Arbeitnehmende in ihrer beruflichen Weiterentwicklung stark einschränkt, ist es nur unter strengen Voraussetzungen gültig: Es muss zwischen Arbeitgeber und Arbeitnehmer schriftlich vereinbart und von beiden Seiten unterschrieben werden. Ein Hinweis auf das Personalreglement genügt nicht. Ausserdem müssen folgende Bedingungen erfüllt sein, damit das Konkurrenzverbot gültig ist:

- Das Arbeitsverhältnis muss der Arbeitnehmerin Einblick in den Kundenkreis oder in geheim zu haltende Tatsachen gewähren, deren Verbreitung dem Arbeitgeber erheblich schaden könnte. Gemeint sind besondere betriebliche Leistungen, die dem Arbeitgeber einen deutlichen Wettbewerbsvorteil verschaffen und die nicht jeder Branchenkenner leicht in Erfahrung bringen kann. Unter Kundenkreis versteht man den festen Kundenstamm des Arbeitgebers, dessen besondere Wünsche und Bedürfnisse nicht jeder kennt.
- Nicht zulässig ist ein Konkurrenzverbot, wenn die Kundenbeziehungen in erster Linie geprägt sind durch die Persönlichkeit und Fähigkeiten des Arbeitnehmers, gemäss Rechtsprechung zum Beispiel bei Coiffeuren, Ärztinnen oder einem Coach für Führungskräfte.
- Das Konkurrenzverbot muss angemessen begrenzt sein, damit das berufliche Fortkommen der Arbeitnehmerin nicht über Gebühr eingeschränkt wird. Es darf maximal drei Jahre dauern. Für die örtliche Begrenzung ist die Geschäftsregion des Arbeitgebers massgebend. Inhaltlich ist das Verbot auf diejenigen Bereiche zu begrenzen, in die die Arbeitnehmerin tatsächlich Einblick erhält.

Konkurrenzverbot verletzt – was gilt?

Wer ein gültiges Konkurrenzverbot übertritt, wird schadenersatzpflichtig (Art. 340b OR). Da der Schaden nicht immer einfach zu beweisen und zu beziffern ist, wird zur Vereinfachung und als Abschreckung meist eine **Konventionalstrafe** vereinbart: ein fester Betrag, den die verpflichtete Person automatisch zahlen muss, wenn sie das Verbot übertritt – selbst wenn noch gar kein Schaden eingetreten ist. Erleidet der Arbeitgeber eine Einbusse, die den Betrag der Konventionalstrafe übersteigt, kann er dafür zusätzlich Schadenersatz fordern. Allerdings muss er nachweisen, dass der Schaden tatsächlich auf die Verletzung des Konkurrenzverbots zurückzuführen ist und dass den ehemaligen Angestellten ein Verschulden trifft.

Wie hoch ist die Konventionalstrafe?
Die Konventionalstrafe muss in einem vernünftigen Verhältnis zum möglichen Schaden und zum Einkommen des Angestellten stehen. Häufig beträgt sie mehrere Monatslöhne. Übermässige Konventionalstrafen reduziert der Richter je nach den Umständen. Kriterien dabei sind «die Art und Dauer des Vertrages, die Schwere des Verschuldens und der Vertragsverletzung, das Interesse des Arbeitgebers an der Einhaltung des Verbots sowie die wirtschaftliche Lage der Beteiligten, namentlich des Verpflichteten», so das Bundesgericht. Zu berücksichtigen seien zudem allfällige Abhängigkeiten aus dem Vertragsverhältnis und die Geschäftserfahrungen der Beteiligten. Gegenüber einer wirtschaftlich schwachen Partei rechtfertigte sich eine Herabsetzung eher als unter wirtschaftlich gleichgestellten und geschäftskundigen Vertragspartnern (BGE 133 III 43).

EIN UNTERNEHMENSBERATER in Personalfragen hatte während fünf Jahren die Kunden seines Arbeitgebers intensiv betreut und kannte deren Bedürfnisse bestens. Laut eigenen Angaben hatte er während der Anstellungszeit Honorare von über zwei Millionen Franken für seinen Arbeitgeber eingenommen. Nach Auflösung des Arbeitsverhältnisses liess er ein Einzelunternehmen im Handelsregister eintragen und betreute die Kundschaft des Ex-Arbeitgebers trotz Konkurrenzverbot weiter. Vor Gericht betonte er seine persönliche Beziehung zu den Kunden und machte geltend, dass diese nach seinem Abgang den Ex-Arbeitgeber ohnehin verlassen hätten.

Das Gericht kam zum Schluss, dass der Unternehmensberater das Konkurrenzverbot massiv verletzt habe. Die Konkurrenzierung sei direkt auf Abwerbung der Kunden des früheren Arbeitgebers ausgerichtet gewesen, habe unmittelbar nach Ende des Arbeitsverhältnisses begonnen und sei im Kern des örtlichen Geltungsbereichs erfolgt. Der Arbeitnehmer zeige auch keinerlei Einsicht und Kompromissbereitschaft. Die vereinbarte Konventionalstrafe von 100 000 Franken (rund acht Monatslöhne) wurde daher als angemessen betrachtet (Urteil 4A_107/2011 vom 25.8.2011).

Meist wird in der Konkurrenzklausel auch festgehalten, dass der Arbeitgeber das Recht habe, «die Beseitigung des rechtswidrigen Zustands zu verlangen» (sogenannte Realexekution, Art. 340b Abs. 3 OR). Das bedeutet, dass die verpflichtete Person auf richterliches Geheiss die konkurrenzierende Tätigkeit aufgeben muss. Der Richter darf einem solchen Ersuchen des Arbeitgebers aber nur in besonders schwerwiegenden Fällen stattgeben: Die Übertretung des Verbots muss besonders krass sein.

Wann fällt das Konkurrenzverbot weg?

Die Verpflichtung des Angestellten, den früheren Arbeitgeber nicht zu konkurrenzieren, kann aus verschiedenen Gründen dahinfallen (Art. 340c OR). Zum Beispiel, weil der Arbeitgeber im Bereich, den das Konkurrenzverbot schützen sollte, nicht mehr geschäftlich aktiv ist oder weil die zu schützenden Daten nicht mehr geheim sind.

Das Konkurrenzverbot entfällt auch, wenn der Arbeitgeber «das Arbeitsverhältnis kündigt, ohne dass ihm der Arbeitnehmer dazu begründeten Anlass gegeben hat» – also etwa bei einer Kündigung aus wirtschaftlichen oder organisatorischen Gründen. Hat der Arbeitnehmer jedoch einen «begründeten Anlass» geliefert, etwa mangelhafte Leistung oder Unverträglichkeit im Team, bleibt das Konkurrenzverbot bestehen. Es ist nicht notwendig, dass es sich um eine eigentliche Vertragsverletzung handelt.

EIN ARBEITNEHMER KÜNDIGTE, nachdem er eine andere Stelle gefunden hatte, und bereitete sich während der Kündigungsfrist auf die neue Arbeit vor. Weil schnell klar war, dass er mit dieser Anstellung das vereinbarte Konkurrenzverbot verletzen würde, wurde er fristlos entlassen. Die sofortige Entlassung ohne Verwarnung sei nicht korrekt gewesen, befand das Bundesgericht. Trotzdem blieb das Konkurrenzverbot bestehen, da das Verhalten des Angestellten einen begründeten Anlass für eine normale Kündigung darstellte.
«Stellt die Arbeitgeberin fest, dass ein Arbeitnehmer trotz vertraglichen Konkurrenzverbots den Übertritt in ein Konkurrenzunternehmen vorbereitet, braucht sie nicht zuzuwarten, bis der Arbeitnehmer die Stelle kündigt. Sie hat vielmehr einen begründeten Anlass, ihrerseits das Arbeitsverhältnis zu beenden», so das Gericht (BGE 130 III 353).

Was gilt, wenn man selber kündigt?

Das Konkurrenzverbot fällt auch dahin, wenn der Arbeitnehmer aus einem Grund kündigt, den der Arbeitgeber zu verantworten hat. Einen Wegfall des Konkurrenzverbots anerkannten die Gerichte zum Beispiel bei Kündigungen aus folgenden Gründen:

- Missachtung der Persönlichkeit der Arbeitnehmerin, etwa sexuelle Belästigung durch Vorgesetzte
- Unvollständige oder unregelmässige Erfüllung der Lohnzahlungspflicht; deutlich unter dem Marktüblichen liegende Entlöhnung
- Chronische Arbeitsüberlastung trotz Abmahnung
- Stetige Vorwürfe oder generell schlechtes Betriebsklima

EIN ANGESTELLTER KÜNDIGTE, weil ihm nach zehnjähriger Betriebszugehörigkeit das Einzelbüro weggenommen wurde. Ausserdem musste er sich neu einer Absenzenkontrolle unterziehen, die er als schikanös empfand, und schliesslich wurde ihm aus nicht überprüfbaren Gründen eine Prämie verweigert. Damit war das vertraglich vereinbarte Konkurrenzverbot dahingefallen (Arbeitsgericht Zürich, 13.7.1994).

Liegt der Kündigungsgrund im beiderseitigen Verschulden, ist auf das grössere Verschulden abzustellen. Bei einer Beendigung des Arbeitsverhältnisses im gegenseitigen Einvernehmen bleibt ein Konkurrenzverbot grundsätzlich erhalten. Erfolgt die Vertragsauflösung jedoch allein auf Wunsch des Arbeitgebers und folgt sie im Wesentlichen den Regeln der ordentlichen Kündigung, fällt das Konkurrenzverbot dahin.

EIN ARBEITGEBER BOT seinem Angestellten im Rahmen der Auflösungsvereinbarung substanzielle Vorteile an – eine Verdoppelung der Kündigungsfrist sowie eine Outplacementberatung im Wert von bis zu 50 000 Franken. In diesem Fall blieb das Konkurrenzverbot bestehen. Der Arbeitnehmer hätte ja die Wahl gehabt, sich normal kündigen zu lassen, ohne dieses Entgegenkommen. Dann wäre das Konkurrenzverbot dahingefallen (Urteil des Bundesgerichts 4A_209/2008 vom 31.7.2008).

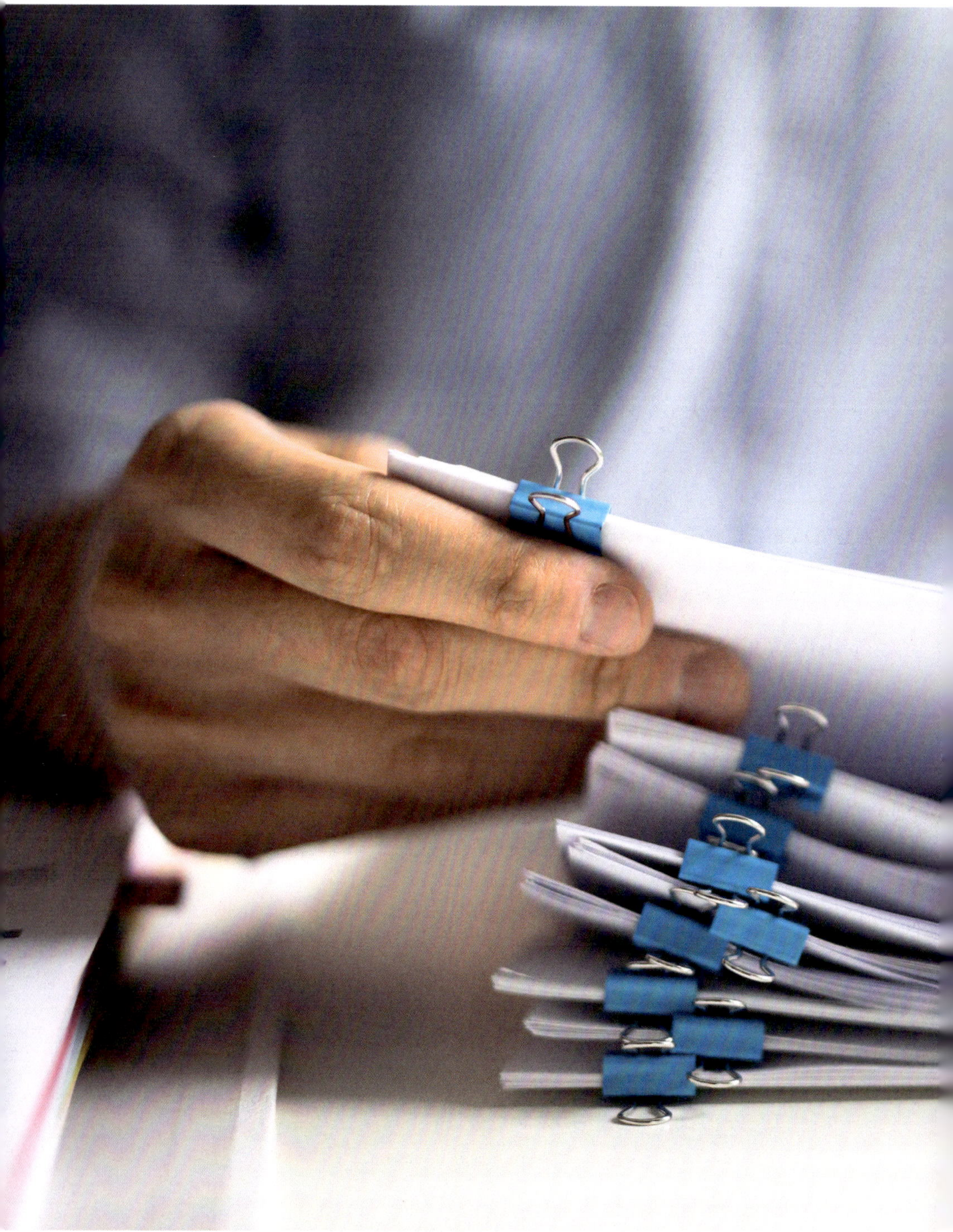

Rechtlich korrekter Umgang mit Untergebenen

6

Als Chefin oder Chef vertreten Sie Ihren Arbeitgeber gegenüber Ihren Untergebenen. Welche Kompetenzen Sie dabei haben, inwieweit Sie Weisungen erteilen und allenfalls auch Sanktionen oder gar Kündigungen aussprechen dürfen, ist Sache interner Regelungen. Dabei gibt es allerdings gesetzliche Leitplanken. So regelt das Obligationenrecht die Weisungsbefugnis des Arbeitgebers, und diverse Gesetze enthalten Regeln, die unter dem Begriff «Fürsorgepflicht des Arbeitgebers» zusammengefasst werden können.

Das Weisungsrecht des Arbeitgebers

«Der Arbeitgeber kann über die Ausführung der Arbeit und das Verhalten der Arbeitnehmer im Betrieb oder Haushalt allgemeine Anordnungen erlassen und ihnen besondere Weisungen erteilen. Der Arbeitnehmer hat die allgemeinen Anordnungen des Arbeitgebers und die ihm erteilten besonderen Weisungen nach Treu und Glauben zu befolgen.» (Art. 321d OR)

Weisungen können fachlicher oder organisatorischer Natur sein oder das Verhalten der Angestellten betreffen. Als Chef oder Chefin können Sie also zum Beispiel bestimmen, wie eine Arbeit zu erledigen ist, welche Qualitätsstandards gelten und wann Sitzungen oder Pausen stattfinden.

Die Weisungen können in einer Betriebsordnung verankert sein oder von Fall zu Fall individuell erteilt werden. Mitunter haben Sie als Führungskraft auch eine Weisungspflicht, zum Beispiel wenn es darum geht, Sicherheitsvorschriften durchzusetzen und Mitarbeitende respektive Dritte vor Unfällen oder Übergriffen (etwa sexuelle Belästigung) zu schützen. Ein Beispiel finden Sie auf Seite 244.

Grenzen des Weisungsrechts

Ihre Mitarbeiterinnen und Mitarbeiter müssen rechtmässige Weisungen befolgen. Tun sie dies nicht, kann das verschiedene Konsequenzen haben – bis hin zur fristlosen Entlassung (siehe Seite 260). Ihre Befehlsgewalt als Vorgesetzter oder Chefin ist jedoch beschränkt:

- Mit Ihren Weisungen dürfen Sie keine zwingenden gesetzlichen Bestimmungen verletzen. Sie müssen sich also zum Beispiel an die Arbeitszeitregeln gemäss Arbeitsgesetz halten (siehe Seite 198).
- Eine weitere wichtige Grenze bildet das Persönlichkeitsrecht der Angestellten. Diese müssen keine Weisungen befolgen, die ihr Privatleben tangieren, sie demütigen oder ihre Gesundheit gefährden.

- Ausserdem dürfen Weisungen den Arbeitsvertrag eines Arbeitnehmers nicht einfach aushebeln. Eine Weisung kann sich nur auf Tätigkeiten beziehen, zu denen er gemäss seinem Arbeitsvertrag verpflichtet ist.

Welche Weisungen im Einzelfall zulässig sind und welche zu weit gehen, zeigen die folgenden Beispiele aus der Gerichtspraxis.

Rückstufung und Zuweisung vertragsfremder Arbeit

Verträge sind einzuhalten. Als Chef oder Chefin können Sie von Ihren Leuten nicht verlangen, dass sie plötzlich ganz andere als die vertraglich vereinbarten Aufgaben verrichten. Nur in Notfällen, wenn es nicht genügend vertragskonforme Arbeit gibt, müssen Angestellte eine zumutbare Ersatzarbeit akzeptieren.

In allen anderen Fällen braucht es eine ordnungsgemässe Vertragsänderung, wenn das Pflichtenheft gegen den Willen des oder der Angestellten in wesentlichen Punkten abgeändert werden soll (siehe Kasten auf Seite

---

PLÖTZLICH NICHT MEHR CHEF?

Die hier beschriebenen Regeln gelten auch für Sie als Führungskraft. Sollte man Sie Ihrer Funktionen entheben wollen, haben Sie Anspruch auf eine faire Behandlung und darauf, dass man vorher das Gespräch mit Ihnen sucht. Werden durch die Rückstufung Ihre arbeitsvertraglichen Ansprüche beschnitten (etwa Lohnkürzung, kein Geschäftswagen mehr), muss der Arbeitgeber die Kündigungsfrist einhalten, bevor die Änderung in Kraft tritt (siehe Seite 228).

Je nach Situation sind Rückstufungen aber durchaus möglich. So wurde zum Beispiel einem Spitalarzt die Leitungsfunktion entzogen, nachdem er Führungsschwächen gezeigt hatte und sein Umgang mit dem Personal zunehmend auf massive Kritik gestossen war. Die Rückversetzung des Arztes auf eine hierarchisch niedrigere Position war in diesem Fall sachlich begründet, so die gerichtliche Beurteilung. Zudem waren ihm die Gründe dafür im Vorfeld mehrmals dargelegt worden, sodass er bei der Funktionsänderung nicht vor vollendete Tatsachen gestellt wurde. Die Rückstufung stellte damit auch keine Persönlichkeitsverletzung dar (Urteil des Bundesgerichts 4C.189/2006 vom 4.8.2006).

228). So kann laut einem Gerichtsurteil von einer Alleinsekretärin zwar erwartet werden, dass sie bei Sitzungen Kaffee bringt und die Blumen in den Büroräumen giesst. Das Reinigen der Fenster gehört jedoch nicht zu ihren Aufgaben. Ebenso wenig durfte ein Mechaniker angewiesen werden, die Toiletten der Firma zu putzen, und ein Kranführer musste nicht akzeptieren, dass er während der Kündigungsfrist als Hilfsmagaziner ins Depot versetzt wurde, zumal es dafür keine objektiven Gründe gab und der Weisung Konflikte mit dem Vorgesetzten zugrunde lagen. In einem anderen Fall erachtete es ein Gericht jedoch als zumutbar, dass ein Arbeitnehmer während der Kündigungsfrist für beschränkte Zeit vertragsfremde Arbeiten ausführte, die im weitesten Sinn mit seinen vertraglichen Aufgaben zusammenhingen (siehe Beispiel auf Seite 237).

Versetzung an einen anderen Arbeitsort

Mitarbeiterinnen und Mitarbeiter mit einem festen Arbeitsort können Sie nur dann in eine andere Filiale oder Niederlassung des Unternehmens versetzen, wenn das für diese zumutbar ist. Dies gilt auch, wenn der ganze Betrieb umzieht. Ist eine Angestellte mit der sofortigen Versetzung nicht einverstanden, muss der Arbeitgeber eine sogenannte Änderungskündigung aussprechen (siehe Kasten Seite 228). Während der Kündigungsfrist gilt der neue Arbeitsort als auswärtig. Das heisst, Ihr Betrieb muss die Reise- und Verpflegungsspesen übernehmen (Art. 327a OR), und der zusätzliche Zeitaufwand für den nun längeren Arbeitsweg gilt als Arbeitszeit (Art. 13 ArGV1).

Wenn die Versetzung nicht zumutbar ist
Ist eine Versetzung für die Arbeitnehmerin objektiv unzumutbar – zu weiter Weg, gesundheitliche Gründe, familiäre Verpflichtungen –, kann sie die Arbeit am neuen Ort verweigern. Das dürfte allerdings regelmässig zu einer Auflösung des Arbeitsverhältnisses führen. Während der Kündigungsfrist hat die Arbeitnehmerin Anspruch auf den üblichen Lohn, auch wenn sie am vertraglichen Arbeitsort nicht weiterbeschäftigt werden kann (Art. 324 OR).

Zur Frage, wann eine Versetzung zumutbar ist und wann nicht, gibt es eine reichhaltige Rechtsprechung. Hier ein paar Beispiele:

EINE ARBEITNEHMERIN MIT FAMILIENPFLICHTEN wurde von Zürich nach Gais versetzt, weil die Zürcher Filiale geschlossen wurde. Obwohl die Versetzung nur die Zeit der Kündigungsfrist betraf, galt sie als unzumutbar; die Frau konnte ohne Konsequenzen die Arbeit in Gais verweigern. Der Arbeitsweg hätte vier Stunden betragen (Arbeitsgericht Zürich, 2001 Nr. 87).

NICHT ZUMUTBAR, da gesundheitlich zu riskant, war auch die Versetzung einer schwangeren Buffetangestellten, die über kein Auto verfügte. Ihr neuer Arbeitsweg hätte morgens 45 Minuten betragen, abends 1 Stunde 40 Minuten. Es war ihr auch nicht zuzumuten, unter der Woche in einem vom Arbeitgeber zur Verfügung gestellten Zimmer zu übernachten, da sie dann als Schwangere im fortgeschrittenen Stadium von ihrem Partner getrennt gewesen wäre (Urteil des Bundesgerichts 4A_474/2008 vom 23.2.2009).

ALS ZUMUTBAR ERACHTET wurde die Versetzung eines Temporärangestellten, dessen Arbeitsweg sich dadurch um 15 bis 20 Minuten pro Fahrt verlängerte (Arbeitsgericht Zürich, 2007 Nr. 17).

Anordnung von Überstunden, Änderung der Arbeitszeiten

Arbeitnehmende sind verpflichtet, in zumutbarem Rahmen Überstunden zu leisten, wenn dies betrieblich notwendig ist. Vorgesetzte haben somit das Recht, ihre Leute zur nötigen Mehrarbeit anzuhalten. Dabei müssen sie aber auf die Gesundheit und allfällige familiäre Verpflichtungen der Mitarbeitenden Rücksicht nehmen. Was gilt, wenn Angestellte die Überstunden als unzumutbar erachten, zeigt folgender Fall:

MIT EINEM SCHWEISSER wurde eine 42-Stunden-Woche vereinbart. Laut Vertrag sollte er in Regie bei verschiedenen Drittfirmen eingesetzt werden. An einem Freitag wurde ihm mitgeteilt, er werde ab Montag für vier bis sechs Wochen an einem neuen Ort eingesetzt und habe dort mindestens zehn «Normalstunden» (also 50 Stunden pro Woche) zu arbeiten. Nach Ansicht des Arbeitnehmers war eine so lange Arbeitszeit nicht zumutbar, vor allem, weil auch noch ein weiter Arbeitsweg dazugekommen wäre.

«Überstunden charakterisieren sich dadurch», so das Bundesgericht, «dass sie vom Arbeitgeber einseitig angeordnet werden können und vom Arbeitnehmer bei Vorliegen der gesetzlich vorgeschriebenen Voraussetzungen geleistet werden müssen.» Eine absolute Notwendigkeit sei dabei allerdings nicht gefordert, es genüge, dass die Überstunden nicht leicht vermieden werden könnten. Im vorliegenden Fall sei es «kaum als zumutbar» zu betrachten, wenn der Arbeitnehmer über längere Zeit täglich 1,6 Überstunden leisten müsse. Das heisse jedoch nicht, dass er deswegen die Arbeit verweigern dürfe: Es sei ihm «zuzumuten, die Arbeit vorerst weisungskonform auszuführen und der Arbeitgeberin zu erklären, ab wann er die Überstunden als nicht mehr zumutbar» ansehe (Urteil 4C.464/199 vom 13.6.2000).

VERTRÄGE KORREKT ÄNDERN

Weisungen, die die vertraglichen Rechte des Arbeitnehmers verletzen, sind unzulässig. Verträge sind aber nicht in Stein gemeisselt, sie können aufgelöst und auch abgeändert werden. Im gegenseitigen Einvernehmen sind solche Vertragsänderungen jederzeit möglich. Wehrt sich ein Mitarbeiter aber beispielsweise gegen eine Lohnkürzung, eine Änderung des Arbeitsorts, des Pensums oder Aufgabengebiets, kann der Arbeitgeber diese nur mit einer sogenannten **Änderungskündigung** durchsetzen. Das heisst, er muss die Kündigungsfrist abwarten, bevor die Neuerung in Kraft tritt.

Droht der Arbeitgeber einem Angestellten mit Kündigung, wenn dieser einer sofortigen Vertragsänderung nicht zustimmt, ist diese Kündigung missbräuchlich (siehe Seite 255).

Auch die Änderungskündigung selbst kann missbräuchlich sein, wenn sie eine Verschlechterung der Anstellungsbedingungen erzwingen soll, die sich sachlich nicht rechtfertigen lässt. So hat das Obergericht Zürich eine Änderungskündigung gegenüber einem Pfleger mit über 13 Dienstjahren als missbräuchlich erachtet. Die Klinik wollte eine offenbar falsche Lohneinstufung von 7566 auf 5400 Franken korrigieren. Laut Obergericht gab es weder betriebliche noch marktbedingte Umstände, die die Lohnreduktion um knapp 29 Prozent zu rechtfertigen vermochten. Der Pfleger erhielt zwei Monatslöhne als Entschädigung (Urteil vom 9.1.2014; siehe auch das Urteil auf Seite 256). ∎

Arbeitszeiten von Teilzeitangestellten

Besondere Fragen stellen sich bei Teilzeitbeschäftigten. Können Sie von Ihrer Mitarbeiterin, die gemäss Vertrag von Montag bis Mittwoch arbeitet, einen Einsatz am Donnerstag verlangen – etwa weil sie bei einer Sitzung dabei sein oder bei einem Engpass einspringen sollte?

Geht es um ausnahmsweise nötige Einsätze, gelten die üblichen Regeln: Die Mehrarbeit muss notwendig und zumutbar sein. Häufige oder regelmässige Aufgebote an freien Tagen müssen Ihre Angestellten jedoch nicht akzeptieren. «Wer sich teilzeitlich anstellen lässt, ist in seiner Erwartung zu schützen, über die weitere Zeit grundsätzlich frei verfügen zu können, sei es im Hinblick auf weitere Erwerbs- oder sonstige Tätigkeiten», hielt das Obergericht Luzern in einem Urteil fest. Eine Arbeitnehmerin hatte sich daher zu Recht gewehrt, als ihr Arbeitgeber sie immer wieder ausserhalb der vereinbarten Zeiten zur Arbeit anhielt. Die deswegen ausgesprochene Kündigung war missbräuchlich (JAR 2012, S. 506).

Auch hier gilt: Wollen Arbeitgeber fixe Arbeitstage einer Teilzeitbeschäftigten gegen deren Willen ändern, müssen sie eine Änderungskündigung aussprechen (siehe Kasten).

Homeoffice anordnen oder bewilligen

Homeoffice liegt nicht erst seit der Coronapandemie im Trend. Laut Bundesamt für Statistik arbeitete bereits 2019 rund ein Viertel der Angestellten regelmässig oder gelegentlich in den eigenen vier Wänden. Von Spezialsituationen wie Corona einmal abgesehen, haben Angestellte keinen Anspruch darauf, von zu Hause aus zu arbeiten. Es ist also Sache jedes Unternehmens, ob und zu welchen Bedingungen es Homeoffice zulassen will.

Aus der Fürsorgepflicht des Arbeitgebers (siehe Seite 238) lässt sich jedoch ableiten, dass er die Möglichkeit von Homeoffice prüfen sollte, wenn dies aus gesundheitlichen Gründen angezeigt ist und sich dadurch beispielsweise der Arbeitsplatz erhalten lässt. In einem konkreten Fall erachtete das Bundesgericht das Einrichten von Homeoffice als sinnvolle Massnahme zur Stressreduktion für einen Angestellten mit Burn-out (Urteil 4A_384/2014 vom 12.11.2014).

Gesetzlich geregelt ist die Arbeit im Homeoffice nicht – im Gegensatz zur klassischen Heimarbeit, bei der es aber um gewerbliche und industrielle Hand- und Maschinenarbeit geht. Umso wichtiger ist es, dass Sie mit

Ihren Angestellten klare Abmachungen treffen, wenn diese von zu Hause aus arbeiten müssen oder dürfen. Zu regeln sind folgende Punkte:

- Dauer und Umfang des Homeoffice, Arbeitszeiten und Arbeitszeiterfassung, Erreichbarkeit
- Technische Infrastruktur, Geräte, Materialien und Einrichtung des Arbeitsplatzes, IT-Support und IT-Sicherheitsmassnahmen
- Kostenaufteilung und Gesundheitsschutz
- Datenschutz und Geheimhaltungspflichten
- Kommunikationsfluss und informeller Austausch
- Kontrolle der Arbeitsleistung

Beachten Sie, dass auch bei Homeoffice die Arbeits- und Ruhezeitvorschriften sowie der Gesundheitsschutz gemäss Arbeitsgesetz einzuhalten sind. Ebenso gilt das Nacht- und Sonntagsarbeitsverbot (Art. 16 bis 19 ArG). Als Arbeitszeit gilt die Zeit, in der sich ein Arbeitnehmer im Homeoffice zur Verfügung der Arbeitgeberin hält. Arbeits- und Freizeit sollten klar getrennt sein.

Erkundigen Sie sich auch nach der Arbeitsplatzsituation im Homeoffice (Pult, Bürostuhl, Raum- und Lichtverhältnisse), bevor Sie die Arbeit von zu Hause aus bewilligen. Lassen Sie sich im Zweifel den Arbeitsplatz in einem Videocall zeigen (zur Führung von Mitarbeitenden im Homeoffice siehe Seite 149).

> **ACHTUNG** *Wurde fest vereinbart (oder über längere Zeit geduldet), dass ein Mitarbeiter an bestimmten Tagen im Homeoffice arbeiten darf, können Sie dies nicht kurzfristig widerrufen. Dazu braucht es eine korrekte Vertragsänderung (siehe Kasten auf Seite 228). Sie können jedoch von Anfang an vereinbaren, dass Homeoffice nur bis auf Weiteres oder nur von Fall zu Fall erlaubt ist und Sie den Mitarbeiter jederzeit wieder in den Betrieb zurückbeordern können – beispielsweise auch für eine dringende Sitzung.*

Wer trägt die Kosten?
Üblicherweise stellt der Arbeitgeber die Geräte für die Arbeit im Homeoffice zur Verfügung. Nutzt eine Mitarbeiterin ihre privaten Geräte, hat sie Anspruch auf Entschädigung, sofern Sie mit ihr nicht etwas anderes vereinbart haben.

Zwingend zu entschädigen sind diejenigen Auslagen, die der Arbeitnehmerin durch die tägliche Arbeit im Homeoffice notwendigerweise entstehen (Art. 327a OR): etwa Papierverbrauch, Druckerpatronen, Porto- und Telefonspesen, Abonnement für schnelleres Internet etc. Erlaubt ist die schriftlich geregelte Abgeltung durch eine (genügend hohe) Pauschale.

Laut Bundesgericht gehört zu den notwendigen Auslagen zudem ein Mietanteil für das Arbeitszimmer, wenn dem Angestellten an den Homeoffice-Tagen kein Büro im Betrieb zur Verfügung steht. In einem konkreten Fall hat das Gericht die Kosten auf 150 Franken pro Monat geschätzt (Urteil 4A_533/2018 vom 23.4.2019). Arbeitet der Mitarbeiter aber auf seinen Wunsch daheim, obwohl er genauso gut den Arbeitsplatz im Betrieb nutzen könnte, sind diese Auslagen nicht «notwendig». Der Betrieb muss daher auch keine Entschädigung zahlen.

> **TIPP** *Ein ausführliches Merkblatt des Seco zur Arbeit im Homeoffice finden Sie unter: www.seco.admin.ch (→ Publikationen & Dienstleistungen → Arbeit → Arbeitsbedingungen → Broschüren und Flyer).*

Ferienzuteilung

«Den Zeitpunkt der Ferien bestimmt der Arbeitgeber», heisst es im Gesetz. Allerdings muss er dabei die Wünsche des Arbeitnehmers so weit berücksichtigen, wie es mit den Interessen des Betriebs vereinbar ist (Art. 329c OR). Als Abteilungsleiterin oder Teamchef müssen Sie die Ferienwünsche Ihrer Untergebenen also wenn möglich erfüllen. Kommt es jedoch zu betrieblichen Engpässen, haben Sie bei der Ferienzuteilung das letzte Wort. Dabei müssen Sie die Ferienabwesenheiten rechtzeitig organisieren, damit Ihre Mitarbeitenden genügend Zeit haben zu planen. Zwei bis drei Monate im Voraus gelten als angemessen.

Bei allzu kurzfristiger Ankündigung der Ferien können Arbeitnehmende den Ferienbezug ablehnen. Das Arbeitsgericht Zürich gab einem Angestellten Recht, der sich gegen den Bezug der Ferien wehrte, weil der Arbeitgeber die Betriebsferien erst 14 Tage vor Beginn bekannt gegeben hatte (Urteil vom 27.3.2008). Auch das Bundesgericht hat entschieden, dass Arbeitnehmende berechtigt sind, den Ferienbezug zu verweigern, wenn der Arbeitgeber ihre Wünsche übergeht oder die Ferien zu kurzfristig anordnet. Allerdings müssen Arbeitnehmende ihr Widerspruchsrecht unverzüglich auszuüben und während der Ferien ihre Dienste anbieten; andernfalls ist von einem Einverständnis auszugehen (Urteil 4A_434/2017 vom 14.12.2017).

Bereits bewilligte Ferien kurzfristig zu verweigern, ist nur in Notfällen erlaubt. Entstehen den Angestellten deswegen Annullierungskosten, gehen diese zulasten des Arbeitgebers.

Können Ferien verfallen?
Ferien sind «in der Regel im Verlauf des betreffenden Dienstjahres» zu beziehen, so das Gesetz. Eine Weisung, wonach Ferien verfallen, wenn sie zum Beispiel nicht bis Ende März des Folgejahrs bezogen werden, ist jedoch unzulässig. «Es ist der Arbeitgeber und damit der Schuldner, der den Zeitpunkt der Ferien festlegt und dafür sorgen kann und muss, dass der Arbeitnehmer seine Ferien» bezieht, betonte das Bundesgericht. «Grundsätzlich ist er damit auch dafür verantwortlich, wenn der Anspruch erst viel später geltend gemacht wird.» (BGE 130 III 19)

> **INFO** *Ferienansprüche verjähren erst nach fünf Jahren – das heisst: praktisch nie. Denn wenn Ferien bezogen werden, gilt immer das älteste Guthaben als aufgebraucht.*

Jemanden zum Vertrauensarzt schicken

Können Angestellte wegen gesundheitlicher Probleme nicht arbeiten, müssen sie ihre Arbeitsunfähigkeit gegenüber dem Arbeitgeber beweisen. Üblicherweise geschieht dies mit einem Arztzeugnis. In den meisten Betrieben bestehen Regeln, wann ein Zeugnis vorgelegt werden muss – häufig ist das ab dem dritten Krankheitstag der Fall.

Was tun, wenn Ihnen eine solche Krankmeldung wenig glaubhaft erscheint? Wenn zum Beispiel ein völlig gesunder Mitarbeiter sich, nachdem er die Kündigung erhalten hat, plötzlich für Wochen krankschreiben lässt oder wenn ein Arztzeugnis erst nachträglich ausgestellt wurde. Laut Bundesgericht kommt einem ärztlichen Zeugnis kein absoluter Beweiswert zu. Der Arbeitgeber kann es infrage stellen, etwa wenn sich aus dem Verhalten des Angestellten ergibt, dass dieser gar nicht arbeitsunfähig ist. Genauso steht es dem Arbeitnehmer frei, seine Arbeitsunfähigkeit auch auf andere Weise zu belegen (Urteil 1C_64/2008 vom 14.4.2008).

Dass Sie als Vorgesetzter oder Chefin einen Angestellten zu einem Arzt Ihres Vertrauens schicken dürfen, wenn Sie sein Arztzeugnis anzweifeln, ist heute überwiegend anerkannt. Klar ist, dass Ihr Betrieb die Kosten einer solchen Untersuchung tragen muss und dass auch der Vertrauensarzt ans Arztgeheimnis gebunden ist. Seine Aufgabe ist es, die Arbeitsunfähigkeit des Angestellten zu bestätigen oder eben nicht. Eine Diagnose darf er Ihnen nicht mitteilen.

In einem konkreten Fall schickte ein Arbeitgeber eine seit einem Monat erkrankte Sachbearbeiterin sogar zum Vertrauenspsychiater.

DIE ARBEITNEHMERIN WAR nach einem Verweis durch den Arbeitgeber der Arbeit ferngeblieben und hatte sich von ihrer Gynäkologin krankschreiben lassen. Daraufhin beantragten ihre unmittelbaren Vorgesetzten bei der Geschäftsleitung die Anordnung einer psychiatrischen Begutachtung. Der Personalchef meldete die Frau beim Psychiater an und forderte sie auf, sich begutachten zu lassen. Als der Arbeitnehmerin Monate später gekündigt wurde, verlangte sie von der Arbeitgeberin deswegen eine Genugtuung gemäss Artikel 49 OR: Sie sei in ihrer Persönlichkeit schwer verletzt worden und Opfer von Mobbing.

Laut Bundesgericht hatte der Arbeitgeber das Recht, die Lohnfortzahlung von einer vertrauensärztlichen Untersuchung abhängig zu machen. Zwar könnten die Zweifel am Zeugnis der Gynäkologin «als unangemessen erscheinen und ein eigenartiges Licht auf das Betriebsklima werfen». Ohne besondere Umstände sei jedoch die Aufforderung, zu einem Psychiater zu gehen, nicht als objektiv schwere Beeinträchtigung der Persönlichkeit zu werten. Psychische Probleme seien schliesslich keine Schande, so das Gericht sinngemäss (BGE 125 III 70).

Keine schikanösen Weisungen

Gegen Weisungen, die lediglich dazu dienen, Angestellte zu demütigen und auszugrenzen, können diese sich wehren. Werden ihre Persönlichkeitsrechte verletzt, haben Arbeitnehmende das Recht, die Weisungen des Arbeitgebers zu missachten. So erachtete beispielsweise das Arbeitsgericht Zürich die Weisung eines Chefs, seine während der Kündigungsfrist freigestellte Mitarbeiterin müsse sich viermal täglich zu bestimmten Zeiten bei ihm melden, als persönlichkeitsverletzend und daher unzulässig.

Völlig unhaltbar war auch das Verhalten eines Vorgesetzten im folgenden Fall:

> **EINE UNBESCHOLTENE GEMEINDEANGESTELLTE** bekam nach 14 Jahren einen neuen Chef, der aus irgendwelchen Gründen nicht mit ihr zusammenarbeiten wollte. Er kritisierte sie ständig, verweigerte aber gleichzeitig den Dialog mit ihr. Seine Anweisungen hinterliess er der erfahrenen Angestellten auf Zetteln mit extrem detaillierten Befehlen, die in autoritärem, verletzendem Ton abgefasst waren. Ausserdem waren die Weisungen zum Teil unsinnig und widersprüchlich. So halste er ihr viel dringende Arbeit auf, verbot ihr aber gleichzeitig, Überstunden zu machen. Die Frau litt sehr unter dieser Situation und erkrankte schliesslich schwer. Als ihr auch noch gekündigt wurde, ging sie vor Gericht. Laut Bundesgericht handelte es sich um einen schweren Fall von Mobbing. Die Angestellte erhielt eine Entschädigung im sechsstelligen Bereich (Urteil 4C.343/2003 vom 13.10.2004).

Wenn Weisungen missachtet werden

Welche Möglichkeiten haben Sie, wenn Ihre Weisungen missachtet werden? In leichteren Fällen empfiehlt es sich, dem renitenten Angestellten einen Verweis zu erteilen oder ihn schriftlich abzumahnen. Dabei können Sie ihm für den Wiederholungsfall weitere Konsequenzen androhen.

Wenn ein Arbeitnehmer dem Unternehmen mit seiner Pflichtverletzung einen Schaden zufügt, kann er unter Umständen schadenersatzpflichtig werden. In schweren Fällen ist auch eine Kündigung oder gar eine fristlose Entlassung möglich.

> **EIN ANLAGEBERATER IN CHIASSO** wurde im Zug einer Reorganisation angewiesen, in Zukunft sein Büro mit einem Kollegen zu teilen. Der Arbeitnehmer wehrte sich und bestand

MONIKA WALSER
CEO von de Sede

Welches war Ihre erste Führungsrolle?
Mmmh, da muss ich schmunzeln, denn als Kind habe ich während der Pausen die anderen Kinder unterrichtet und hatte das Gefühl, dass ich nun genauso Chef sei wie mein Papa und meine Mama, die ihre eigene Firma führten. Es war damals für mich klar, dass Chef sein das Schönste ist, da ich so alles delegieren kann und nichts selber machen muss. Als ich dann einige Jahre später wirklich unterrichtete, merkte ich, dass ich da wohl eine falsche Vorstellung gehabt hatte. Meine echte erste Führungsrolle hatte ich dann, als ich meine Kinderkleiderproduktion in Hergiswil aufbaute.

Welches war Ihr grösster Fehler als Führungsperson?
Da gibt es doch einige, und alle sind gleich schlimm. Ich bin relativ anspruchsvoll gegenüber mir selber, will Dinge genau und effizient erledigt haben – und genau dies erwarte ich von meinen Mitarbeitenden. Wenn das dann nicht klappt und ich in solchen Situationen selber sehr ausgelastet bin, verliere ich meine Geduld und Diplomatie und werde streng.

Was haben Sie daraus gelernt?
Ich versuche, dies immer ruhiger und ruhiger anzugehen. Und das gelingt mir allmählich besser und besser. Zum Glück kommen solche Situationen nur sehr selten vor.

auf einem (ihm vertraglich nicht zugesicherten) Einzelbüro. Als der Arbeitgeber diesen Wunsch zurückwies, richtete sich der Anlageberater in einem für Kunden vorgesehenen Empfangsraum einen Arbeitsplatz ein. Ein Angebot des Arbeitgebers, in die Filiale nach Lugano zu wechseln, wo er ein Einzelbüro gehabt hätte, lehnte er ab. Als ihm wegen der Querelen gekündigt wurde, klagte der Mann wegen missbräuchlicher Kündigung.

Die Klage blieb ohne Erfolg, wie sich später vor Bundesgericht zeigte. Der Arbeitnehmer habe kein Recht auf ein Einzelbüro gehabt, befanden die Richter. Ausserdem habe er durch seine Aufsässigkeit das Vertrauensverhältnis zu seinem Arbeitgeber untergraben (Urteil 4C.229/2002 vom 29.10.2002).

Wann die Missachtung einer Weisung so schwerwiegend ist, dass sie zur fristlosen Entlassung führen kann, hat das Bundesgericht beispielsweise im folgenden Fall untersucht:

EIN ARBEITNEHMER wurde mit Vertrag vom 22. November 1996 für einen Einsatz in Peking angestellt. Am 30. September 1997 sprach der Arbeitgeber die fristlose Kündigung aus. Grund war, dass der Kläger am 21. September 1997 aus Peking in die Schweiz gereist war, obwohl ihm sein Vorgesetzter drei Tage zuvor die klare Weisung erteilt hatte, die Stadt bis zu einem auf den 22. September angesetzten Besprechungstermin nicht zu verlassen. Der Entlassene machte geltend, er habe wegen diverser Auseinandersetzungen die Weiterführung seines Arbeitsverhältnisses bedroht gesehen. Es gehöre zu seinen Persönlichkeitsrechten, sich in dieser Situation unverzüglich an den hierarchisch höheren Geschäftsführer zu wenden – und dieser sei nun mal in der Schweiz gewesen.

Laut Bundesgericht ist nicht jede Weigerung, eine rechtmässige Weisung zu befolgen, Grund für eine fristlose Entlassung. Zum einen müsse es sich um eine schwere Verletzung vertraglicher Pflichten handeln, zum andern müsse die Weisung einen ausreichend wichtigen Gegenstand betreffen. Zudem könne die Weigerung «unter Umständen auch deshalb nicht für eine fristlose Entlassung ausreichen, weil der Arbeitnehmer in guten Treuen die Weisung für unzulässig ansehen durfte». Zum konkreten Fall meinten die Richter: Ein Arbeitnehmer habe das Recht, «unter Umgehung der Hierarchie mit den zuständigen Personen im Unternehmen seine Arbeitsbedingungen zu besprechen, wenn Differenzen mit dem unmittelbar Vorgesetzten entstanden sind. [...] Indessen muss vom Arbeitnehmer verlangt werden, dass er solche Termine mit den Bedürfnissen der Arbeit koordiniert.» Im vorliegenden Fall sei die Weisung, Peking nicht zu verlassen, sachlich begründet gewesen. Der Kläger hätte die Besprechung in der Schweiz auch später durchführen können. Die fristlose Entlassung war also gerechtfertigt (Urteil 4C.357/2002 vom 4.4.2003).

Zulässig war die fristlose Entlassung auch in folgendem Fall, den das Obergericht Baselland zu beurteilen hatte:

> **NACHDEM EIN IT-VERKÄUFER** während der Kündigungsfrist alle pendenten Dossiers aufgearbeitet hatte, wurde er angewiesen, bei der Redaktion von Handbüchern für Kunden, beim Ausdrucken von Etiketten und anderen Arbeiten mitzuhelfen. Er wurde auch gewarnt, er müsse mit der fristlosen Entlassung rechnen, falls er nicht pünktlich zur Arbeit erscheine. Der Arbeitnehmer antwortete darauf mit einem Brief, in dem er seine Arbeitskraft als Verkäufer anbot, ansonsten aber von einer Freistellung ausging. Laut dem Gericht wäre es jedoch zumutbar gewesen, die zugewiesenen Arbeiten während der restlichen drei Wochen auszuführen, zumal diese im weitesten Sinn auch mit dem Verkauf zusammenhingen (JAR 1990, S.356).

Die Fürsorgepflicht des Arbeitgebers

Gegenstück zur Treuepflicht des Arbeitnehmers (siehe Seite 206) ist die Fürsorgepflicht des Arbeitgebers. Im Arbeitsgesetz (Art. 6) wie auch im OR (Art. 328) gibt es ähnliche Bestimmungen, die den Arbeitgeber verpflichten, die Persönlichkeit und die Gesundheit der Angestellten zu schützen. Zu diesem Zweck hat er alle «Massnahmen zu treffen, die nach der Erfahrung notwendig, nach dem Stand der Technik anwendbar und den Verhältnissen des Betriebes angemessen sind».

Im Klartext bedeutet dies: Der Arbeitgeber darf seine Angestellten weder schikanieren noch demütigen. Er darf sie weder Gefahren aussetzen noch in ihr Privatleben eingreifen. Zudem muss er sie am Arbeitsplatz vor Persönlichkeitsverletzungen durch Dritte – zum Beispiel Arbeitskollegen oder Kundinnen – schützen. Tut er dies nicht, kann er schadenersatzpflichtig werden.

> **INFO** *Weitere Bestimmungen zur Fürsorgepflicht des Arbeitgebers sind im Datenschutz-, im Unfallversicherungs- sowie im Gleichstellungsgesetz zu finden.*

Gesundheitsschutz und Unfallverhütung

Der Arbeitgeber muss von Gesetzes wegen alles Zumutbare tun, um Berufsunfälle, Berufskrankheiten und andere Gefährdungen der Gesundheit seiner Angestellten zu verhindern. Dabei genügt es nicht, die Mitarbeiterinnen und Mitarbeiter über Gefahren aufzuklären und allenfalls nötige Schutzkleidung zur Verfügung zu stellen. Zur Fürsorgepflicht gehört auch – und dies ist Ihre Aufgabe als Chefin oder Chef –, dass die Einhaltung der Schutzvorschriften kontrolliert und mit klaren Weisungen durchgesetzt wird.

EIN ARBEITGEBER WUSSTE, dass ein bei ihm angestellter Gipser entgegen den Vorschriften ohne Schutzbrille und Helm arbeitete, obwohl ihm beides zur Verfügung gestellt worden war. Bei einer speziellen Arbeit flog dem Angestellten ein Splitter ins linke Auge und dieses erblindete. Das Bundesgericht verurteilte den Arbeitgeber, dem Gipser eine Genugtuung zu zahlen. Denn er hätte nicht dulden dürfen, dass dieser ohne Schutzbrille arbeitete. Dass der Angestellte die Schutzmassnahmen ablehnte, befreite den Arbeitgeber nicht von seiner Pflicht. Immerhin wurde die vom Gericht als angemessen erachtete Genugtuungssumme von 8000 Franken wegen Mitverschuldens des Arbeitnehmers um die Hälfte gekürzt (BGE 102 II 18).

Arbeitgeber, die Sicherheitsvorschriften missachten, können sich sogar strafbar machen:

EIN ARBEITER MUSSTE an einer Occasionsmaschine mit Sicherheitsmängeln arbeiten; bei Wartungsarbeiten wurde er schwer verletzt. Obwohl auch der Verunfallte von den Mängeln wusste und somit zumindest teilweise selbst schuld an dem Unfall war, verurteilte das Bundesgericht den Geschäftsführer wegen fahrlässiger schwerer Körperverletzung zu einer bedingten Geldstrafe von 60 Tagessätzen à 130 Franken (Urteil 6B_287/2014 vom 30.3.2015).

Missachtet ein Angestellter mutwillig die angeordneten Schutzmassnahmen, müssen Sie also entschieden durchgreifen. In einem konkreten Fall hat das Bundesgericht zum Beispiel die fristlose Entlassung eines Kranführers geschützt, der sich aus reiner Bequemlichkeit beharrlich geweigert hatte, den obligatorischen Schutzhelm zu tragen. Sein Verhalten wog umso schwerer, als es sich um einen Arbeiter mit Erfahrung und Vorbildfunktion handelte (Urteil 4C.161/2000 vom 28.7.2000).

TIPP *Ausführliche Informationen zur Arbeitssicherheit und Unfallverhütung finden Sie unter folgenden Links:*
– *www.suva.ch/praevention*
– *www.seco.admin.ch (Suchwort Gesundheitsschutz)*
– *www.ekas.ch*
– *www.safeatwork.ch*

Schutz vor übermässigem Stress

Arbeitgeber dürfen die Mitarbeiterinnen und Mitarbeiter nicht derart mit Arbeit überhäufen, dass deren Gesundheit leidet. Arbeitgeber, die Überforderungen bewusst in Kauf nehmen – zum Beispiel bei chronischem Personalmangel – oder Stresssymptome wie häufige Absenzen und Beschwerden der Mitarbeitenden missachten, verletzen ihre Fürsorgepflicht. Sie können zu Entschädigungs- und Genugtuungszahlungen verurteilt werden, wenn einem Angestellten der Nachweis gelingt, dass seine gesundheitlichen Probleme durch den vom Arbeitgeber verschuldeten Stress am Arbeitsplatz verursacht wurden.

EINE AUSBILDNERIN, der zehn Verkaufsberaterinnen unterstellt waren, stand unter ständigem Druck ihres Arbeitgebers, immer mehr Kunden zu gewinnen; auch wurden ihr übertrieben hohe Umsatzziele gesetzt. Der Zwang und der ständige Stress verursachten bei der Arbeitnehmerin eine schwere Depression und vollständige Arbeitsunfähigkeit. Der Zusammenhang zwischen den Gesundheitsstörungen und dem Stress war erwiesen. Die Frau erhielt eine Genugtuung von 10 000 Franken (Urteil des Bundesgerichts 4C.24/2005 vom 17.10.2005).

In einem anderen Fall sprach ein Genfer Gericht im Februar 2008 einem ehemaligen Angestellten eines Luftfahrtunternehmens eine Genugtuung von 7500 Franken zu. Die chronische Überlastung, der ständige Personalmangel im Betrieb und die Unsicherheit über seine berufliche Zukunft hatten den Mitarbeiter dermassen belastet, dass er psychisch erkrankte (JAR 2009, S. 507).

Wichtig zu wissen: Die Beurteilung, ob jemand übermässig gestresst ist, hängt von der Situation des Betroffenen ab. Entscheidend ist, wozu ein Arbeitnehmer fähig IST, und nicht, wozu er fähig sein sollte.

TIPPS *Wenn jemand in Ihrem Team übermässig gestresst wirkt, nehmen Sie früh das Gespräch auf. Erste Warnsignale bei drohendem Burn-out sind Konzentrationsstörungen, sozialer Rückzug, unkontrollierte Emotionen und Leistungsabfälle. Suchen Sie gemeinsam mit dem Betroffenen nach Lösungen und Entlastungsmöglichkeiten und* *versuchen Sie so, die Abwärtsspirale von Überbelastung und Stress zu stoppen (mehr zur Gesprächsführung lesen Sie auf Seite 118).*

Weitere nützliche Informationen zur Stressproblematik finden Sie im Internet unter:
- *www.gesundheitsfoerderung.ch (→ betriebliches Gesundheitsmanagement)*
- *www.stressnostress.ch*
- *www.enableme.ch (→ Behinderungen → psychisch → Burnout)*

Eingreifen bei Mobbing und anderen Konflikten

Zum Gesundheitsschutz gehört auch der Schutz vor psychischen Belastungen wie Mobbing, Ausgrenzungen und Belästigungen aller Art. Die Wegleitung zur Verordnung 3 zum Arbeitsgesetz hält fest, dass der Arbeitgeber die Verantwortung dafür trägt, dass an keinem Arbeitsplatz die physische und psychische Gesundheit der Arbeitnehmerinnen und Arbeitnehmer geschädigt wird. Namentlich werden erwähnt: «schlechte psychosoziale Arbeitsbedingungen (zwischenmenschliche Konfliktsituationen, schwierige bis unmögliche Kommunikation oder andere erschwerende Umstände, welche die physische oder psychische Integrität einer Person beeinträchtigen)». Konkret heisst das:

- Der Arbeitgeber muss für ein störungs- und belästigungsfreies Arbeitsklima sorgen – auch in Bezug auf Eingriffe von Dritten, etwa Kunden.
- Er muss zu diesem Zweck angemessene vorbeugende Massnahmen treffen – zum Beispiel schriftliche Weisungen erlassen mit Hinweis auf Sanktionen, die Angestellten aufklären, eine unabhängige Anlaufstelle für Betroffene schaffen (siehe Seite 244).
- Ist das Betriebsklima gestört, muss er alle zumutbaren Massnahmen ergreifen, um die Lage zu entspannen.

Nicht zulässig ist es, im Konfliktfall einfach einen der Störenfriede zu entlassen: «Ein Arbeitgeber,

> **BUCHTIPP**
> Ausführliche Informationen zu Mobbing und anderen Konflikten – auch für Führungskräfte – finden Sie im Beobachter-Ratgeber: **Mobbing am Arbeitsplatz – wie wehre ich mich?**
> www.beobachter.ch/buchshop

der einen Konflikt zwischen seinen Mitarbeitern in Verletzung seiner Fürsorgepflicht schwelen lässt, kann in der Folge nicht geltend machen, der Konflikt schade der Arbeit, um die am Konflikt beteiligten Mitarbeiter zu entlassen», so das Bundesgericht in diversen Urteilen (zum Beispiel Urteil 1C_245/2008 vom 2.3.2009). Eine Kündigung ist erst zulässig, wenn der Arbeitgeber erfolglos genügend Schlichtungsversuche durchgeführt hat. Tut er dies nicht, riskiert er, dass ein Gericht die Kündigung als missbräuchlich einstuft.

EINER PFLEGEFACHFRAU – nennen wir sie Lisa L. –, die mit einer Kollegin in einem schweren Konflikt stand, wurde gekündigt. Schlichtungsversuche hatten nie stattgefunden. Es gab zwar Gespräche, aber immer nur mit Frau L. allein. Die von ihr mehrmals gewünschte Aussprache zwischen den Konfliktparteien kam nie zustande. Schriftlich verwarnt wurde nur Lisa L., nicht aber die andere Mitarbeiterin. Das Bundesgericht sprach der Gekündigten daher eine Entschädigung wegen missbräuchlicher Kündigung zu (Urteil C.253/2001 vom 18.12.2001).

Korrekt verhielt sich eine andere Arbeitgeberin, die einer schwierigen Konfliktsituation gegenüberstand. Sie zog zweimal ein externes Beratungsunternehmen für Teamcoaching bei, führte während Monaten regelmässig Gruppen- wie auch Einzelgespräche mit den Beteiligten und unterbreitete ihnen Vorschläge zur Beilegung des Streits. Mit diesen Bemühungen hatte die Arbeitgeberin gemäss Bundesgericht ihre Fürsorgepflicht erfüllt (Urteil 1C_245/2008 vom 2.3.2009).

Die Beispiele zeigen, dass Sie als Führungskraft Beschwerden über Mobbing oder andere Konflikte nicht auf die leichte Schulter nehmen dürfen. Sie müssen rasch und unparteiisch Abklärungen vornehmen und Gespräche mit allen Beteiligten führen. Wie Sie mit Konfliktsituationen gut umgehen, können Sie auf Seite 159 nachlesen.

TIPP *Wichtig ist, dass Sie alle Massnahmen und Schlichtungsversuche, Mitarbeitergespräche, Verwarnungen etc. schwarz auf weiss dokumentieren. Falls ein Mitarbeiter später wegen missbräuchlicher Kündigung klagen sollte oder wenn es zu Konflikten wegen des Arbeitszeugnisses kommt, sind schriftliche Beweise unerlässlich.*

Diskriminierung und sexuelle Belästigung

Das Gleichstellungsgesetz (GlG) verbietet die direkte oder indirekte Benachteiligung von Angestellten aufgrund ihres Geschlechts, namentlich unter Berufung auf den Zivilstand, die familiäre Situation oder, bei Arbeitnehmerinnen, eine Schwangerschaft. Das Verbot der Diskriminierung gilt für die Anstellung, die Aufgabenzuteilung, die Gestaltung der Arbeitsbedingungen, die Entlöhnung, die Aus- und Weiterbildung, die Beförderung und die Entlassung (Art. 3 GlG). Diskriminierend ist jede unterschiedliche Behandlung, für die keine sachliche Rechtfertigung besteht.

Betroffene können vor Gericht verlangen, dass eine drohende Diskriminierung verboten, eine bestehende beseitigt oder ihnen Schadenersatz zugesprochen wird, sofern ein materieller Schaden entstanden ist. Geht es um Lohndiskriminierung, kann auch eine Nachzahlung der Lohndifferenz für die letzten fünf Jahre (das ist die Verjährungsfrist) gefordert werden. Wichtig: Angestellte, die eine Diskriminierung geltend machen, geniessen einen besonderen Kündigungsschutz (siehe Seite 259).

Auch sexuelle Belästigung ist Diskriminierung
Sexuelle Belästigung wird im Gesetz als besondere Form der Diskriminierung genannt: «Diskriminierend ist jedes belästigende Verhalten sexueller Natur oder ein anderes Verhalten aufgrund der Geschlechtszugehörigkeit, das die Würde von Frauen und Männern am Arbeitsplatz beeinträchtigt. Darunter fallen insbesondere Drohungen, das Versprechen von Vorteilen, das Auferlegen von Zwang und das Ausüben von Druck zum Erlangen eines Entgegenkommens sexueller Art.» (Art. 4 GlG)

Unter diese Definition fallen auch Verhaltensweisen, die nicht unbedingt als sexuell zu bezeichnen sind, aber trotzdem die Würde eines Geschlechts am Arbeitsplatz verletzen – zum Beispiel Blondinen- oder Schwulenwitze, abschätzige Bemerkungen über Frauen und Ähnliches.

Das Gleichstellungsgesetz verpflichtet den Arbeitgeber ausdrücklich, vorbeugende Massnahmen gegen sexuelle Belästigung zu treffen (Art. 5 Abs. 3 GlG) – zum Beispiel durch Information der Mitarbeitenden oder eine Anlaufstelle im Betrieb. Kommt es zu einem Fall von sexueller Belästigung und kann der Arbeitgeber nicht beweisen, dass er angemessene Massnahmen getroffen hat, um derartige Vorfälle zu verhindern, kann das Opfer eine Entschädigung verlangen.

EINE ANGESTELLTE WURDE von ihrem Kollegen belästigt. Er installierte auf seinem Computer offen einsehbar Bilder mit nackten Frauen, verschickte per E-Mail grobe sexistische Witze und Darstellungen und machte in ihrer Gegenwart permanent sexuelle Anspielungen. Im Betrieb zirkulierte zudem eine Wette, wie lange es die Mitarbeiterin wohl aushalten werde. Die betroffene Frau erhielt vom Bundesgericht eine Entschädigung von 12 000 Franken zugesprochen. Obwohl die Firmenleitung nicht über die sexuelle Belästigung informiert worden war – dies geschah erst mehrere Monate nach Beendigung des Arbeitsverhältnisses –, musste der Arbeitgeber zahlen, da die Belästigungen so offensichtlich und häufig waren, dass man davon ausgehen musste, dass die Vorgesetzten davon Kenntnis hatten. Besonders fiel ins Gewicht, dass es im Betrieb keine vorbeugenden Massnahmen gegen Belästigungen gab (Urteil 4C.289/2006 vom 5.2.2007).

Die Pflicht, eine Anlaufstelle zu schaffen
Wie weit die Fürsorgepflicht des Arbeitgebers unter Umständen gehen kann, zeigt ein Fall aus der Romandie:

Eine Angestellte einer Treuhandfirma wandte sich ans kantonale Arbeitsinspektorat. Sie warf ihrem Chef Mobbing vor, und dem Arbeitgeber Verletzung der Fürsorgepflicht. Das Arbeitsinspektorat verlangte daraufhin von der Firma Aufschluss über die internen Regeln bei Arbeitskonflikten. Das eingereichte Reglement sah lediglich den üblichen Dienstweg vor; es gab aber keine Möglichkeit, ausserhalb der Hierarchie Rat und Hilfe zu holen. Das Arbeitsinspektorat erachtete dies als mangelhaft und erteilte dem Unternehmen die Weisung, eine unabhängige Anlaufstelle für Opfer von Mobbing und Belästigungen zu bezeichnen und die Mitarbeitenden entsprechend zu informieren. Obwohl es sich um eine kleine Firma mit wenigen Angestellten handelte, erachtete das Bundesgericht dies als notwendig und verhältnismässig. KMU könnten sich ja zusammenschliessen und gemeinsame Anlaufstellen schaffen, so das Gericht (Urteil 2C_462/2011 vom 9.5.2012).

Sie als Abteilungsleiterin oder Teamchef haben es in der Hand, für einen respektvollen Umgang in Ihrem Team zu sorgen, indem Sie selbst sich stets korrekt, wertschätzend und fair verhalten (siehe auch Seite 159). Laut Bundesgericht haben Vorgesetzte eine Vorbildfunktion. In einem konkreten Fall konnte sich ein Chef, der seine Mitarbeiterinnen als

«Schlampen» bezeichnet hatte, nicht damit herausreden, dass seine Angestellten untereinander ebenfalls einen vulgären Ton pflegten (BGE 126 III 395).

Datenschutz und Überwachung

Daten über die Angestellten darf der Arbeitgeber nur so weit bearbeiten, wie sie für das Anstellungsverhältnis relevant sind (Art. 328b OR). Dies gilt bereits im Bewerbungsverfahren. So dürfen Sie einer Kandidatin nur Fragen stellen, die ihre Eignung für die zu besetzende Stelle betreffen. Verlangen Sie im Bewerbungsverfahren zu weit gehende Informationen – zum Beispiel zur Familienplanung, zu politischen oder religiösen Überzeugungen –, darf die Bewerberin nach überwiegender Auffassung mit einer Notlüge antworten.

Bewerbungsunterlagen müssen Sie vertraulich behandeln. Auch während der Anstellung dürfen im Personaldossier nur Daten gespeichert werden, die es für die Durchführung des Arbeitsverhältnisses braucht – etwa im Zusammenhang mit den Sozialversicherungen oder der Leistungsbewertung. Angestellte haben jederzeit das Recht, ihre Personalakte einzusehen und unkorrekte Daten korrigieren oder entfernen zu lassen. Ohne ihre Einwilligung dürfen keine Daten weitergegeben werden.

Das Personaldossier muss sicher aufbewahrt werden. Zugriff dürfen nur die zuständigen Personen haben, also das HR sowie die Vorgesetzten.

Spionieren verboten
Kameras und andere Kontrollsysteme, die das Verhalten der Angestellten am Arbeitsplatz überwachen sollen, sind unzulässig (Art. 26 ArGV 3). Solche Einrichtungen sind nur erlaubt, wenn sie aus anderen Gründen notwendig sind, zum Beispiel für die Sicherheits- oder Leistungskontrolle. Der Einsatz muss aber zurückhaltend und verhältnismässig sein. Unzulässig wäre es, Überwachungskameras ständig auf die arbeitenden Angestellten zu richten. In einem konkreten Fall – es ging um Diebstahl – erachtete das Bundesgericht Videoaufnahmen aus einem Kassenraum als zulässig. Die Mitarbeitenden wurden von der Kamera nur sporadisch und kurzzeitig erfasst, sodass ihre Persönlichkeit nicht widerrechtlich verletzt wurde (Urteil 6B_536/2009 vom 12.11.2009).

Wie die Informatik im Betrieb – allenfalls auch zu privaten Zwecken – genutzt werden darf, sollte in einem Reglement festgehalten sein. Den Angestellten muss klar sein, welche Regeln gelten und was bei Verdacht auf missbräuchliche Nutzung geschieht. Auf keinen Fall dürfen Sie das Surfverhalten der Mitarbeiter durch geheime Software ausspionieren.

EIN ARBEITGEBER verdächtigte einen Mitarbeiter, den Geschäftscomputer missbräuchlich zu verwenden. Daher installierte er ein Überwachungsprogramm, das über drei Monate alle Operationen aufzeichnete (aufgerufene Websites, E-Mail-Verkehr). Anhand dieser Aufzeichnungen konnte er nachweisen, dass der Angestellte einen erheblichen Teil seiner Arbeitszeit für private Zwecke verwendete. In der Folge entliess der Arbeitgeber den Angestellten fristlos. Das Bundesgericht erachtete den verdeckten Einsatz eines Überwachungsprogramms jedoch als unrechtmässig und daher im Prozess nicht verwertbar – womit keine Grundlage für eine fristlose Kündigung mehr gegeben war (BGE 139 II 7).

TIPP *Unter www.edoeb.admin.ch (→ Datenschutz → Arbeitsbereich) finden Sie umfassende Informationen des eidgenössischen Datenschutzbeauftragten zur Internet-, Video- und Telefonüberwachung am Arbeitsplatz, ausserdem einen ausführlichen Leitfaden zur Bearbeitung von Personendaten im Arbeitsbereich.*

VERLETZUNG DER FÜRSORGEPFLICHT – DIE FOLGEN

Der Arbeitgeber, der seine Fürsorgepflicht verletzt und Persönlichkeitsverletzungen tatenlos duldet, kann finanziell belangt werden. Möglich sind Schadenersatzforderungen wegen vertragswidrigen Verhaltens (Art. 97 ff. OR), sofern die betroffenen Angestellten einen Schaden (zum Beispiel Gesundheitsschaden, Erwerbsausfall) beweisen und belegen können, dass dieser Schaden tatsächlich durch die Fürsorgepflichtverletzung des Arbeitgebers entstanden ist.

Bei besonders schwerem Verschulden des Arbeitgebers können Angestellte zusätzlich eine Genugtuung fordern: «Wer in seiner Persönlichkeit widerrechtlich verletzt wird, hat Anspruch auf Leistung einer Geldsumme als Genugtuung, sofern die Schwere der Verletzung es rechtfertigt und diese nicht anders wiedergutgemacht worden ist.» (Art. 49 OR) ■

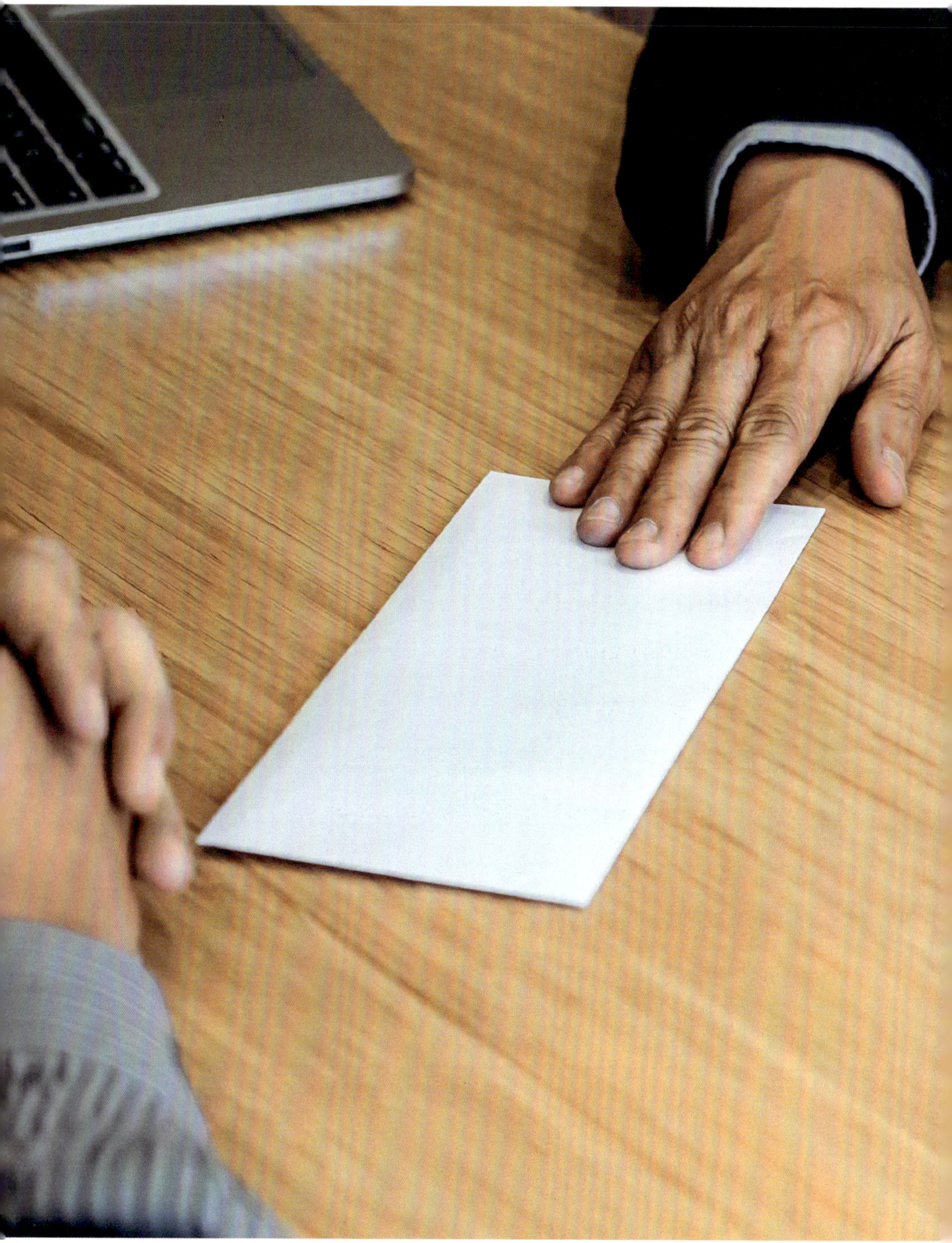

Rund um die Kündigung

7

Rein rechtlich gesehen lassen sich Arbeitsverträge relativ einfach und fast jederzeit auflösen. Als Vorgesetzter, als Chefin eine Kündigung auszusprechen, ist aber immer belastend und gehört zu den schwierigsten Aufgaben einer Führungsperson. Umso wichtiger, dass Vertragsauflösungen rechtlich korrekt vorgenommen werden. Aber auch Kaderleute selbst verlieren mitunter ihre Stelle. Dieses Kapitel erläutert die gesetzlichen Grundlagen der Kündigung und zeigt auf, welche Besonderheiten bei der Beendigung eines Kadervertrags zu beachten sind.

Rechtlich korrekt kündigen

Im schweizerischen Arbeitsvertragsrecht herrscht der Grundsatz der Kündigungsfreiheit. Das bedeutet: Arbeitnehmer und Arbeitgeber haben fast jederzeit das Recht, ein Arbeitsverhältnis aufzulösen. Dabei sind allerdings gewisse Regeln zu beachten.

Kündigungen können aus heiterem Himmel ausgesprochen werden. Es braucht weder eine Vorankündigung noch eine Verwarnung. Das Bundesgericht hat zu diesem Thema festgehalten: «Einem gesitteten Vorgehen im Geschäftsverkehr entspricht es grundsätzlich, das Gespräch mit der Gegenpartei zu suchen, bevor Schritte ergriffen werden, die für die andere Partei dramatische Folgen haben können. Es ist aber zwischen einem unanständigen und einem rechtswidrigen Verhalten zu unterscheiden.» Das schweizerische Arbeitsvertragsrecht kenne nun mal keine Anhörungspflicht vor einer Kündigung. Auch einen triftigen Grund braucht es nicht (Urteil 4C.174/2004 vom 5.8.2004).

Kündigungsfristen und Formvorschriften

Unabhängig davon, ob die Kündigung von der Arbeitgeberin oder vom Arbeitnehmer ausgeht, sind Regeln zu beachten und Fristen einzuhalten, wenn ein Arbeitsverhältnis aufgelöst werden soll – ein Überblick:
- Das Gesetz schreibt für die Kündigung keine bestimmte **Form** vor. Grundsätzlich kann also auch mündlich oder etwa per SMS gekündigt werden – auch wenn dies aus Beweisgründen nicht empfehlenswert ist. Wurde allerdings vertraglich vereinbart, dass eine Kündigung schriftlich zu erfolgen hat, ist eine mündliche Kündigung ungültig.
- In der Regel sind die Kündigungsfristen im Arbeitsvertrag oder in einem GAV festgelegt. Fehlt eine solche Vereinbarung, gilt das Gesetz (Art. 335c OR). Demnach kann im ersten Dienstjahr – nach Ablauf der Probezeit – mit einer Kündigungsfrist von einem Monat gekündigt werden; im zweiten bis und mit neunten Dienstjahr beträgt die Frist zwei Monate, danach drei Monate – jeweils auf ein Monatsende.

- Während der maximal dreimonatigen **Probezeit** beträgt die Kündigungsfrist sieben Tage.
- Die gesetzlichen Kündigungsfristen dürfen nur durch **schriftliche Vereinbarung** abgeändert werden. Für Arbeitgeber und Arbeitnehmer müssen stets gleich lange Fristen gelten.
- Jede Seite hat das Recht, mit einer längeren als der geltenden Kündigungsfrist zu kündigen. Sie muss dann aber damit rechnen, dass die Gegenpartei eine **Gegenkündigung** mit der kürzeren vertraglichen oder gesetzlichen Frist ausspricht.
- Der Kündigende muss die Kündigung **schriftlich begründen,** wenn die andere Partei dies verlangt (Art. 335 OR). Allerdings bleibt die Kündigung auch gültig, wenn die Begründung verweigert wird oder falsch ist. Allenfalls wäre dann zu prüfen, ob die Kündigung eventuell missbräuchlich ist (mehr dazu auf Seite 255).

Ab wann gilt die Kündigung?

Wirksam wird die Kündigung erst, wenn sie beim Empfänger, bei der Empfängerin eingetroffen ist. Massgebend ist also nicht der Poststempel. Die Kündigung muss spätestens am letzten Arbeitstag eines Monats bei der Gegenpartei eintreffen, damit die Kündigungsfrist am Ersten des Folgemonats beginnen kann.

Kann ein eingeschriebener Brief nicht zugestellt werden, gilt er als beim Empfänger eingetroffen, sobald er vom Postamt abgeholt wird. Wird er nicht abgeholt, gilt der Tag, an dem die Abholung erstmals möglich ist, als Tag der Zustellung – meist also der auf den Zustellungsversuch folgende Werktag.

> **ACHTUNG** *Eine Kündigung, die die Kündigungsfrist oder den Kündigungstermin nicht einhält, bleibt nicht einfach wirkungslos, sondern wird als Kündigung auf den nächsten gemäss Gesetz oder Vertrag zulässigen Zeitpunkt interpretiert.*

Beschränkungen der Kündigungsfreiheit

Vom Grundsatz, dass jederzeit gekündigt werden kann, gibt es Ausnahmen. So schützt das Gesetz die Arbeitnehmerinnen und Arbeitnehmer vor Stellenverlust in Situationen, wo sie Mühe haben dürften, eine neue Stelle zu finden (etwa bei Arbeitsunfähigkeit). Verpönt sind Kündigungen, die aus einem verwerflichen Grund ausgesprochen werden.

Die Regeln rund um den Kündigungsschutz betreffen Sie als Abteilungsleiterin oder Teamchef in zweierlei Hinsicht. Einerseits können Sie selber von einer Kündigung betroffen sein – und dann ist es gut, Bescheid zu wissen. Vor allem aber ersparen Sie sich und Ihrer Firma eine Menge Ärger, wenn Sie darauf achten, dass Kündigungen, die Sie gegen Ihre Mitarbeitenden aussprechen, korrekt verlaufen.

Kündigungssperrfristen: die Regeln

Solange ein Arbeitnehmer wegen **Krankheit oder Unfall** arbeitsunfähig ist, darf die Arbeitgeberin während einer gewissen Zeit nicht kündigen (Ausnahme: gerechtfertigte fristlose Entlassung oder einvernehmliche Vertragsauflösung). Dieser Kündigungsschutz gilt sowohl bei ganzer wie auch bei teilweiser Arbeitsunfähigkeit.

Es gelten folgende maximale Sperrfristen (gemeint sind immer Kalendertage):
- 30 Tage im 1. Dienstjahr
- 90 Tage vom 2. bis und mit 5. Dienstjahr
- 180 Tage ab dem 6. Dienstjahr

Einen Kündigungsschutz gibt es auch während der ganzen **Schwangerschaft** einer Arbeitnehmerin sowie bis 16 Wochen nach der Geburt. Dieser Kündigungsschutz gilt auch dann, wenn die Mitarbeiterin zum Zeitpunkt der Kündigung bereits schwanger war, aber noch nichts davon wusste (BGE 135 III 349).

Auch **Militär- und Zivildienstleistende** sind geschützt. Ihnen darf der Arbeitgeber während des Dienstes nicht kündigen. Dauert der Dienst länger als elf Tage, beginnt die Sperrfrist vier Wochen davor und endet erst vier Wochen danach.

MARCO F. MUSS AM 5. JUNI für drei Wochen in den WK einrücken. Da sein Dienst länger als elf Tage dauert, beginnt die Sperrfrist am 8. Mai und dauert bis 24. Juli. Am 28. April erhält Herr F. die Kündigung mit zweimonatiger Frist per Ende Juni. Diese Kündigung ist gültig. Das Arbeitsverhältnis wird jedoch massiv verlängert: Die Kündigungsfrist beginnt am 1. Mai zu laufen, wird am 8. Mai unterbrochen und steht bis 24. Juli still. Ab dem 25. Juli läuft die restliche Kündigungsfrist (dreieinhalb Wochen für Mai, einen ganzen Monat für Juni). Das Arbeitsverhältnis von Marco F. endet am nächstmöglichen Monatsende, das ist Ende September.

2021 wurden zwei weitere Schutzfristen eingeführt: Verlängert sich der Mutterschaftsurlaub, weil ein Neugeborenes hospitalisiert werden muss, darf der Arbeitgeber in dieser Zeit nicht kündigen (maximal 56 Tage, Art. 329f OR und 16c EOG). Ein Kündigungsschutz besteht auch, wenn Eltern ihr gesundheitlich schwer beeinträchtigtes Kind betreuen müssen (maximal sechs Monate, Art. 329i OR; alle Sperrfristen siehe Art. 336c OR).

Während eines Vaterschaftsurlaubs gibt es keinen Kündigungsschutz. Aber: Hat ein gekündigter Arbeitnehmer vor Ende des Arbeitsverhältnisses Anspruch auf Vaterschaftsurlaub (gemäss Art. 329g OR), wird die Kündigungsfrist um die noch nicht bezogenen Urlaubstage verlängert.

INFO *Keine Sperrfristen gibt es, wenn der Arbeitnehmer, die Mitarbeiterin selber kündigt. Einen Kündigungsschutz gibt es zudem erst nach Ablauf der Probezeit. Während der Probezeit darf also auch einem erkrankten Mitarbeiter gekündigt werden.*

In der Praxis kommt es immer wieder zu Streitigkeiten rund um die Kündigungssperrfristen – auf den folgenden Seiten finden Sie die häufigsten Szenarien.

Kündigung während der Sperrfrist
Kündigt der Arbeitgeber während einer Sperrfrist – sogenannte Kündigung zur Unzeit –, ist diese Kündigung nichtig. Sie muss neu ausgesprochen werden, sobald der Arbeitnehmer wieder voll arbeitsfähig oder die Sperrfrist abgelaufen ist. Wird dies verpasst, bleibt das Arbeitsverhältnis bestehen.

Sperrfrist nach Erhalt der Kündigung
Ist eine Arbeitnehmerin zum Zeitpunkt der Kündigung voll arbeitsfähig, erkrankt dann aber später während der Kündigungsfrist (oder wird schwanger), ist der blaue Brief gültig. Aber: Die Kündigungsfrist wird während der Dauer der Sperrfrist unterbrochen – bei kürzeren Absenzen so lange, bis die Arbeitnehmerin wieder voll arbeitsfähig ist – und erst anschliessend wieder fortgesetzt. Dann endet sie am nächstmöglichen Endtermin, in der Regel an einem Monatsende.

PAOLA K. IST IM ERSTEN DIENSTJAHR. Sie erhält am 28. November die Kündigung auf Ende Dezember. Im Dezember ist sie vier Tage krank. Die Kündigungsfrist steht während dieser Zeit still und verlängert sich so bis 4. Januar. Gemäss gesetzlicher Bestimmung endet das Arbeitsverhältnis am darauffolgenden Monatsende, also Ende Januar. Da im ersten Dienstjahr die Kündigungssperrfrist maximal 30 Tage beträgt, würde auch eine viel längere Krankheit das Arbeitsverhältnis bis höchstens Ende Januar verlängern.

Auch eine kurze Arbeitsunfähigkeit von nur zwei Tagen, die erst noch auf die Weihnachtsfeiertage fallen, führt zu einer Verlängerung der Kündigungsfrist um einen Monat (Urteil des Bundesgerichts 4D_6/2009 vom 7.4.2009). Dauert eine Arbeitsunfähigkeit von einem Dienstjahr bis ins nächste und gilt für das neue Dienstjahr eine längere Sperrfrist, kommt diese längere Sperrfrist zur Anwendung (BGE 133 III 517).

INFO *Der Arbeitgeber ist nicht verpflichtet, seine Angestellten über den Kündigungsschutz aufzuklären. Arbeitnehmer müssen diesen selber einfordern. Sind sie wieder gesund, müssen sie dem Arbeitgeber ihre Arbeitskraft für die verlängerte Kündigungsfrist anbieten.*

Mehrmals arbeitsunfähig

Ist eine Arbeitnehmerin wegen Krankheiten oder Unfallfolgen, die zueinander in keinem Zusammenhang stehen, mehrmals arbeitsunfähig, löst jede neue Krankheit und jeder neue Unfall eine neue Sperrfrist aus, während derer der Arbeitgeber nicht kündigen kann (BGE 120 II 124).

> **ALS CLEA J.** im dritten Dienstjahr die Kündigung auf Ende Juni erhält, bricht sie zusammen und wird wegen einer schweren Depression krankgeschrieben. Der Arzt geht davon aus, dass sie mindestens ein halbes Jahr nicht wird arbeiten können. Das Arbeitsverhältnis würde nach Ablauf der 90-tägigen Sperrfrist Ende September enden. Da erleidet Clea J. am 25. September einen Unfall, der eine dreiwöchige Arbeitsunfähigkeit auslöst. Weil der Unfall in keinem Zusammenhang mit der Depression steht, entsteht eine neue Sperrfrist. Das Arbeitsverhältnis verlängert sich bis Ende Oktober.

Was gilt als Kündigungsfrist?

Wird einem Arbeitnehmer mit einer längeren Kündigungsfrist als vertraglich vorgesehen gekündigt, beginnt die Kündigungsfrist nicht schon zum Zeitpunkt des Empfangs der Kündigung. Als Kündigungsfrist, die durch eine Sperrfrist unterbrochen werden kann, gelten immer die letzten Monate des Arbeitsverhältnisses (BGE 134 III 354).

> **SEBASTIAN R. IST IM DRITTEN DIENSTJAHR** und hat eine Kündigungsfrist von zwei Monaten. Am 10. August erhält er die Kündigung auf Ende Oktober. Anschliessend ist er vom 15. bis 21. August krank. Sein Arbeitsverhältnis verlängert sich nicht. Die Krankheit im August spielt keine Rolle, da sie noch nicht in die Kündigungsfrist fällt. Die zweimonatige Kündigungsfrist von Sebastian R. läuft im September und Oktober.

Missbräuchliche Kündigung

Kann eine Angestellte beweisen, dass unlautere Motive zu ihrer Kündigung geführt haben, ist diese zwar gültig. Sie gilt aber als missbräuchlich, und die Betroffene kann eine Entschädigung einklagen.

Missbräuchlich – was heisst das?

In der Praxis geht es bei solchen Auseinandersetzungen meist um Rachekündigungen, nachdem eine Mitarbeiterin sich auf anständige Weise für ihre Rechte gewehrt hat. Aber auch Kündigungen wegen einer persönlichen Eigenschaft, wegen rechtmässiger gewerkschaftlicher Aktivität oder wegen bevorstehendem Militärdienst sind missbräuchlich. Ausserdem haben gewählte Arbeitnehmervertreter einen besonderen Kündigungsschutz. Die Kündigungsgründe, die von Gesetzes wegen als missbräuchlich gelten, finden Sie in Artikel 336 OR aufgelistet.

NACH ZEHN JAHREN IN DER FIRMA bekam eine Sachbearbeiterin gesundheitliche Probleme, die sich auf die Arbeitsleistung auswirkten. Der Arbeitgeber unterbreitete ihr einen neuen Arbeitsvertrag mit 500 Franken weniger Lohn, gültig ab dem nächsten Monat. Als die Arbeitnehmerin die kurzfristige Lohnkürzung nicht akzeptierte, kündigte ihr der Arbeitgeber fristgerecht und bot ihr gleichzeitig einen neuen Vertrag für die Zeit nach der Kündigungsfrist an, der aber noch schlechtere Bedingungen vorsah. Dem Kündigungsschreiben war ein handschriftlicher Text beigefügt, dass die Änderungskündigung zurückgezogen werde, falls die Frau die ursprünglich vorgeschlagene Lohnkürzung per sofort doch noch akzeptiere. Diese lenkte nicht ein und klagte wegen missbräuchlicher Kündigung.

Der Fall landete schliesslich beim Bundesgericht und dieses gab der Frau recht: Der Arbeitgeber habe mit seinem Manöver eine kurzfristige Lohnkürzung erzwingen wollen. Dass sich die Mitarbeiterin geweigert habe, die Lohnreduktion ohne Einhaltung der Kündigungsfrist zu akzeptieren, sei legitim. Sie habe damit einen Anspruch aus dem Arbeitsverhältnis geltend gemacht, so das Gericht. «Damit ist die ausgesprochene Kündigung missbräuchlich.» (BGE 123 III 246)

Zur Rachekündigung gibt es eine vielfältige Rechtsprechung – für missbräuchlich erklärt wurden etwa Kündigungen, nachdem sich Angestellte geweigert hatten, vertraglich nicht geschuldete Tätigkeiten auszuführen, ebenso, nachdem sie auf korrekte Weise berechtigte Kritik an Missständen geäussert oder sich gegen Persönlichkeitsverletzungen gewehrt hatten.

Der in Artikel 336 OR aufgeführte Katalog missbräuchlicher Kündigungsgründe ist nicht abschliessend. So kann eine Kündigung auch aus anderen Gründen missbräuchlich sein, zum Beispiel dann, wenn der Arbeitgeber seine Fürsorgepflicht (siehe Seite 238) verletzt hat. So hat das Bundesgericht wiederholt die Kündigung langjähriger älterer Mitarbeiter als missbräuchlich erachtet, wenn der Arbeitgeber nicht zuvor nach sozial verträglicheren Lösungen gesucht hatte. Denn laut der obersten Instanz haben Arbeitgeber gegenüber langjährigen, treuen Angestellten eine erhöhte Fürsorgepflicht (zum Beispiel in Urteil 4A_384/2014 vom 12.11.2014).

TIPP *Zusätzliche Beispiele zum Thema missbräuchliche Kündigung finden Sie auf den Seiten 208, 214, 234 und 242. Mitglieder des Beobachters können weitere Urteile nachschlagen unter www.guider.ch (→ missbräuchliche Kündigung).*

Missbräuchliche Kündigung: die Konsequenzen
Will eine Arbeitnehmerin die Missbräuchlichkeit einer Kündigung geltend machen, muss sie noch während der Kündigungsfrist schriftlich dagegen protestieren. Kommt keine Einigung zustande, muss sie innert 180 Tagen nach Beendigung des Arbeitsverhältnisses Klage erheben. Verpasst die Arbeitnehmerin eine dieser Fristen, ist nichts mehr zu machen.

Bejaht der Richter die Missbräuchlichkeit, kann er der Betroffenen je nach Umständen eine Entschädigung von bis zu sechs Monatslöhnen zusprechen. Beweisen, dass eine missbräuchliche Kündigung vorliegt, muss die Arbeitnehmerin.

TIPP *Schützen Sie sich vor dem Vorwurf einer missbräuchlichen Kündigung, indem Sie Auseinandersetzungen mit Mitarbeitenden, Verwarnungen, schlechte Leistungsbeurteilungen und Ähnliches schriftlich festhalten. So können Sie, sollte es zur Kündigung kommen, die Vorgeschichte belegen.*

Diskriminierende Kündigung

Auch das Gleichstellungsgesetz (siehe Seite 182) enthält Regeln zum Kündigungsschutz. Werden im Rahmen einer betrieblichen Umorganisation zum Beispiel nur «Doppelverdienerinnen» entlassen oder erhält eine junge

SONDERREGELN BEI MASSENENTLASSUNGEN

Massenentlassungen (Art. 335d ff. OR) sind Kündigungen, die der Arbeitgeber ohne Verschulden der Gekündigten innert 30 Tagen ausspricht und von denen betroffen sind:
- mindestens 10 Arbeitende in Betrieben mit mehr als 20 und weniger als 100 Angestellten,
- mindestens 10 Prozent der Belegschaft in Betrieben mit 100 bis 299 Angestellten,
- mindestens 30 Angestellte in Betrieben mit 300 und mehr Beschäftigten.

Vor einer Massenentlassung muss der Arbeitgeber die Belegschaft oder deren Vertretung über die geplante Massnahme informieren (Gründe, Betroffene, Zeitraum) und ihnen die Möglichkeit geben, Vorschläge zu machen, wie die Kündigungen vermieden oder die Folgen gemildert werden können.

Zudem muss er die Entlassungen dem kantonalen Arbeitsamt schriftlich anzeigen und das Amt über die Konsultation der Arbeitnehmer informieren. Die Angestellten erhalten eine Kopie der Anzeige. Die Arbeitsverhältnisse enden frühestens 30 Tage nach dieser Anzeige. Massenentlassungen ohne Konsultation der Arbeitnehmerschaft sind missbräuchlich (Art. 335f OR). Den betroffenen Angestellten kann eine Entschädigung von bis zu zwei Monatslöhnen zugesprochen werden.

Wichtig: Unternehmen mit über 250 Mitarbeitenden sind bei Massenentlassungen verpflichtet, einen Sozialplan auszuhandeln, wenn sie mindestens 30 Angestellte entlassen. Der Sozialplan soll helfen, die Zahl der Entlassungen zu beschränken und die Folgen zu mildern. Im Streitfall muss ein Schiedsgericht bestellt werden, das einen verbindlichen Sozialplan aufstellt.

Frau die Kündigung mit der Begründung, sie sei ja jetzt verheiratet und werde ohnehin bald Kinder bekommen, sind diese Kündigungen diskriminierend. Anders als bei einer missbräuchlichen Kündigung muss die betroffene Person die Diskriminierung nicht beweisen, sondern nur glaubhaft machen (Art. 6 GlG).

Gelingt dies, ist es an der Arbeitgeberin, den strikten Beweis dafür zu liefern, dass keine Diskriminierung vorliegt. Ob die Kündigung einer Arbeitnehmerin unmittelbar nach deren Rückkehr aus dem Mutterschaftsurlaub diskriminierend ist, hängt also von den Umständen ab.

EINE LANGJÄHRIGE ANGESTELLTE, der nach ihrem Mutterschaftsurlaub gekündigt wurde, klagte wegen diskriminierender Kündigung. Die Richter stellten fest, dass die Beschwerdeführerin den diskriminierenden Charakter der Kündigung glaubhaft gemacht habe (Mutterschaft als Kündigungsgrund). Dem Arbeitgeber gelang jedoch der Beweis, dass allein wirtschaftliche Gründe für die Kündigung massgebend waren und dass die Sparmassnahmen auch zum Abbau der Arbeitsstelle geführt hätten, wenn die Arbeitnehmerin nicht schwanger geworden wäre. Die Kündigung war somit nicht diskriminierend (Urteil 4A_208/2021 vom 16.7.2021).

Von einer diskriminierenden Kündigung betroffene Arbeitnehmerinnen können sich auf die gleiche Weise zur Wehr setzen wie gegen eine missbräuchliche Kündigung: schriftliche Einsprache noch während der Kündigungsfrist und Klage auf Entschädigung (maximal sechs Monatslöhne) innert 180 Tagen nach Beendigung des Arbeitsverhältnisses.

Schutz vor Rachekündigungen

Das Gleichstellungsgesetz bringt zudem einen zusätzlichen Schutz vor Rachekündigungen. Kündigungen durch den Arbeitgeber sind nämlich dann anfechtbar, wenn sie ohne begründeten Anlass erfolgen, nachdem sich ein Arbeitnehmer, eine Arbeitnehmerin über eine Diskriminierung im Betrieb beschwert oder rechtliche Schritte dagegen ergriffen hat. Betroffene Angestellte sind während der Dauer eines innerbetrieblichen Beschwerdeverfahrens, eines Schlichtungs- und Gerichtsverfahrens sowie sechs Monate darüber hinaus vor Kündigungen geschützt (Art. 10 GlG).

Kündigt der Arbeitgeber trotzdem und kommt das Gericht nach einer ersten Prüfung zum Schluss, dass es sich um eine Rachekündigung handelt, kann es die provisorische Wiederanstellung der Arbeitnehmerin für die Dauer des Verfahrens anordnen. Wird ihre Klage gutgeheissen, hebt das Gericht die Kündigung auf. Der Arbeitgeber muss das Arbeitsverhältnis fortsetzen. Weist das Gericht die Klage ab, wird der Arbeitsvertrag mit dem rechtskräftigen Urteil beendet. Als Alternative zur Weiterführung des Arbeitsverhältnisses kann die Arbeitnehmerin eine Entschädigung von maximal sechs Monatslöhnen verlangen.

TIPP *Ausführliche Informationen zum Gleichstellungsgesetz und eine umfangreiche Sammlung von Gerichtsentscheiden zum Thema Diskriminierung finden Sie auf der Internetseite www.gleichstellungsgesetz.ch.*

Fristlose Entlassung

Eine fristlose Entlassung beendet das Arbeitsverhältnis per sofort. Eine weitere Lohnzahlung ist nicht geschuldet. Wegen dieser schwerwiegenden Konsequenzen darf nur ausnahmsweise – «aus wichtigen Gründen» – per sofort gekündigt werden. Nämlich dann, wenn dem Kündigenden «die Fortsetzung des Arbeitsverhältnisses nicht mehr zugemutet werden darf» (Art. 337 OR).

Damit eine fristlose Entlassung zulässig ist, muss das Vertrauensverhältnis zwischen den Parteien so schwer gestört sein, dass die sofortige Trennung als einziger Ausweg erscheint (BGE 116 II 145). Bei weniger schweren Verfehlungen muss vor der Entlassung eine Verwarnung erfolgen. Liegt aber ein wichtiger Grund vor, kann die fristlose Kündigung jederzeit ausgesprochen werden – also auch während der Sperrfristen bei Krankheit, Schwangerschaft oder Militär (siehe Seite 252). Auch während der Probezeit oder im bereits gekündigten Arbeitsverhältnis ist eine sofortige Entlassung möglich.

Im Streitfall ist es Sache des Gerichts, unter Würdigung aller Umstände zu entscheiden, ob eine fristlose Kündigung gerechtfertigt war oder nicht. Vertragliche Abmachungen darüber, wann fristlos gekündigt werden kann, sind nicht verbindlich.

> **INFO** *Auch Angestellte können fristlos kündigen, zum Beispiel, wenn der Arbeitgeber zahlungsunfähig wird, bei massivem Mobbing oder bei schwerer Beleidigung oder sexueller Belästigung durch einen Vorgesetzten.*

Die wichtigen Gründe

Folgende Vorfälle wurden von den Gerichten als ausreichend für eine fristlose Entlassung anerkannt:
- Vergehen oder Verbrechen während der Anstellung, zum Beispiel Diebstahl, Betrug oder Veruntreuung, wobei Bagatelldelikte genügen.

- Wiederholte und beharrliche Verweigerung der zugewiesenen Arbeit, unberechtigtes Fernbleiben vom Arbeitsplatz, eigenmächtiger Ferienbezug, wiederholtes unentschuldigtes Blaumachen, wiederholtes unentschuldigtes Zuspätkommen. In der Regel braucht es in diesen Fällen zunächst eine Verwarnung.
- Verrat von Geschäftsgeheimnissen, Konkurrenzierung des Arbeitgebers, Schwarzarbeit, Verleumdung des Arbeitgebers, Annahme von Schmiergeldern
- Schwerwiegende Tätlichkeiten, Gewaltandrohungen und Beleidigungen gegenüber Vorgesetzten oder Arbeitskollegen
- Falsche Angaben bei der Stellensuche, soweit sie Dinge betreffen, die im Zusammenhang mit dem betreffenden Arbeitsplatz wesentlich sind (siehe auch Seite 207).

Auch gravierende Kompetenzüberschreitungen und Pflichtverletzungen können unter Umständen ein Grund für eine fristlose Entlassung sein:

EINE PFLEGEHELFERIN, die zur Nachtwache eingeteilt war, erhielt mündlich und schriftlich die Weisung, eine 94-jährige Patientin stündlich zu kontrollieren und bei einem Notfall die pikettdiensthabende Pflegefachfrau zu alarmieren. Am frühen Morgen stürzte die Patientin aus dem Bett auf den unbeheizten Fussboden. Die Pflegehelferin lagerte die betagte Frau, deckte sie zu und behandelte eine Blutung am Kopf. Sie informierte jedoch die Pflegefachfrau nicht sofort, sondern wartete, bis diese 40 bis 50 Minuten später ihre Arbeit antrat. Die Arbeitgeberin feuerte die Angestellte auf der Stelle: Sie habe die Situation völlig falsch eingeschätzt. Zudem habe sie ihre Kompetenzen als Pflegehelferin überschritten, als sie die Kopfwunde selbst versorgte.

Zu Recht, befand das Bundesgericht. Dass Vorschriften zum Verhalten in Notfällen strikt eingehalten werden, sei in einem Seniorenheim von existenzieller Bedeutung (Urteil 4A_496/2008 vom 22.12.2008). Weitere Beispiele zur fristlosen Entlassung finden Sie auf den Seiten 191 bis 197.

INFO *Fristlose Entlassungen müssen sofort nach dem Vorfall erfolgen. Die Arbeitgeberin hat höchstens zwei bis drei Tage Bedenkfrist. Ausserdem muss die Entlassung unmissverständlich aus-*

gesprochen werden. Dies gilt auch für vorgängige Verwarnungen: Der Arbeitnehmer muss klar erkennen können, welche Verhaltensweisen nicht mehr toleriert werden und welche Konsequenzen drohen.

Zu Unrecht fristlos entlassen: die Konsequenzen

Ist ein Arbeitnehmer mit der fristlosen Entlassung nicht einverstanden, kann er dagegen protestieren und Klage einreichen. Stellt sich im Gerichtsverfahren heraus, dass die Entlassung ungerechtfertigt war, hat der Entlassene Anspruch auf Ersatz dessen, was er verdient hätte, wenn das Arbeitsverhältnis unter Einhaltung der Kündigungsfrist beendet worden wäre (Art. 337c OR). Zusätzlich kann das Gericht die Arbeitgeberin verpflichten, ihm eine Entschädigung zu zahlen; die Höhe wird unter Würdigung aller Umstände – Dauer des Arbeitsverhältnisses, Vorgeschichte der Entlassung, Auswirkung der Kündigung – festgelegt. Das Maximum liegt wie bei der missbräuchlichen Kündigung bei sechs Monatslöhnen.

> **ACHTUNG** *Fristlose Entlassungen führen fast immer zu einem Rechtsstreit. Ein solcher kann Jahre dauern und kostet Geld, Zeit und Energie. Zudem darf das Prozessrisiko nicht unterschätzt werden. Ausser in ganz eindeutigen Fällen – zum Beispiel bei einem nachgewiesenen Betrug – sollten Sie daher Alternativen prüfen. Etwa eine normale Kündigung mit Freistellung (siehe Seite 267) oder eine Aufhebungsvereinbarung (siehe Seite 264).*

JEAN-CLAUDE BIVER
Präsident von Hublot, Leiter der Uhrensparte von LMVH

Welches war Ihre erste Führungsrolle?
Mein jüngerer Bruder und ich gingen gemeinsam im Internat zur Schule. Ich war zehn, er acht Jahre alt. Ich musste natürlich auf ihn aufpassen. Ich habe so ganz selbstverständlich gelernt, Verantwortung zu übernehmen. Ich fühlte mich in dieser Situation zum ersten Mal selbständig, es war eigentlich meine erste Führungsrolle. Weil es um meinen Bruder ging, war es eine wirklich wichtige Aufgabe in jungen Jahren und eine gute Erfahrung, die mein Leben geprägt hat.

Welches war Ihr grösster Fehler als Führungsperson?
Mein grösster Fehler, den ich leider nicht nur einmal gemacht habe, ist, von anderen zu erwarten, was ich von mir selber erwarte. Inzwischen ist mir längst klar, dass ich von Mitarbeitern das verlangen kann, was in ihren Möglichkeiten liegt und ihrem Erfahrungshorizont entspricht. Der eigene Massstab ist nicht automatisch auch der Massstab für andere. Trotzdem soll man jedem Mitarbeiter, jeder Mitarbeiterin eine Chance geben und ihnen dabei helfen, sich weiterzuentwickeln und sich zu steigern.

Was haben Sie daraus gelernt?
Ich habe gelernt, Menschen mit ihren Potenzialen besser wahrzunehmen und zu respektieren, statt sie zu überfordern. Und ich weiss heute besser, wie ich Menschen dabei unterstützen kann, sich zu steigern und zu verbessern. Ich habe auch gelernt, anderen Menschen mehr Geduld, Respekt und Verständnis entgegenzubringen und sie damit zu motivieren.

Auflösung von Kaderverträgen

Wenn Kaderangestellte aus dem Unternehmen scheiden, gelten grundsätzlich die auf den vorangehenden Seiten beschriebenen Regeln. Und dennoch läuft die Trennung oft anders ab. Führungskräfte werden nicht selten während der Kündigungsfrist von der Arbeit freigestellt und/oder es wird ein Aufhebungsvertrag ausgehandelt. Ob eine Austrittsentschädigung gezahlt werden muss, ist Sache von Verhandlungen oder vertraglicher Abmachung.

Schriftlich können längere Kündigungsfristen als die gesetzlichen vereinbart werden. So sind in Arbeitsverträgen von Führungskräften sechs Monate Kündigungsfrist weitverbreitet – was nicht immer von Vorteil ist. Haben Sie bereits eine neue Stelle gefunden, die Sie möglichst bald antreten möchten, bleibt Ihnen nichts anderes übrig, als zu verhandeln. In der Regel wird Ihr Arbeitgeber zu einer Aufhebungsvereinbarung bereit sein. Denn es dürfte kaum je im Interesse eines Unternehmens sein, eine Kadermitarbeiterin noch monatelang an sich zu binden, wenn diese sich gedanklich bereits neu orientiert hat und womöglich gar nicht mehr im Interesse der Firma handelt.

> **ACHTUNG** *Verlassen Sie die Stelle ohne Einwilligung des Arbeitgebers vorzeitig, hat dieser Anspruch auf eine Entschädigung in Höhe eines Viertels Ihres Monatslohns. Zudem kann er weiteren Schadenersatz verlangen, sofern er einen höheren Schaden beweisen kann. Die Entschädigungsforderung muss der Arbeitgeber innert 30 Tagen seit Nichtantritt oder Verlassen der Arbeitsstelle durch Klage oder Betreibung geltend machen, andernfalls ist sein Anspruch verwirkt (Art. 337d OR).*

Was ist eine Aufhebungsvereinbarung?

Ein Arbeitsvertrag kann jederzeit zu einem beliebigen Zeitpunkt und zu fast beliebigen Bedingungen aufgelöst werden – sofern, wie schon das

Wort Vertrag besagt, beide Seiten damit einverstanden sind. Dringend zu empfehlen ist dabei eine schriftliche Vereinbarung, in der folgende Punkte geregelt werden:
- Auflösungsdatum
- Begleichung offener Forderungen
- Rückgabepflichten
- Arbeitszeugnis
- Allfällige Freistellung
- Abfindungen

Eine Aufhebungsvereinbarung als Alternative zur einseitigen Kündigung hat auch symbolischen Wert: Man setzt sich zusammen, findet eine Einigung, die alle Interessen berücksichtigt, und geht im Frieden auseinander. Die gütliche Einigung lässt sich auch nach aussen so kommunizieren.

Ein Aufhebungsvertrag sollte ein fairer Kompromiss sein. Verzichtet der Arbeitnehmer auf Rechte und Ansprüche, sollte dem stets eine angemessene Gegenleistung des Arbeitgebers gegenüberstehen. Ein Arbeitnehmer, der offensichtlich übervorteilt, unter Druck gesetzt oder überrumpelt wurde, kann eine Aufhebungsvereinbarung anfechten. «Dass ein Arbeitnehmer zu einer einvernehmlichen Auflösung des Arbeitsverhältnisses Hand bieten will, ist nicht leichthin anzunehmen», so das Bundesgericht (Urteil 4A 563/2011 vom 19.1.2012).

Eine einvernehmliche Vertragsauflösung ist grundsätzlich auch trotz laufender Sperrfristen (siehe Seite 252) möglich, sofern damit nicht eine klare Umgehung des zwingenden Kündigungsschutzes bezweckt wird.

HERR X. WAR GENERALDIREKTOR eines Weinhandelsunternehmens und litt nach grösseren Restrukturierungen unter gesundheitlichen Problemen psychischer Art, die sich auch am Arbeitsplatz manifestierten. Am 23. November 2006 löste der Verwaltungsrat das Arbeitsverhältnis mit ihm «im gegenseitigen Einvernehmen» per Ende November auf, ohne dass Herrn X. eine Bedenkzeit eingeräumt worden wäre. Der Generaldirektor erhielt eine ihm gemäss Vertrag zustehende Abfindung sowie den Lohn für die dreimonatige Kündigungsfrist. Zum Zeitpunkt der Vertragsunterzeichnung war Herr X. arbeitsfähig, zeigte aber Anzeichen geistiger Störungen. Vom 27. November 2006 bis 30. April 2007 war er arbeitsunfähig.

AUFHEBUNGSVEREINBARUNG: ACHTEN SIE AUF DIESE PUNKTE

- Soll das Arbeitsverhältnis per sofort aufgelöst werden, stellt sich die Frage nach einer **Entschädigung** – mindestens den Lohn für die Kündigungsfrist. Auch offene Ferienguthaben, Überstunden etc. werden dann fällig.
- Akzeptieren Sie keine Vertragsauflösung, solange Sie arbeitsunfähig sind und einen **Kündigungsschutz** geniessen (siehe Seite 252).
- Sind Sie unsicher, ob Ihnen noch ein **Bonusanteil** oder eine **Erfolgsbeteiligung** zusteht? Mehr dazu lesen Sie auf Seite 188 und 192.
- Ob Sie eine **Abfindung** verlangen können, ist Sache von vertraglichen Abmachungen und internen Regelungen. Ein gesetzlicher Anspruch besteht nicht. Das OR enthält zwar eine Regelung zur «Abgangsentschädigung». Diese hat jedoch kaum mehr Bedeutung, da die Abgangsentschädigung mit Leistungen aus der Personalvorsorge verrechnet werden darf (Art. 339b OR).
- Oft finanzieren Arbeitgeber scheidenden Kadern eine professionelle Hilfe bei der Neuorientierung und Stellensuche im Wert von mehreren Zehntausend Franken (**Outplacement**). Das kann sehr nützlich sein, ist jedoch ebenfalls Verhandlungssache.
- Achten Sie nicht nur auf die finanziellen Aspekte der Vertragsauflösung. Ein faires, wohlwollendes **Arbeitszeugnis** sollte Teil der Vereinbarung sein. Wichtig ist auch, wie Ihr Weggang kommuniziert wird. Legen Sie eine verbindliche Sprachregelung fest.
- Erfolgt die Vertragsauflösung auf Wunsch des Arbeitgebers, sollten Sie sich dies schriftlich bestätigen lassen, damit Ihnen bei der **Arbeitslosenversicherung** keine Nachteile entstehen. Klargestellt werden sollte auch, dass dann ein allfälliges Konkurrenzverbot dahinfällt (siehe Seite 216).
- Werden Sie während der Kündigungsfrist von der Arbeit **freigestellt,** beachten Sie die Ausführungen auf der nächsten Seite.

Laut Bundesgericht konnte man in diesem Fall nicht davon ausgehen, dass es wirklich der Wille des Generaldirektors gewesen war, das Arbeitsverhältnis kurzfristig zu beenden. Er war gesundheitlich beim Gespräch bereits geschwächt, hatte keine Bedenkzeit, und es wurde ihm von Arbeitgeberseite nichts angeboten, was er nicht auch bei einer normalen Kündigung hätte bekommen müssen. Im Gegenzug verzichtete er auf den Kündigungsschutz im Krankheitsfall sowie auf monatelange Lohnfortzahlung. Die Vertragsauflösung wurde daher als ungültig erachtet (Urteil 4A_376/2010 vom 30.9.2010)

> **TIPP** *Prüfen Sie die Aufhebungsvereinbarung genau – bevor Sie unterschreiben. Verlangen Sie Bedenkzeit und lassen Sie sich im Zweifelsfall rechtlich beraten. Auf welche Punkte Sie besonders achten sollten, sehen Sie im Kasten.*

Freistellung während der Kündigungsfrist

Steht einmal fest, dass ein leitender Angestellter das Unternehmen verlässt, wollen viele Arbeitgeber die Zusammenarbeit rasch beenden. Auch dem Angestellten kommt es entgegen, wenn er frühzeitig die Zukunft in Angriff nehmen kann. Kaderleute werden nach der Kündigung daher häufig freigestellt, das heisst: Die Arbeitgeberin verzichtet bereits während der Kündigungsfrist auf die Arbeitsleistung.

Das Arbeitsverhältnis läuft rechtlich gesehen trotzdem bis zum Ende der Kündigungsfrist weiter. Die Arbeitgeberin schuldet bis dahin den vollen Lohn inklusive regelmässiger Zulagen (13. Monatslohn, Durchschnittsprovision, vertraglich zugesicherte Privatnutzung des Geschäftsautos) sowie der Spesenpauschalen, die eigentlich Lohn darstellen (siehe Seite 196).

Auch die Treuepflicht des Angestellten läuft grundsätzlich weiter. Wer bedingungslos freigestellt wurde, darf jedoch eine neue Stelle annehmen, sofern es sich nicht direkt um einen Konkurrenzbetrieb handelt. Ein Anspruch auf doppelte Lohnzahlung besteht allerdings nicht. Die bisherige Arbeitgeberin darf die Lohnzahlung insoweit einstellen, als der austretende Mitarbeiter anderweitig etwas verdient (BGE 118 II 139).

> **INFO** *Eine Freistellung ist bei Kaderangestellten häufig und schadet dem Ansehen nicht. Ein Anspruch auf Beschäftigung bis Ablauf der Kündigungsfrist besteht nicht – ausser in speziellen Situationen, etwa bei Spitzensportlern. Im Arbeitszeugnis darf die Freistellung nicht erwähnt werden (Ausnahme: längere Freistellung in einem kurzen Arbeitsverhältnis). Als Austrittsdatum ist das rechtliche Ende des Vertrags aufzuführen, nicht der letzte Arbeitstag.*

Ferien- und Überstundenguthaben

Restliche Ferienansprüche sind grundsätzlich während der Freistellungszeit zu beziehen, wenn das zumutbar und möglich ist und wenn die Freistellungsdauer das vorhandene Ferienguthaben deutlich übersteigt. Andernfalls müssen sie ausgezahlt werden. In einem konkreten Fall vertrat das Bundesgericht die Meinung, dass ein freigestellter Mitarbeiter rund 7,5 Wochen Ferien während einer Freistellungszeit von knapp 14 Wochen beziehen könne. Auch nach Bezug der Ferien stünde dem Gekündigten noch erheblich mehr Zeit für die Stellensuche zur Verfügung, als wenn er nicht freigestellt worden wäre. Der Antrag auf Auszahlung der Ferien wurde abgelehnt (Urteil 4C.215/2005 vom 20.12.2005).

Anders verhält es sich mit noch offenen Überstundenguthaben: Laut Gesetz braucht es für die Kompensation von Überstunden durch Freizeit das Einverständnis des Arbeitnehmers. Er kann also auf Auszahlung beharren – und zwar mit Zuschlag von 25 Prozent, sofern nichts Abweichendes schriftlich vereinbart wurde (siehe Seite 199). Dies gilt auch im Fall einer Freistellung (BGE 123 III 84).

PER SALDO ALLER ANSPRÜCHE?

Auf der Schlussabrechnung steht häufig, sie gelte «per Saldo aller Ansprüche». Damit bestätigen beide Parteien, dass alle gegenseitigen Forderungen definitiv abgegolten sind. Eine solche Klausel sollten Sie daher nur nach reiflicher Überlegung unterschreiben.

Doch nicht immer bedeutet eine unterschriebene Saldoerklärung, dass nichts mehr zu machen ist. Laut Bundesgericht ist eine Saldoerklärung für den Arbeitnehmer nur dann verbindlich, wenn er zum Zeitpunkt der Unterschrift von seinem Anspruch Kenntnis hatte oder einen solchen Anspruch zumindest für möglich hielt (BGE 129 III 493). Ausserdem können Arbeitnehmende während der Dauer des Arbeitsverhältnisses und bis einen Monat danach nicht gültig auf Forderungen verzichten, die sich aus zwingenden Vorschriften des Gesetzes oder aus zwingenden Bestimmungen eines Gesamtarbeitsvertrags ergeben (Art. 341 OR). Dazu gehören zum Beispiel der Anspruch auf mindestens vier Wochen bezahlte Ferien, auf kostendeckende Spesen oder auf Lohnfortzahlung im Krankheitsfall. Nicht dazu gehören aber die Lohnhöhe oder ein Bonusanteil. Eine Liste der zwingenden Gesetzesbestimmungen finden Sie in Artikel 361 und 362 OR.

Lassen Sie sich beraten, wenn Sie der Meinung sind, trotz unterschriebener Saldoklausel noch Ansprüche gegenüber Ihrem Arbeitgeber zu haben. ∎

Arbeitszeugnis

Arbeitszeugnisse sind vom Arbeitgeber erstellte Urkunden, die den Tätigkeitsbereich sowie die Leistung und das Verhalten eines Arbeitnehmers dokumentieren. Arbeitnehmende haben von Gesetzes wegen das Recht, sich «jederzeit» – also auch während der Anstellung – ein solches Zeugnis ausstellen zu lassen (Art. 330a OR).

In der Regel erhalten Angestellte beim Austritt aus einem Betrieb automatisch ein Arbeitszeugnis ausgehändigt – obwohl der Arbeitgeber dazu an sich nicht verpflichtet wäre. Laut Gesetz muss der Arbeitnehmer das Zeugnis einfordern. Er kann dies jederzeit tun, also zum Beispiel gleich nach Erhalt der Kündigung. Verlangt man während der Dauer des Arbeitsverhältnisses ein Zeugnis, handelt es sich um ein Zwischenzeugnis.

«Jederzeit» bedeutet auch, dass der Arbeitgeber das Zeugnis innert zwei bis drei Wochen auszustellen hat. Ein Zeugnis darf nicht verweigert werden, auch nicht bei nur kurzer Anstellung. Es darf auch nicht an Bedingungen geknüpft werden.

DIE DEUTSCHEN EHELEUTE E. waren in einem Spital als Anästhesiepfleger angestellt. Nach ein paar Monaten erhielten sie von ihrem Vorgesetzten, Dr. G., folgendes Schreiben: «Die Zusammenarbeit zwischen Ihnen, dem Unterzeichneten und Dr. H. ist aus verschiedenen Gründen unbefriedigend. Ich bin im Besitze von drei Bewerbungen von Schweizer Bürgern mit abgeschlossener Ausbildung. Ich bitte Sie deshalb, umgehend die Kündigung einzureichen. Dies ermöglicht mir, Ihnen ein Abschlusszeugnis auszustellen.» Ein paar Tage später doppelte der Vorgesetzte mit einem zweiten Schreiben nach.

Das Bundesgericht sah in diesem Vorgehen einen strafbaren Nötigungsversuch: Der Arbeitnehmer habe einen unabdingbaren Anspruch auf ein Zeugnis. «Die Drohung, man werde sonst kein Arbeitszeugnis ausstellen, ist kein zulässiges Mittel, um einen Arbeitnehmer zu einem bestimmten Verhalten zu veranlassen.» Es gehe dabei «um einen ins Gewicht fallenden Nachteil für das weitere Fortkommen» (BGE 107 IV 35).

INFO «*Auf besonderes Verlangen des Arbeitnehmers hat sich das Zeugnis auf Angaben über die Art und Dauer des Arbeitsverhältnisses zu beschränken*», so das Gesetz. Die Alternative zum Vollzeugnis ist also eine reine Arbeitsbestätigung, die keinerlei Leistungsbeurteilung enthält. Dies ist allerdings eine Notlösung, die nur bei kurzen Anstellungen zu empfehlen ist.

Grundsätze der Zeugniserstellung

Arbeitszeugnisse werden auf dem üblichen Geschäftspapier des Arbeitgebers ausgestellt und umfassen eine halbe bis maximal zwei A4-Seiten. Sie sind in der Sprache auszustellen, die am Arbeitsort gesprochen wird. Ist die übliche Arbeitssprache im Betrieb eine andere, kann der Arbeitnehmer laut Bundesgericht ein Zeugnis in beiden Sprachen verlangen (Urteil 4A_117/2007 vom 13.9.2007).

Vollständig, klar, wohlwollend und wahr

Zeugnisse müssen vollständig (siehe Kasten), klar in der Aussage und wohlwollend sein. Wohlwollend heisst, dass bei der Leistungsbeurteilung schwerpunktmässig auf die Stärken der Mitarbeiterin einzugehen ist. Das Zeugnis sollte der Mitarbeiterin helfen, eine Anstellung zu finden, bei der sie ihre Fähigkeiten optimal einsetzen und ihr Entwicklungspotenzial nutzen kann.

Vor allem aber müssen Zeugnisse der Wahrheit entsprechen: «Der Anspruch des Arbeitnehmers geht auf ein objektiv wahres, nicht auf ein gutes Arbeitszeugnis», so das Bundesgericht. «Das Interesse des zukünftigen Arbeitgebers an der Zuverlässigkeit der Aussagen im Zeugnis muss höherrangig eingestuft werden als das Interesse des Arbeitnehmers an einem möglichst günstigen Zeugnis. Das Zeugnis darf und muss deshalb auch ungünstige Tatsachen und Beurteilungen enthalten, ausser es handle sich um einmalige Vorfälle und Umstände, die für den Arbeitnehmer nicht charakteristisch sind.» (Urteil 2A.499/1998 vom 4.2.1999)

Nicht ins Zeugnis gehören also einmalige Vorfälle, Bagatellen sowie seltene Fehlleistungen, die für eine Mitarbeiterin nicht typisch sind. Schwere Verfehlungen und massive Vertrauensbrüche müssen jedoch erwähnt werden.

DIESE PUNKTE DÜRFEN IM ZEUGNIS NICHT FEHLEN

- Name und Adresse des Arbeitgebers (offizieller Briefkopf)
- Personalien des Arbeitnehmers, der Arbeitnehmerin: Name, Geburtsdatum und Bürgerort (Heimatland bei ausländischen Mitarbeitenden)
- Beginn und Ende der Anstellung
- Bei Teilzeitbeschäftigten: Arbeitspensum
- Position und hierarchische Stellung
- Vollständige Beschreibung der Aufgaben und Pflichten: Massgebend ist dabei nicht die vertraglich vereinbarte, sondern die tatsächlich ausgeübte Tätigkeit (siehe auch Seite 178).
- Beförderungen und Versetzungen mit Datum
- Ausführliche, wahrheitsgetreue und faire Beurteilung der Leistung (Fachkompetenz, Engagement, Arbeitsweise, Belastbarkeit, Qualität und Quantität)
- Beurteilung des Verhaltens gegenüber Vorgesetzten, Arbeitskollegen, allenfalls Kunden
- Bei leitenden Angestellten: Führungsstil und -qualitäten, Anzahl Untergebene
- Grund für den Austritt: Angabe fakultativ. Erwähnt werden sollte jedoch, wenn der Arbeitnehmende selber gekündigt hat.
- Schlussformel: Dank für die geleistete Arbeit, Wünsche für die Zukunft und bei guten Mitarbeitern ein Ausdruck des Bedauerns über ihren Weggang
- Datum der Ausstellung und Unterschrift(en) von hierarchisch höhergestellten Führungspersonen

EIN ARBEITNEHMER HATTE AM ARBEITSPLATZ 25 000 Franken unterschlagen. Die Arbeitgeberin verzichtete auf eine Strafanzeige und einigte sich mit dem Arbeitnehmer auf eine Rückzahlung der Schuld. Im Arbeitszeugnis bescheinigte man dem Austretenden, er habe zur vollen Zufriedenheit der Arbeitgeberin gearbeitet, man könne ihn wärmstens empfehlen. Bei einem neuen Arbeitgeber beging der Mann wieder Unterschlagungen – diesmal ging es um 500 000 Franken. Als der neue Chef von den früheren Verfehlungen erfuhr, klagte er gegen die ehemalige Arbeitgeberin – mit Erfolg.

Das Bundesgericht hielt fest, dass das Arbeitszeugnis der früheren Arbeitgeberin wesentlich dazu beigetragen habe, dass der betrügerische Mitarbeiter eingestellt worden sei. Zwar trage der neue Arbeitgeber eine Mitverantwortung, da er den neuen Angestellten monatelang überhaupt nicht

> **BUCHTIPP**
> Ausführliche Informationen zur Interpretation und Erstellung von Arbeitszeugnissen sowohl für Arbeitnehmer wie Führungskräfte finden Sie im Beobachter-Ratgeber: **Fair qualifiziert? Mitarbeitergespräche, Arbeitszeugnisse, Referenzen.**
> www.beobachter.ch/buchshop

überwacht habe. Dennoch wurde die Ausstellerin des schönfärberischen Zeugnisses haftbar gemacht und musste dem neuen Arbeitgeber 150 000 Franken Schadenersatz zahlen (BGE 101 II 69).

Versteckte Botschaften sind verboten

Das Zeugnis muss in seiner Aussage eindeutig und unmissverständlich sein. Massgebend ist dabei laut Bundesgericht, wie ein «unbeteiligter Dritter das Zeugnis nach Treu und Glauben verstehen» muss. Zeugnisse dürfen keine versteckten Botschaften, sogenannte Codes, enthalten. Verpönt sind zudem schwammige, interpretationsbedürftige Formulierungen, Vermutungen, Verdächtigungen, zweideutige Bemerkungen. Hinweise zwischen den Zeilen gehören ebenfalls nicht in ein Zeugnis. Nicht akzeptabel sind Floskeln wie «bemühte sich», «war bestrebt», «zeigte Interesse», «gab stets sein Bestes». Denn solche Formulierungen sagen allenfalls etwas über die Arbeitshaltung aus, nicht aber über die tatsächlich erbrachte Leistung.

> **TIPP** *Wollen Sie wissen, was Ihr Arbeitszeugnis wirklich aussagt? Über die Website des Beobachters können Sie Ihr Zeugnis für 180 Franken von Experten prüfen lassen (www.beobachter.ch/beratung → Spezialberatung Arbeitszeugnis).*

Unzufrieden mit dem Zeugnis – was tun?

Wenn Sie der Meinung sind, Ihr Zeugnis sei falsch oder unvollständig, sollten Sie immer zuerst das Gespräch mit dem Verfasser suchen und Änderungsvorschläge unterbreiten. Ist eine gütliche Einigung nicht möglich, können Sie beim zuständigen Gericht Änderungsklage einreichen. Zunächst wird ein Schlichtungsverfahren durchgeführt; zuständig ist die Schlichtungsstelle wahlweise an Ihrem Arbeitsort oder am Hauptsitz der Arbeitgeberfirma (Adressen unter www.zivilgerichte.ch).

Laut Bundesgericht ist es Sache des Arbeitnehmers, zu beweisen, dass er bessere Leistungen erbracht hat, als das Zeugnis aussagt. Der Arbeitgeber seinerseits muss seine negativen Bewertungen belegen können. Kann er dies nicht, könne der Richter den Änderungsantrag als begründet betrachten, so das Gericht (Urteil 4A_117/2007 vom 13.9.2007).

Als mögliche Beweise gelten auf Arbeitnehmerseite: Zwischenzeugnisse, Protokolle von Mitarbeitergesprächen, Dankesschreiben, Gesprächsnotizen, Beförderungen, Lohnerhöhungen und Zeugenaussagen, zum Beispiel von früheren Vorgesetzten. Arbeitgeber wiederum tun gut daran, ihre allfällige Unzufriedenheit mit einem Mitarbeiter anhand von Zielvereinbarungen, Verwarnungen, Protokollen von Kritikgesprächen zu dokumentieren.

INFO *Arbeitsrechtliche Streitigkeiten sind kostenlos, solange der Streitwert 30 000 Franken nicht übersteigt. In aller Regel liegt der Streitwert bei einem Zeugnisprozess tiefer.*

JÜRG EGGENBERGER, Geschäftsführer von Swiss Leaders, im Gespräch mit Tina Fischer, Redaktorin bei der «Handelszeitung»

«Kühler Kopf, warmes Herz, arbeitende Hände»

Ist Führung lernbar oder muss man ein Naturtalent sein?
Es ist vieles lernbar, aber gewisse Persönlichkeitseigenschaften müssen gegeben sein. Ganz wichtig ist, dass man gern führt. Man muss Menschen mögen, sonst fühlt man sich nicht wohl in dieser Position.

Eine weitere Voraussetzung ist Kritik- und Lernfähigkeit. Eine Führungsperson sollte immer wieder Reflexionsschlaufen durchlaufen, um das eigene Handeln zu analysieren und daraus zu lernen. Das klingt in der Theorie einfach, ist aber in der Praxis schwieriger. Meist besteht die Bereitschaft für Reflexion erst, wenn zuvor ein Problem, ein Konflikt oder ein komplexer Sachverhalt mit anspruchsvollen Entscheidungen aufgetreten ist. Gerade junge Führungspersonen besitzen in solchen Fällen wenig Erfahrungsschatz, auf den sie zurückgreifen können. Entsprechend sollten sie sich begleiten lassen, ihre Rolle besser verstehen und ihre Kompetenzen durch die kritische Betrachtung verbessern.

Das grosse Ziel dieser kritischen Betrachtung ist schlussendlich eine gute Führung. Aber was ist gute Führung?
Kühler Kopf, warmes Herz und arbeitende Hände – das ist die Formel einer guten Führung. Den kühlen Kopf braucht man, um Orientierung zu

geben, Zusammenhänge zu verstehen und aufzuzeigen sowie übergeordnete Ziele den Mitarbeitenden nahezubringen.

Ein warmes Herz konzentriert sich auf die Zusammenarbeit und die Entwicklung der Teams und der Mitarbeitenden. Die Führungsperson unterstützt ihre Mitarbeitenden und kümmert sich um sie.

Schliesslich werden auch arbeitende Hände benötigt. Eine Führungskraft packt mit an; sie räumt Barrieren weg, bringt Dinge in Bewegung und stellt sicher, dass sie zu Ende geführt werden. Sie ist Rollenmodell, wie Werte und Regeln umzusetzen sind.

Die drei Elemente der Formel sind alle gleich wichtig, aber nicht immer gleich stark ausgeprägt. Entsprechend sollte sich eine Führungsperson auch hier begleiten lassen, um sich in jedem Teilbereich weiterzuentwickeln.

Wo liegt der Unterschied zur nachhaltigen Führung?
Da besteht kein Unterschied; gute Führung ist nachhaltige Führung. Ein Beispiel für nicht nachhaltige Führung ist, dass man alles dem Gewinnstreben unterordnet, auf Kosten der Umwelt und der Gesellschaft. Nachhaltige Führung hingegen ist sinnstiftend und werteorientiert, fördert ganzheitliches Denken und nachhaltige Geschäftsmodelle und schafft ein integratives Umfeld. Das Ziel ist eine positive Wirkung für die Gesellschaft und die Umwelt, sodass die gesamte Gemeinschaft, aber auch das Unternehmen als Ganzes weiterkommt. Die gute und die nachhaltige Führung gehen also miteinander einher.

Gerade in Zeiten der Digitalisierung stellen sich neue Herausforderungen. Sie sind nahe an den Kaderleuten dran, wo drückt der Schuh am meisten?
Es sind vor allem zwei Dinge; einerseits die Schnelligkeit, anderseits die Komplexität. Veränderungen kommen heute mit höherer Kadenz als früher. Deshalb müssen Führungskräfte agil sein und Entscheidungen in kürzerer Zeit herbeiführen. Berechenbarkeit, Planungsstabilität und Erwartungssicherheit nehmen ab. Hinzu kommt die Entgrenzung der Arbeit. Die Leute arbeiten zeitlich und räumlich flexibel, was die Zusammenarbeit erschwert. Diese gestiegene Komplexität in einer schnell drehenden Welt kreiert neue Spannungsfelder.

Kurzum: Damit Führung heute Wirkung erzielt, muss man sie teilen. Das bedingt offenere Entscheidungsprozesse unter Einbezug von kompetenten Mitarbeitenden. Es geht darum, diese produktiv zu vernetzen und ihre Lernbereitschaft zu fördern, damit sie selbst tragfähige und sinnvolle Entscheidungen fällen.

Sie haben es bereits erwähnt, die virtuelle Herausforderung ist eine, der man noch mehr Aufmerksamkeit zukommen lassen sollte. Was empfehlen Sie Führungskräften?
Die Entgrenzung der Arbeit, dass man virtuell von überall arbeiten kann, erschwert den Zusammenhalt im Team. Deshalb braucht es mehr Orientierung, damit alle vom Gleichen reden. Auch muss man gemeinsame Regeln, Rollen und Erwartungen häufiger klären, ob virtuell oder physisch, damit sie schneller an Veränderungen angepasst werden können.

Mitarbeitende übernehmen auch immer mehr Steuerungsaufgaben. Sie müssen sich an Schnittstellen mit anderen abstimmen, Störungen selber beheben und Prioritäten setzen. Die neuen Arbeitsformen sind deshalb kein Freipass zum Tun und Lassen, sondern erfordern Selbstmanagement und gemeinsame Führungsarbeit. So sollte die Führungsperson gemeinsam mit dem Team klären, wie man mit den verschiedenen Kommunikationskanälen umgeht oder wie viel Homeoffice möglich ist.

Alle diese Aspekte führen dazu, dass eine Führungsperson auch ein Coach ist. Ein Coach, der die Mitarbeitenden begleitet, sie unterstützt und mit ihnen Regeln für eine gute Zusammenarbeit gestaltet.

Heisst das, dass man als Führungsperson weniger die Chefrolle einnehmen, sondern vielmehr coachen sollte?
Man darf Coachen nicht mit Führen verwechseln. Eine Führungsperson muss führen, im Sinn von gestalten, entscheiden und sicherstellen, dass der Zielfokus erhalten bleibt. Sie muss aber auch coachen, um Leute zu entwickeln.

Die Schwierigkeit oder eher die Kunst der Führungsrolle ist es, zu verstehen, welche Rolle man wann ausüben soll. Der klassische Managerteil, bei dem man selber alles plant und organisiert, nimmt zugunsten der Partizipation ab. Als Führungsperson soll man die Leute mehr einbeziehen, ihre Selbstverantwortung stärken und ihnen den Freiraum geben, sich selber zu organisieren.

Welche Fähigkeiten müssen Führungspersonen der Zukunft haben?
Das ist eine gute Frage. Es hängt auch davon ab, wie sehr das Tempo der Digitalisierung noch zunimmt. Irgendwann reicht es nicht mehr, nur Wertschöpfungs- und Kommunikationsprozesse zu digitalisieren. Es werden ganze Geschäftsmodelle infrage gestellt. Neue Konkurrenten drängen in den Markt und verändern die Spielregeln. Das bedingt eine ständige Anpassungsbereitschaft der Führungspersonen. Es braucht ein Zusammenspiel aus Agilität und Resilienz: Agilität, um sich anzupassen. Resilienz, damit man stabile Strukturen schafft, die Veränderungen absorbieren können.

In Zukunft ist eine Führungskraft auch eine Gesundheitsmanagerin. Sie ist verantwortlich für die Arbeitsfähigkeit der Mitarbeitenden. Sie muss die Arbeitsbelastung, die Ressourcen zum Thema machen und Lernprozesse anstossen, wie man eine belastende Situation verändern kann. Eine Führungsperson fordert ihre Leute auch mal auf, einen Boxenstopp einzulegen und eine Weiterbildung zu besuchen. Denn auch das ist nachhaltiges Führen: Als Führungskraft interessiert nicht nur die Leistung der Person im Job, sondern auch, dass diese im Arbeitsmarkt überlebt, wenn es ihren aktuellen Job aufgrund der Schnelligkeit des Wandels nicht mehr gibt.

Welchen Ratschlag geben Sie einer frisch gewählten Führungskraft?
Mir gefällt die Metapher des Gärtners: Ein Gärtner hat immer den gesamten Garten im Blickfeld. Das Wachsen einzelner Pflanzen kann er nicht beschleunigen. Er kann aber dafür sorgen, dass die Pflanzen optimale Rahmenbedingungen vorfinden: Wasser, Dünger, Sonneneinstrahlung, richtige Zusammensetzung im Beet ... Er interveniert frühzeitig, wenn eine Pflanze krank ist. Und wenn Pflanzen nicht gedeihen, ist er bereit, die Konsequenzen zu ziehen und sie zu ersetzen.

An die Adresse junger Führungsleute heisst das: Seien Sie sich als Führungsperson im Klaren, was das Ziel, das Profil Ihres Gartens ist, und gestalten Sie ihn gesamtheitlich. Bleiben Sie sich treu und setzen Sie sich mit Ihren eigenen Werten auseinander. Schliesslich sind Sie ja nicht einfach so Führungskraft geworden, sondern haben gezeigt, dass Sie die Verantwortung für den ganzen Garten übernehmen können.

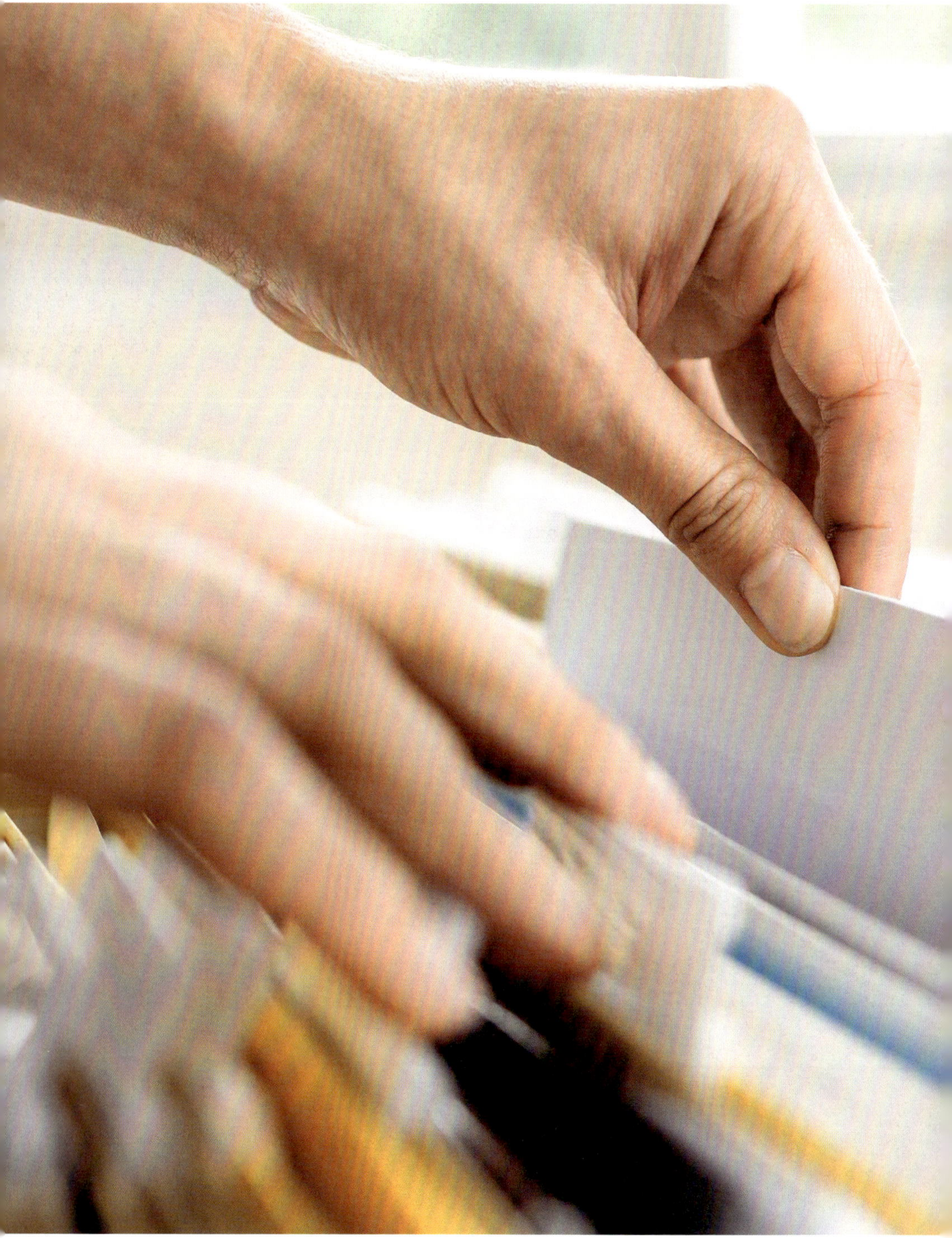

Anhang

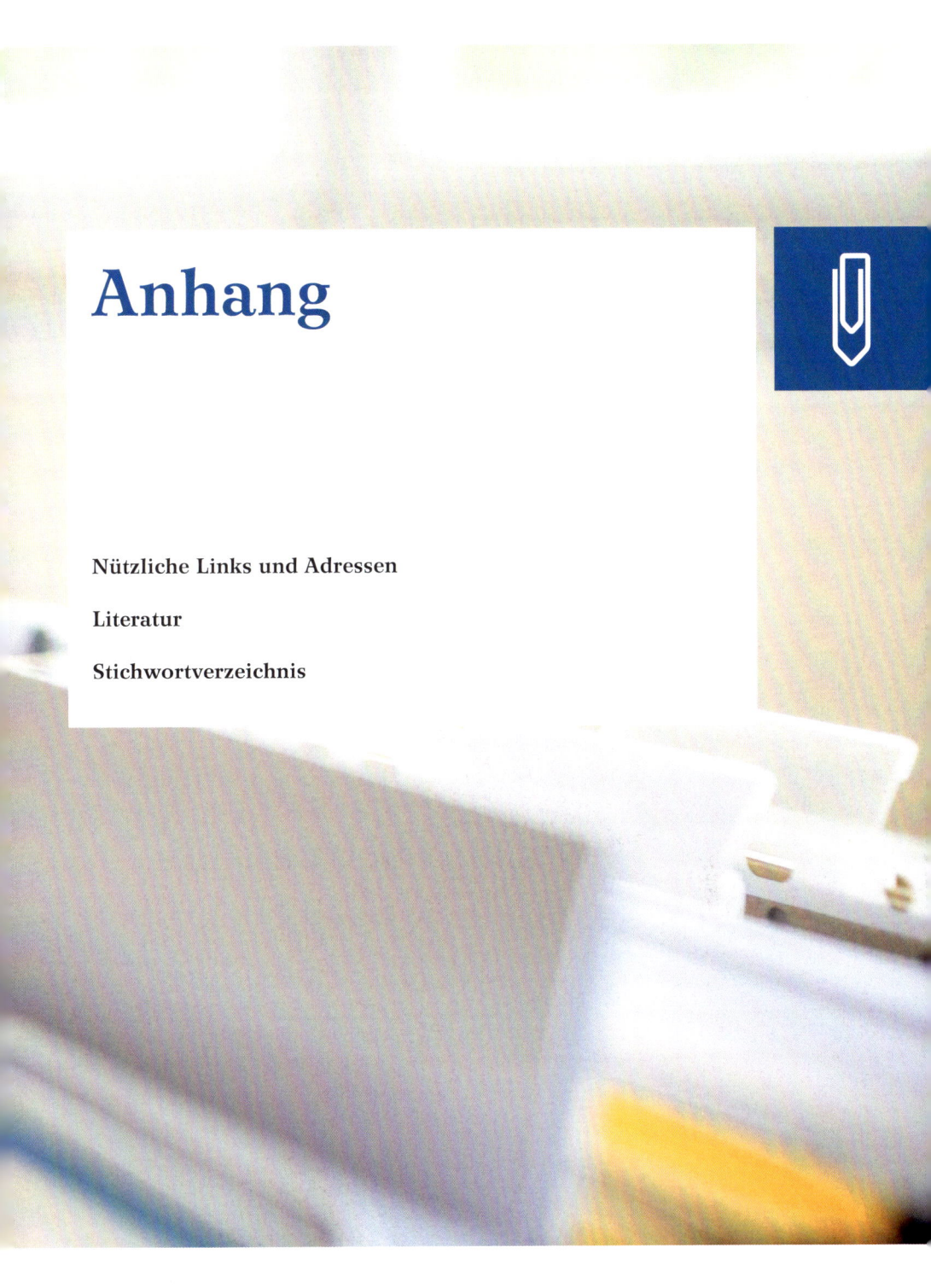

Nützliche Links und Adressen

Literatur

Stichwortverzeichnis

Nützliche Links und Adressen

Beratung, Anwaltssuche

Beobachter-Beratungszentrum:
Das Wissen und der Rat der Fachleute in acht Rechtsgebieten stehen den Mitgliedern des Beobachters im Internet und am Telefon zur Verfügung. Wer kein Abonnement der Zeitschrift oder von Guider hat, kann online oder am Telefon eines bestellen und erhält sofort Zugang zu den Dienstleistungen.

- www.guider.ch: Guider ist der digitale Berater des Beobachters mit vielen hilfreichen Antworten bei Rechtsfragen.
- Beratung am Telefon: Montag bis Freitag von 9 bis 13 Uhr. Direktnummern der Fachbereiche unter www.beobachter.ch/beratung (→ Telefonberatung)
- Kurzberatung per E-Mail: Link unter www.beobachter.ch/beratung (→ E-Mail-Beratung)
- Anwaltssuche: www.getyourlawyer.ch

www.djs-jds.ch
Demokratische Juristinnen und Juristen der Schweiz (DJS)
Schwanengasse 9
3011 Bern
Tel. 031 312 83 34

www.sav-fsa.ch
Schweizerischer Anwaltsverband
Marktgasse 4
3001 Bern
Tel. 031 313 06 06
Adressen der kantonalen Anwaltsverbände

Führungsfragen

www.svf-asfc.ch
Schweizerische Vereinigung für Führungsausbildung (SFV)
Lättlichstrasse 8
6340 Baar
Tel. 044 764 36 26
Ausbildung von Führungskräften; SVF-Zertifikate und -Diplome sowie eidgenössisch anerkannter Fachausweis und eidgenössisches Diplom im Führungsbereich

www.swissleaders.ch
Swiss Leaders
Schaffhauserstrasse 2
8006 Zürich
Tel. 043 300 50 50
Kompetenzzentrum für Führungskräfte aller Branchen; zahlreiche Dienstleistungen für die Mitglieder in den Bereichen Weiterbildung, Karriere, Service, Rechtsdienstleistungen, Finanz- und Versicherungsdienstleistungen

Ausbildung

www.kalaidos-fh.ch
Kalaidos Fachhochschule Wirtschaft
Jungholzstrasse 43
8050 Zürich
Tel. 044 200 19 19
Studiengänge mit den Abschlüssen Executive MBA, MBA und MAS

www.sib.ch
SIB Schweizerisches Institut für
Betriebsökonomie
Lagerstrasse 5
8021 Zürich
Tel. 043 322 26 66
Dreijähriges berufsbegleitendes Studium vermittelt umfassend betriebswirtschaftliches Know-how und bereitet auf verantwortungsvolle Positionen in allen Branchen vor.

Gerichte, Gesetze, Schlichtungsstellen

www.arbeitsinspektorat.ch
Links zu den kantonalen Arbeitsinspektoraten sowie Informationen zum Arbeitnehmerschutz

www.bger.ch
Schweizerisches Bundesgericht
Ave. du Tribunal fédéral 29
1000 Lausanne 14
Tel. 021 318 91 11
Standort der beiden sozialrechtlichen Abteilungen:
Schweizerhofquai 6
6004 Luzern
Tel. 041 419 35 55

www.ebg.admin.ch
(→ Themen → Recht → Gleichstellungsgesetz → Das kostenlose Schlichtungsverfahren → Links)
Schlichtungsstellen nach Gleichstellungsgesetz

www.fedlex.admin.ch
Gesetzessammlung des Bundes; Suche mit Artikelnummer, zum Beispiel OR 324a für Artikel 324a des Obligationenrechts

www.lexfind.ch
Gesetzessammlungen der Kantone, auch zu finden auf den Webseiten der Kantone

www.zivilgerichte.ch
Adressen der kantonal zuständigen Schlichtungsbehörden sowie der erst- und zweitinstanzlichen Gerichte

Sozialversicherungen

www.ahv-iv.ch
Informationen zu AHV/IV/EO/EL/Familienzulagen, Merkblätter, Adressen der AHV-Ausgleichskassen und IV-Stellen

www.arbeit.swiss/secoalv/de/home.html
Informationen zur Arbeitslosenversicherung, Stellenangebote

www.bsv.admin.ch
Bundesamt für Sozialversicherungen
Informationen zu den verschiedenen Sozialversicherungen

www.suva.ch
Schweizerische Unfallversicherungsanstalt (Suva)
Umfassende Informationen zum Thema Unfall und Unfallverhütung; Agenturen unter → Agenturen und Adressen oder
Tel. 0848 820 820

web.aeis.ch
Stiftung Auffangeinrichtung BVG
Risikoversicherung für Arbeitslose, Zwangsanschluss, freiwillige Versicherung, Verwaltung von Freizügigkeitskonten

Literatur

Beobachter-Ratgeber

Baumgartner, Gabriela; Bräunlich Keller, Irmtraud: **Fair qualifiziert?** Mitarbeitergespräche, Arbeitszeugnisse, Referenzen. Beobachter-Edition, Zürich 2012

Bräunlich Keller, Irmtraud: **Arbeitsrecht.** Was gilt im Berufsalltag? Vom Vertragsabschluss bis zur Kündigung. 13. Auflage, Beobachter-Edition, Zürich 2017

Bräunlich Keller, Irmtraud: **Flexible Jobs.** Temporär, Teilzeit, Freelance – was ich über meine Rechte wissen muss. 3. Auflage, Beobachter-Edition, Zürich 2018

Bräunlich Keller, Irmtraud: **Job weg.** Wie weiter bei Kündigung und Arbeitslosigkeit?. 4. Auflage, Beobachter-Edition, Zürich 2018

Bräunlich Keller, Irmtraud: **Mobbing am Arbeitsplatz – wie wehre ich mich?** 3. Auflage, Beobachter-Edition, Zürich 2017

Dacorogna-Merki Trudy; Dacorogna Laetitia: **Stellensuche mit Erfolg.** So bewerben Sie sich heute richtig. 15. Auflage, Beobachter-Edition, Zürich 2017

Haas, Esther; Wirz, Toni: **Mediation – Konflikte besser lösen.** 5. Auflage, Beobachter-Edition, Zürich 2016

Krättli, Nicole; Peter, Marc K.: **Arbeitswelt 4.0. Das KMU der Zukunft.** Wie Unternehmen sich auf die Herausforderungen von morgen vorbereiten. Beobachter-Edition, Zürich 2021

Limacher, Gitta: **Krankheit oder Unfall – wie weiter im Job?** Das gilt, wenn Sie nicht arbeiten können. 5. Auflage, Beobachter-Edition, Zürich 2018

Peter, Marc K,; Mayencourt, Nicolas: **IT-Sicherheit für KMU.** So navigieren Sie Ihr Unternehmen sicher durch Cyber-Turbulenzen. Beobachter-Edition, Zürich 2021

Rohr, Patrick: **Wirksame Kommunikation für KMU.** Der Ratgeber für Unternehmerinnen, Führungskräfte und ihre Mitarbeitenden, Beobachter-Edition, Zürich 2021

Rohr, Patrick: **So meistern Sie jedes Gespräch.** Mutig und souverän argumentieren – im Beruf und privat. 3. Auflage, Beobachter-Edition, Zürich 2012

Ruedin, Philippe; Bräunlich Keller, Irmtraud: **OR für den Alltag.** Kommentierte Ausgabe aus der Beobachter-Beratungspraxis. 13. Auflage, Beobachter-Edition, Zürich 2020

Stokar, Christoph: **Der Schweizer Business-Knigge.** Was gilt in der Arbeitswelt? Beobachter-Edition, Zürich 2015

Wyss, Ralph; Pelosi, Lea: **Besser verhandeln im Alltag.** Die wichtigsten Verhandlungstechniken richtig anwenden. Beobachter-Edition, Zürich 2013

Bücher zu Führungsthemen

Allgemeine Führung

Steiger, Thomas M.; Lippmann, Eric: Handbuch Angewandte Psychologie für Führungskräfte. 4. Auflage, Springer, 2013

Kommunikation

Covey, Stephen M.; Merrill, Rebecca R.: Schnelligkeit durch Vertrauen. GABAL, 2009

Neuberger, Oswald: Das Mitarbeitergespräch. Springer, 2015

Schulz Thun, Friedemann; Ruppel, Johannes; Stratmann, Roswitha: Miteinander reden: Kommunikationspsychologie für Führungskräfte. Rowohlt-Taschenbuch-Verlag, 2003

Watzlawick, Paul; Beavin, Janet; Jackson, Don: Menschliche Kommunikation. Verlag Hogrefe, 2016

Leadership (Führen über Persönlichkeit)

Chopra, Deebak: Mit dem Herzen führen. KOHA-Verlag, 2016

Kouzes, James M.; Posner, Barry Z.: Leadership Challenge. Wiley-VCH-Verlag, 2008

Selbstführung

Christen, Margot; Menzi, Susanne; Züger, Rita-Maria: Selbstkenntnis Leadership-Modul für Führungsfachleute. Compendio Bildungsmedien, 2019

Covey, Stephen R.; Covey, Sean: Die 7 Wege zur Effektivität. GABAL, 2021

Team

Blanchard, Kenneth H., Zigarmi, Patricia; Zigarmi, Drea: Leadership and the One Minute Manager: Increasing Effectiveness Through Situational Leadership. Harper Collins, 2013

Haug, Christoph: Erfolgreich im Team, dtv, 2016

Hersey, Paul H.; Blanchard, Kenneth H; Johnson, Dewey E.: Management of organizational behavior. 10. Auflage, Prentice Hall, 2012

Müller, Sandra: Virtuelle Führung. Erfolgreiche Strategien und Tools für Teams in der digitalen Arbeitswelt. Springer, 2018

Nickel, Susanne; Keil, Gunhard: Führen auf Distanz. Haufe-Lexware, 2021

Tuckman, Bruce W.: Developmental sequence in small groups, Psychological Bulletin 63, S. 384–399

Konfliktmanagement

Glasl, Friedrich: Konfliktmanagement, Ein Handbuch für Führung, Beratung und Mediation. Haupt-Verlag, 2020

Glasl, Friedrich: Selbsthilfe in Konflikten, Konzepte – Übungen – Praktische Methoden. Freies Geistesleben, 2017

Rosenberg, Marschall B.: Gewaltfreie Kommunikation. Junfermann-Verlag, 2016

Stichwortverzeichnis

A

Agiles Arbeiten 169
Änderungskündigung 228
Anerkennung 54
Angestellte mit
    Arbeitgebereigenschaften 183
Arbeitsgesetz 182, 183, 198, 243
Arbeitsklima, positives 157
Arbeitsmodelle, flexible 147
Arbeitsrecht 175
– Gesetze 182
– Umgang mit Untergebenen 223
Arbeitsvertrag 177, 179
Arbeitszeit 198
– Änderung 227
– Erfassung 198
– ständige Erreichbarkeit 204
– Überstunden 199
Arbeitszeugnis 269
– Inhalt 271
– und Aufhebungsvereinbarung 265
– versteckte Botschaften 272
Aufgaben siehe Führungsaufgaben
Aufgaben der Mitarbeiter
    koordinieren 143
Aufhebungsvereinbarung 264
Aufträge erteilen 46, 143
Autoritärer Führungsstil 104

B

Beobachtet vom Team 77
Bescheidenheit 121
Beurteilen von Mitarbeitern 47
Bewerbung und Treuepflicht 207
Beziehung zum Team 100
– wiederherstellen 103
Bonus
– Gratifikation, Lohnbestandteil.. 188, 190
– Streit um 188

– und Aufhebungsvereinbarung 265
– und Kündigung 191

C

Chef, Chefin
– Führungsfähigkeiten 126
– Gründe für Scheitern 66
– Leadership 109, 117
– Mythen 80
– Qualitäten 117
– Teammanager 107
– 10 schlimmste Fehler 122
Chef, Chefin werden 19
– Gründe für die Ernennung 23
– Motivation für Führungsrolle 20
– Überlegungen zur Führungsrolle ... 28, 35

D

Datenschutz 182, 230, 245
Delegativer Führungsstil 105
Delegieren 144
Dienendes Führen 22, 111
Digitale Führung siehe virtuelle Führung
Diskriminierende Kündigung 257
Diskriminierung 182, 243, 257
13. Monatslohn 186
Druck 40, 91, 240
Dynamik 118

E

Ehrlichkeit 117
Emotionen 96
– negative 160
– und Selbstsorge 96
Energie generieren 85
Energie und Richtung 86
Entscheide
– fällen 134
– sorgen für 148

Entscheidungsfähigkeit 133
Entwicklungsgespräche 166
Erfolgsbeteiligung.............................. 192
Erreichbarkeit, ständige 204
Erste 100 Tage..................................... 75
Erste Teamsitzung 73
Erster Kontakt..................................... 70
Erstes Gespräch mit Vorgesetzten 72
Erwartungen 51
– an sich selbst 32
– der Kolleginnen und Kollegen............. 61
– der Untergebenen...................... 53, 55
– der Vorgesetzten 58

F

Fairness..................................... 53, 82
Fallstricke beim Rollenwechsel 65
Feedback 54
– einholen 132
– geben 130
Fehler...................................... 67, 122
Ferienzuteilung 231
Freistellung...................................... 267
Fringe Benefits 193
Fristlose Entlassung........................... 260
Frühere Kollegen 49
Führen können 125
Führung
– agile Führung 169
– als Beziehung................................. 100
– als Dienen 22, 111
– Grundfunktionen 84
– Grundhaltung 31, 107, 118
– Herausforderungen der Zukunft ... 12, 40
– innerer Antrieb 122
– Leadership............................. 109, 117
– Mythen 80
– nachhaltige Führung......................... 14
– Projektführung 12, 110
– Qualitäten 117
– Selbstführung 90
– situative 104
– über Persönlichkeit................. 107, 109
– über Position 107

– und persönliche Geschichte................ 28
– und Stärken 35
– und Team...................................... 100
– und Vision.............................. 112, 114
– und Werte 31, 116
– Vermittlerrolle 65
– virtuelle... 149
Führungsaufgaben
– Aufträge erteilen 46, 143
– beurteilen 48
– Energie generieren 85
– kontrollieren 47
– mitarbeiterorientierte Aufgaben 154
– Richtung geben................................ 84
– Teamaufgaben 135
Führungsfähigkeiten 126
– Entscheidungsfähigkeit 133
– Kommunikation 126
Führungsgeschichte 28
Führungskommunikation
   siehe Kommunikation
Führungskräfte mit Organstellung... 184, 215
Führungsrolle 43
– Grundhaltung 31, 107, 118
– Motivation....................................... 20
– Vorstellung von 28
– Spannungsfelder 105
Führungsstil 58, 104
Fürsorgepflicht................................. 238
– Gesundheitsschutz 238
– Schutz vor Stress 240
– und Datenschutz 245
– und Diskriminierung 243
– und Mobbing 241
– und sexuelle Belästigung................. 243
– Unfallverhütung 238

G

Generation X, Y, Z............................... 57
Gesamtarbeitsvertrag........................ 181
Geschäftswagen 194
Gespräch
– mit Mitarbeitern 76, 131, 166
– mit Team...................................... 142
– mit Vorgesetzten 72

Gesundheitsförderung 147
Gesundheitsschutz 230, 238
Glaubwürdigkeit 25, 53, 80, 118
Gleichstellungsgesetz 182, 243, 257
Gratifikation 186, 188, 190
Grenzen, persönliche 38
Gründe für die Ernennung 23
Grundfunktionen der Führung 84
Grundhaltung 31, 107, 118
Gute Führung 79

H

Haftpflicht, für Führungskräfte 214
Handelsvollmacht 180
Herausforderungen der Zukunft 12, 40
Heterogene Teams 40, 158
Höhere leitende Angestellte 183
Homeoffice 41, 147, 149, 229

I

Ich und wir 44
Informationen abholen 141
Informationen vermitteln 140
Informationsfluss sicherstellen 140
Innerer Antrieb 122

K

Kaderarbeitsvertrag 177, 179
– Auflösung 264
Kolleginnen und Kollegen
– erster Kontakt 71
– Erwartungen 61
– frühere 49
Kommunikation 76, 126
– Feedback 54, 130, 132
– Kommunikationsfluss sicherstellen ... 140
– Mitarbeitergespräch 76, 131, 142, 166
– online 141
– zuhören 128
Kompetenz 80, 117, 144
Konflikte
– bewältigen 159
– und Fürsorgepflicht 241, 243

Konkurrent, Konkurrentin im Team 50
Konkurrenzierung des Arbeitgebers 209
Konkurrenzverbot 216
– Konventionalstrafe 218
– und Kündigung 220
Kontrollieren 47, 213
Konventionalstrafe 218
Kooperativer Führungsstil 104
Körperlicher Bereich, Selbstsorge 92
Kündigung 167, 249
– Änderungskündigung 228
– Aufhebungsvereinbarung 264
– Begründung 251
– diskriminierende 257
– Formvorschriften 250
– Freistellung 267
– Fristen 250
– fristlose Entlassung 260
– Massenentlassung 258
– missbräuchliche 208, 214,
                                       234, 242, 255
– Saldoerklärung 268
– Schutz vor 252
– Sperrfristen 252
– und Bonus 191
– und Kaderarbeitsvertrag 264
– und Konkurrenzverbot 220
Kündigungsfrist 250
Kündigungsschutz 252
– und Aufhebungsvereinbarung 265

L

Leadership 109, 117
– Kernfragen 111
– Qualitäten 117
Leistung der Mitarbeiter fördern ... 155, 162
Leistung der Mitarbeiter anerkennen 164
Lohn 184
– Bonus 188, 190
– 13. Monatslohn 186
– Erfolgsbeteiligung 192
– Fringe Benefits 193
– Gratifikation 186, 188, 190
Loyalität 59, 206

M

Manipulativer Führungsstil 108
Massenentlassung 258
Mehrarbeit (siehe auch Überstunden) 200
Mentale Stärke 94
Missbräuchliche Kündigung 208, 214, 234, 242, 255
Mitarbeitende
– Änderung der Arbeitszeit 227
– Diskriminierung 243
– Ferienzuteilung 231
– fördern 162, 164
– Gespräch mit 76, 131, 166
– Generation X, Y, Z 57
– Gleichbehandlung 82
– Konflikte 159, 243
– Kündigung 167, 249
– Leistung anerkennen 164
– Leistung fördern 155, 162
– rechtlich korrekter Umgang 233
– Schutz vor Stress 240
– schwierige Gespräche 131
– sexuelle Belästigung 243
– Überwachung 245
– Versetzung 226
– vertragsfremde Arbeit 225
– Weisungsrecht 224
– zum Vertrauensarzt schicken 232
Mitarbeiterorientierte Führung 154
– Konflikte bewältigen 159
– Mitarbeiter fördern 164
– Mitarbeiterleistung fördern 162
– sich von Mitarbeitern trennen 167
– Teamentwicklung 154
– Teaminteressen vertreten 158
MMGF 122
MMMM 31
Mobbing 241
Motivation 20, 121
Mythen der Führung 80

N

Neugier 120
Nominierung zur Führungsperson 68
Nonverbale Kommunikation 126

O

Oberes Kader, Sonderregeln 183
Obligationenrecht 182

P

Partizipativer Führungsstil 104
Persönliche Grenzen 38
Persönliche Werte 31, 73, 116
Persönlichkeit als Führungsmittel 109
Pflichtenheft 179
Phasen des Rollenwechsels 68
– Nominierung 68
– erste 100 Tage 75
– erster Kontakt 70
Physischer Bereich, Selbstsorge 92
Projektführung 12, 110
Prokura 180

Q

Qualitätssicherung 145
Qualifikationsgespräch 48, 164

R

Rachekündigung 256, 259
Rahmenbedingungen klären 138
Ressourcen managen 40, 148
Richtung geben 86
Rolle siehe Führungsrolle
Rollenwechsel 43
– Fallstricke 65
– Phasen 68
Rückstufung 225

S

Saldoerklärung 268
Sandwichposition 62
Schwächen als Führungsperson 38
Selbsterwartung 32
Selbstführung 90
Selbstsorge 91
– emotionaler Bereich 96
– mentale Stärke 94
– physischer Bereich 92
– spirituelle Ebene 98

Selbstverantwortung 90
Servant Leadership siehe dienendes Führen
Sexuelle Belästigung 243
Situative Führung 104
Sonderregeln für oberes Kader 183
Sperrfristen bei Kündigung................. 252
Spesen... 195
Spirituelle Ebene, Selbstsorge 98
Stärken als Führungsperson................... 36
Stärken, Orientierung an 120
Stress 91
– Schutz der Mitarbeitenden 240

T
Talent zur Führung............................... 35
Team 100
– Auszeiten generieren 156
– beobachtet von 77
– erster Kontakt................................... 60
– Gespräche 142
– im Vordergrund 44
– Konflikte bewältigen....................... 159
– Phasen der Teamentwicklung 155
– Teaminteressen vertreten 158
– Unterschiedlichkeiten 40, 158
– virtuelles 149
Teamaufgaben 135
– Aufgaben koordinieren 143
– für Entscheide sorgen 148
– Informationsfluss sicherstellen......... 140
– Umsetzung sicherstellen................... 146
– Ziele setzen 135
Teamentwicklung 154
– Phasen 155
Teammanager 107
Teamsitzung, erste 73
Treuepflicht 206
– bei Bewerbung................................ 207
– Konkurrenzierung des Arbeitgebers ... 209
– und betriebsinterne Unterlagen 211
– und Kritik am Vorgesetzten............. 208
– Verletzung von Kontrollpflichten..... 213

U
Überstunden...................................... 198
– Anordnung von............................... 227
– Entschädigung 200
– oberstes Kader 203
– und Freistellung 267
Überwachung der Mitarbeiter............. 245
Überzeit 199
– Entschädigung 200, 201
Umgang mit Stress und Druck.............. 91
Unfallverhütung 238

V
Verantwortung als Chef 81
Verantwortung übernehmen 58
Versetzung von Mitarbeitern 226
Vertrauen 119
Virtuelle Führung 149
Vision 84, 112, 118
Von aussen kommen..................... 27, 72
Vorbild sein... 52
Vorgesetzte, erster Kontakt 71
Vorgesetzte kritisieren........................ 208

W
Wahrhaftigkeit................................... 121
Weisungen 224
– Missachtung von 234
– schikanöse 233
Weisungsrecht 224
Werte.. 31, 73, 116
Wertschätzung 54, 118
Wir und ich 44

Z
Ziele
– kommunizieren 136
– SMART.. 135
Zuhören 128
Zukunftsorientierung 118
Zuweisung vertragsfremder Arbeit 225

SWISS LEADERS

PLÖTZLICH IN DER FÜHRUNGSROLLE – UND WER VERTRITT IHRE INTERESSEN?

Sie wollen weiterkommen und sich besser vernetzen?

Swiss Leaders, Ihr Partner während der gesamten beruflichen Laufbahn. Seit 1893 unterstützt und begleitet unser gemeinnütziger Verband Führungskräfte in ihrer beruflichen Entwicklung. Dank dieser Zweckbestimmung vertrauen uns heute 10 000 Mitglieder.

Bei Swiss Leaders haben Sie viele Möglichkeiten, Ihre Stärken und Fähigkeiten weiterzuentwickeln und von den folgenden Angeboten zu profitieren:

1. Unterstützung und Schutz

- Umfassende Rechtsberatung dank eigenen Juristen und Anwaltspool
- Laufbahn- und Karriereberatung
- Kostenloser Zugang zu Inhalten wie das Magazin LEADER, die Wirtschaftspublikation Handelszeitung, News und White Papers
- Attraktive Vergünstigungen

2. Entwicklung und Vernetzung

- Weiterbildungen in Führungsthemen
- Regionale, schweizweite und branchenübergreifende Vernetzung, Events
- Wissenstransfer und Begleitung dank 150 Mentorinnen und Mentoren

3. Nachhaltige Führungsarbeit

- Mitglied des europäischen Dachverbands CEC European Managers
- Gründungsmitglied von «die plattform» (https://die-plattform.ch)
- Initiatorin der Initiative Sustainable Leaders (www.sustainableleaders.ch)
- Engagiert in Forschungsprojekten zu Führung, Gleichstellung und Gesundheit

Wenn Sie mehr Impact erzielen wollen, werden Sie Mitglied!
Einfach Geschäftsantwortkarte ausfüllen und einsenden.

Wir freuen uns auf Sie!

swissleaders.ch

GAS/ECR/ICR

nicht frankieren
ne pas affranchir
non affrancare

50150785
000001

DIE POST

B

pro clima

Swiss Leaders
Schaffhauserstrasse 2
Postfach
8042 Zürich

Ich will von den Vorteilen einer Swiss-Leaders-Mitgliedschaft profitieren und Mitglied werden:

Vorname, Name: ....

Geburtsdatum: ....

Privatadresse: ....

PLZ, Ort: ....

Telefon, Mobiltelefon: ....

E-Mail: ....

Firma, Funktion: ....

Rechnungsadresse (falls anders als die Privatadresse):

....

☐ Aktivmitglied CHF 298.–

☐ Nachwuchsmitglied CHF 150.– (während max. 5 Jahren bis Alter 34)

Datum, Unterschrift: ....